基于深度学习的道路短期交通状态时空序列预测

崔建勋　曲明成　杨海强　张曈　邓军　编著

電子工業出版社

Publishing House of Electronics Industry

北京·BEIJING

图书在版编目（CIP）数据

基于深度学习的道路短期交通状态时空序列预测 / 崔建勋等编著. —北京：电子工业出版社，2022.3

ISBN 978-7-121-43019-0

Ⅰ．①基… Ⅱ．①崔… Ⅲ．①道路网－交通运输管理－研究 Ⅳ．①U491

中国版本图书馆 CIP 数据核字（2022）第 032539 号

责任编辑：刘小琳　　　特约编辑：朱　言

印　　　刷：北京天宇星印刷厂

装　　　订：北京天宇星印刷厂

出版发行：电子工业出版社

　　　　　北京市海淀区万寿路 173 信箱　　邮编：100036

开　　本：720×1 000　1/16　印张：18.5　　字数：342 千字

版　　次：2022 年 3 月第 1 版

印　　次：2024 年 1 月第 3 次印刷

定　　价：98.00 元

凡所购买电子工业出版社图书有缺损问题，请向购买书店调换。若书店售缺，请与本社发行部联系，联系及邮购电话：（010）88254888，88258888。

质量投诉请发邮件至 zlts@phei.com.cn，盗版侵权举报请发邮件至 dbqq@phei.com.cn。

本书咨询联系方式：liuxl@phei.com.cn，（010）88254538。

前 言

一、写作动机

自从 2006 年深度学习三巨头之一的 Geoffrey Hinton 及其学生提出了采用"逐层初始化"（Layer-wise Pre-training）训练深度神经网络模型之后，新一波以深度神经网络为基础核心理论的人工智能席卷全球，以无比耀眼的姿态登上了全世界学术与工业实践的前沿舞台。自此，短短十几年的时间内，由深度学习推动的机器视觉、自然语言处理、语音识别等人工智能领域获得突飞猛进的发展，不断刷新识别、预测、生成等性能的历史记录。同时，深度学习所助推的自动驾驶、智慧城市、智慧家居、智慧物联、城市计算等新概念、新实践层出不穷，一时间"乱花渐欲迷人眼"。拥有千亿级参数规模的自然语言处理模型 GPT-3 涉足艺术领域，作出的诗歌能够以假乱真，让人不禁怀疑人类还有什么不能被 AI 所取代；AlphaGO 通过"左右手互搏式"训练，实力碾压围棋九段世界高手李世石，令很多英雄黯然失色、俯首称臣；AlphaFold 成功破解蛋白质结构预测 50 年未解之难题，再次问鼎自然科学之巅；等等。这些不断颠覆着人们的固有认知，让我们真正目睹了人工智能时代的来临，以及以其为代表的第四次工业革命的汹涌浪潮。

就在以深度学习为理论核心的人工智能汹涌袭来之际，道路交通领域的先驱研究学者们，也适时地将这门方法论引入了自己的研究领域，先后在传统道路交通所涉及的诸多领域开展了相应的研究，例如，基于深度学习的微观交通状态建模、基于深度学习的交通控制、基于深度学习的交通预测等，试图将传统的道路交通问题研究与最新的深度学习理论进行深度融合，充分释放当前交通大数据的内在价值，从而系统提升道路交通规划、管理、控制、诱导等多个层面的理论研究与工业实践水平。

在这样的时代大背景下，本书的写作动机可以总结为以下 3 个方面：

（1）短期交通状态时空序列预测是很多道路交通实践问题的核心理论，扮演着理论基石的作用。长期交通预测（如经典的四阶段法）可以服务于交通系统规划，而短期交通预测则是交通管理、控制、诱导等智能交通系统应用的基础与前提。本书所阐述的道路交通时空序列预测问题本质上属于短期交通预测。鉴于短期交通预测在道路交通领域的核心和基础地位，长期以来其一直是学术界研究中的重要问题。

（2）深度学习方法论的引入，为道路短期交通状态预测的研究带来了"质"的飞跃。纵观道路交通预测领域研究的发展历史，每次新的预测方法论产生之后，都会催生该领域大量的研究实践和创新成果。总体而言，时间序列类模型、卡尔曼滤波类模型、传统机器学习类模型及当前的深度学习类模型先后被引入该领域的研究之中，而依据当前基于深度学习的道路交通预测研究文献的公开结果来看，其预测性能相对于前几代预测方法有了极大的提升，这标志着道路交通预测的性能正发生着"质"的飞跃。

（3）探讨深度学习方法论与道路短期交通状态预测的研究问题的结合，不仅有助于提高道路短期交通状态预测的研究与实践水平，同时对于在道路交通领域传播深度学习这个具有时代标志性的方法论也具有十分重要的价值。深度学习属于机器学习领域，是典型的计算机科学分支，这对于道路交通专业的学生使用其进行本领域的研究造成了不少障碍，当前该领域的学者很多出身于计算机、电子信息等相关学科，也正是由于这个原因。但正如前文所说，深度学习是属于这个时代的方法论，不应该局限于某些计算机相关专业，道路交通专业的学生同样有必要掌握该门方法论，在理解它的基本原理的基础上，有效地运用它解决本领域的实践问题。本书的一个重要考量便是在介绍采用深度学习解决道路交通预测问题的同时，补充介绍一些深度学习的重要知识点，力求让非计算机类专业的学生也能够理解它的基本原理，并能够有效地使用它。

尽管最早基于深度学习的道路短期交通状态时空序列预测研究出现在2015 年前后，但目前该领域的研究炙手可热，在领域内的顶级刊物发表了大量的研究文献。针对道路短期交通状态时空序列预测中复杂时空相关性的建模这一核心挑战，研究者分别借用了卷积神经网络（及其变形）、循环神经网络（及其变形）、注意力机制、Transformer 等一系列深度学习前沿理论和方法，针对特定预测问题，提出了各自的建模思路，产生了一批新颖的创新研究成果。本书试图从这些前沿研究中选取出一些有代表性的成果，基于对它们的细致解读，从中提炼出基本的研究思路和建模技巧，试图阐明当前基于深度学习进行道路短期交通状态时空序列预测的优势和不足，从而对未来该领域的研究提供有价值的参考。

总结起来，从一个研究者的视角，梳理前沿，提炼规律，发现问题，看清趋势，传播知识，就是本书写作的全部初衷。

二、本书内容

本书系统地阐述了深度学习方法论在道路短期交通状态时空序列预测领域的最新研究成果。需要着重说明以下几点：①领域限定在了道路交通，因为交通是个大系统，存在空运、水运、陆运等多种运输方式，而本书所阐述的研究均是针对道路交通领域的数据，以及面向道路交通领域的应用；②本书所讨论的研究问题是道路短期交通状态时空序列预测问题，该问题是时空数据挖掘领域中时空预测问题的一个重要子集，在本书的第 1 章中将会对这个问题进行数学上的形式化定义；③本书针对道路短期交通状态时空序列预测问题的讨论，完全是基于深度学习的方法论，所参考的文献大部分发表于 2017 年以后，并不涵盖前人对该研究问题所采用的全部方法论（如 ARIMA、卡尔曼滤波、SVR 等）。

本书的内容组织安排总体上分为 4 个部分：①第 1 章从短期交通状态时空序列预测问题的一般数学形式化表达出发，揭示了该问题的本质及关键的核心挑战，并按照预测方式的不同对其进行了不同维度的分类，最后对该领域的相关研究进行了简要的文献综述；②第 1 篇（第 2 章～第 4 章）着重探讨基于深度学习的网格化道路交通状态时空序列预测问题，通过将研究区域网格化处理，进而将交通状态观测数据类比为图像（Image），从而采用深度学习领域的图卷积操作对其空间相关性进行捕获，进一步结合时间维度的卷积操作或者循环神经网络操作，对交通状态数据的时空相关性进行捕获，从而达到对未来短期交通状态的预测；③第 2 篇（第 5 章～第 8 章）探讨了基于深度学习的拓扑化道路交通状态时空序列预测问题。相对于将研究区域进行网格的划分，拓扑化更加自然地反映了研究区域内道路交通状态传播的底层物理规律，通过拓扑图卷积神经网络、注意力机制等实现道路交通状态的空间相关性捕获，进一步通过时间维度的卷积网络、注意力机制、循环网络提取交通状态的时空相关性，从而对未来拓扑网络的交通状态进行预测；④第3篇为第1、2篇中所用到的深度学习相关理论的概要性介绍，主要是为了方便读者快速且深入地了解相关的深度学习理论，降低读者将深度学习用于短期交通状态预测的门槛。尽管是"概要性"，但这些理论的介绍融入了很多作者的个人理解，力图深入浅出，直达问题本质，让读者快速掌握深度学习相关方法论。

三、本书特色

概括起来，这本书具有以下4个方面的特色。

（1）写作风格上严谨与通俗并重。一般的学术研究著作与研究论文措辞非常严谨，学术性较强，难免有"八股文"之风，所以学术著作常常给人以晦涩、枯燥、难以理解的直觉印象，这也体现了科学研究追求客观真理、不添加个人情感、无偏见的本质要求。但是这种客观、严肃的表达带给人的可读性、亲和力就略显不足。本书本质上属于学术专著，是在探讨严肃的科学研究，免不了大量的数学公式、复杂的逻辑推理，但同时本书还有一部分传播深度学习方法论的初衷，因此，在有些介绍方法论的部分，尽量采用了通俗的表达方式，以期让读者更容易接受和了解深度学习方法论复杂数学公式背后的动机和原理。

（2）写作思路上细节与宏观并重。本书从当前最新的研究中，选取一些具有代表性的研究文献，深入剖析其针对道路短期交通状态时空序列预测建模的整体构思、框架和公式细节，但在适当的时候，本书会对不同研究的建模思路、框架、模型处理技巧之间做出对比分析，让读者跳出数学模型的细节，在宏观上总揽全局，明确不同研究思路各自的思考角度、优缺点等。

（3）写作内容上问题与方法并重。本书本质上是学术专著与方法论教材的综合体，一方面，按照学术专著的写作思路，以道路短期交通状态时空序列预测问题为中心，介绍基于深度学习的不同研究思路；另一方面，按照教材的写作思路，以深度学习方法论为中心，为读者补充研究中所使用的方法论的基础背景知识。

（4）写作选材上前沿与多源并重。本书的写作选材全部来自行业内的顶刊（如 *IEEE Intelligent Transport Systems*、*Transportation Research Part C: Emerging Technologies*、*IET Intelligent Transport Systems* 等）自 2017 年后发表的最新研究文献，确保在选材上具有前沿性。同时，鉴于当前时代研究成果发表渠道的多元化，本书还参考了大量来自 Arxiv 的最新研究文献。此外，本书还参考了包括计算机科学、电子电气科学等领域顶级期刊的最新研究文献。

四、适用对象

本书适用于具有一定计算机科学（尤其是机器学习、深度学习相关理论）背景知识的道路交通领域专业研究人员阅读，也适用于时空数据挖掘领域的研究人员阅读。

主要符号表

符号	含义
x, X	标量
$\mathbf{x}$	向量
$\mathbf{X}$	矩阵及张量
$\mathcal{X}$	集合
$\mathbb{R}$	实数集

目　录

第1章

道路短期交通状态
时空序列预测总论

　　道路短期交通状态时空序列预测是时空预测理论在道路交通领域的一项具体应用，是整体时空预测领域家族的一个子集。时空预测是时空数据挖掘整体研究中的重要组成部分，而时空数据挖掘可以简单地定义为针对时空数据的数据挖掘。因此，为了全面、深入地阐述道路短期交通状态时空序列预测的研究对象、研究内容、研究方法及研究目标，我们需要从时空数据、时空数据挖掘等更加宏大的视角切入，然后层层展开，最终聚焦到本书所要关注的核心问题：道路短期交通状态时空序列预测。

1.1　时空数据

　　万事万物都存在于时空当中，天然地具有时间和空间两个维度的特性。在描述一个事物的状态时，最为自然的选择当属时间和空间两个维度。

　　数据是对事物状态的具体描述。对事物时间维度状态的描述中非常重要的一类数据就是时间序列数据（如一个交通观测站一天中每个小时观测到的交通流量所构成的时间序列），而对事物空间维度状态描述中非常重要的一类数据就是空间面板数据（如一个特定地理位置的交通观测站，在某个时段内观测到的交通流量、平均交通速度、交通密度等数据)。而如果面对的数据是在一个路网内,不同地理位置的 n 个交通观测站,在连续 T 个时段内观测到的交通流量、平均交通速度、交通密度等数据,那么这个数据由于同时具有时间和空间两个维度的特征,就被称为时空数据。

时空数据定义目前还没有一个统一的标准,以下是有代表性的 2 种定义,读者可以参考,虽然形式不同,但内涵的意义是一致的。

(1)同时具有时间和空间维度的数据称为时空数据。

(2)时空数据是指具有时间元素并随时间变化而变化的空间数据,是描述地球环境中地物要素信息的一种表达方式。

近年来,随着全球定位、传感器、通信等信息技术的大规模商业化落地,以及各种移动终端、数据采集设备的普及化应用,时空数据的采集和存储量空前巨大,以至于时空数据与大数据的概念充分融合而形成了时空大数据。时空大数据的种类很多,包含了手机信令数据、网约车(如滴滴出行、Uber等)订单数据、出租车 GPS 定位数据、地铁刷卡数据、气象观测数据、人口普查数据等。

1.2 时空数据挖掘

数据挖掘是我们耳熟能详的概念,顾名思义,时空数据挖掘是针对时空数据的数据挖掘。大约从 2006 年以来,"时空"(Spatial-Temporal)一词一直是学术界和工业界所津津乐道的"时髦"术语,某种程度上成为"前沿""交叉"和"复杂"等的代名词之一,在理论研究和生产实践中受到了人们的高度重视。

时空数据中蕴含着大量非常有应用价值的信息和知识,对其进行数据挖掘具有非常重要的实践意义。当前,时空数据挖掘已经在诸多领域得到了有效应用,例如,移动电子商务、土地利用分类及地域范围预测、全球气候变化监控、犯罪易发点发现、交通管理与控制、共享车辆实时调度、疾病监控、水资源管理、自然灾害预警、公共卫生与医疗健康等。

依据刘大有等人[1]对时空数据挖掘任务的分类，大致可以分为以下几个方面。

（1）时空模式挖掘：包括周期模式、频繁模式、关联模式等。

（2）时空聚类：基于模型的聚类、基于距离的聚类、基于密度的聚类等。

（3）时空异常检测：基于距离、密度、聚类、模式、规则等的异常检测。

（4）时空预测及分类：位置和轨迹预测、密度和事件预测、结合空间相关性的时间序列预测（Spatial Combined Time Series Prediction）、时空信息组合分类等。

本书所阐述的对象即专门针对**道路交通数据的"结合空间相关性的时间序列预测"**问题，为了叙述方便，本书将该问题重新命名为**道路短期交通状态时空序列预测问题**。"短期"（Short-Term）预测与"长期"预测相对，在道路交通领域，短期预测主要服务于控制、诱导等交通管控实践，而长期预测更主要是服务于交通规划等。由这个定义可以看出，本书所讨论的时空预测问题的数据来源于道路交通领域，而非航空、水运等其他交通领域。当然，数据来源的不同，虽然在一定程度上决定了研究方法的特殊性，但不会影响时空预测研究的一般性和通用性，这也就决定了尽管本书针对的是道路交通状态时空序列预测问题，但相应的方法论同样可以在适当修改的情况下，迁移到其他领域的时空数据之上。

1.3　道路短期交通状态时空序列预测

1.3.1　问题描述

本质上，用一句话概括道路交通时空序列预测问题的定义，即基于过去一系列时段观测到的历史交通状态时空数据序列，采用某种预测模型，预测未来若干时段内的道路交通状态时空数据序列。

因此，这就决定了针对道路交通时空序列预测问题的研究，核心是找到能够有效根据历史交通观测数据序列预测未来数据序列的预测模型。数学上形式化的表达该问题为

$$\mathcal{F}: \mathbf{X}_{\text{history}} \rightarrow \hat{\mathbf{X}}_{\text{prediction}} \tag{1-1}$$

式中，$\mathcal{F}$ 为需要寻找的预测函数。在本书中，它代表一个深度神经网络的模型；$\mathbf{X}_{\text{history}}$ 和 $\hat{\mathbf{X}}_{\text{prediction}}$ 分别表示历史观测的交通状态时空数据序列和预测的未来时空交通状态数据序列。而未来时空交通数据序列的真实观测值（Ground Truth）一般在本书中表示为 $\mathbf{X}_{\text{prediction}}$。

因此，根据式（1-1），短期交通状态预测问题可以进一步表述为：基于历史交通状态时空观测数据，寻找一个"好的"函数 $\mathcal{F}$，从而能够在给定历史时段交通状态数据输入的情况下，对未来做出"好的"预测。这里的预测"好坏"本质上是对预测函数 $\mathcal{F}$ 的性能评价，可以包括均方根误差（Root Mean Square Error，RMSE）、平均绝对误差（Mean Absolute Error，MAE）和平均绝对误差百分比（Mean Absolute Percentage Error，MAPE）等多种定义形式。在这个意义上，短期交通状态预测研究的历史，可以看作采用不同预测函数对观测数据进行拟合的发展史。早期是时间序列类模型（如 ARIMA），然后是各种滤波类模型（如卡尔曼滤波、粒子滤波），再后来发展到传统机器学习模型（如 K 近邻、SVR），直到现今的深度学习类模型。在基于深度学习进行短期交通状态预测的研究中，被寻找的预测函数 $\mathcal{F}$ 是一个深度的神经网络，具有很强的拟合和泛化（预测）能力，相对于传统机器学习模型和时间序列模型而言，能够更好地描述交通状态中蕴含的复杂时空相关性。深度神经网络的拟合能力显著增强，在机器学习领域面临着过拟合的风险，但大规模的交通状态时空数据又使这种风险极大地降低，因此，在交通状态预测领域中，深度学习与交通大数据的结合也是当前时代发展的必然。

1.3.2　核心挑战

对未来短期内交通时空状态进行预测，首先要回答的问题是：研究区域内未来的交通状态与已知的什么因素有关？只有知道了与什么已知因素有关，下一步才是如何建立预测模型的问题。

当前，短期交通状态预测的研究的普遍内在假定为：在观测区域内，任何一个位置单元（网格区域、路段或其他观测空间单元）未来的交通状态都可以基于其自身历史的交通状态数据，以及与其具有空间相关性的其他位置单元的历史交通状态数据而预测得到。

在时间的维度上，位置单元未来的交通状态与其自身历史的交通状态是相关的，这被称为时间相关性（Temporal Dependency），以往熟知的时间序列分析理论（如 ARIMA、GARCH 等）的根本假设都是基于这种时间相关性。这种相关性十分直觉，一个位置单元未来的交通状态是由其过去的交通状态演变而来的，存在相关性是情理之中的事情。

在空间的维度上，位置单元未来的交通状态与其周边位置单元历史的交通状态是相关的，这被称为空间相关性（Spatial Dependency）。由于路网是连通的，即使是网格化处理后的路网，不同的网格单元之间也是有道路连接的，自然就会有交通流量的相互传播，那么，不同的位置单元之间由于交通流量的相互传播，必然使它们之间的交通状态存在高度的相关性。

这种时间相关性和空间相关性并不是相互独立的两个维度，而往往是融合在一起的时空相关性，这是由道路交通的特点决定的。例如，t 时段上游路段的交通流，刚好在 $t+1$ 时段抵达下游路段，那么下游路段 $t+1$ 时段的交通状态是和 t 时段上游路段的交通状态相关的。

因此，寻找预测函数 $\mathcal{F}$ 的过程，也就是试图对这种时空相关性进行建模的过程，如果建立的模型 $\mathcal{F}$ 能够有效地捕获这种时空相关性，那么自然其预测性能就会较好。因此，短期交通状态预测研究的本质就是对这种时空相关性的建模（或称为捕获）。

然而，交通时空状态预测中的这种时空相关性是十分复杂的，这种复杂性表现在多个方面，主要为时空相关性中存在的非线性、动态性、异质性、多尺度性等。

（1）非线性（nonlinearity）。道路网上的交通流是由自主的人，在不确定的环境下（异常事件、不确定的需求等），驾驶的车辆发生运动所构成的集合现象。交通流在路网，尤其是在城市路网中的传播是高度非线性的，这就导致了不同位置单元之间，以及同一位置单元不同时段之间的交通状态相关性也是高度非线性的。由于非线性激活函数的存在，深度神经网络本质上恰好是一个高度非线性的函数，拟合能力非常强大，这也是现在深度神经网络被普遍用于短期交通状态预测的重要原因之一。

（2）动态性（dynamism）。交通状态的时间相关性和空间相关性，往往都随时间呈现出高度的动态性。这种动态性往往并不是相关联的"量"随着时间的改变而造成的，而是关联的"模式"随着时间改变而造成的。例如，对于一个功能为居住小区的特定位置单元，早高峰期间，其人流流出量（outflow）大致呈现上升的趋势；晚高峰期间，其流出量大致呈现下降的趋势，这在本质上就要求在不同时段范围内，基于历史流量预测未来流量的模型（历史与未来的关联模式）具有动态性。相反，如果采用不具有动态性的关联模式的预测模型，那么很难对不同时段都精准地做出预测。此外，对于不同位置单元之间的空间相关性而言，其同样是动态的，一天中不同时段内，两个位置单元之间的关联程度和方式也不尽相同，例如，一个住宅区（记为 A）和一个商业区（记为 B）之间，早高峰期间人们更多选择从 A 到 B 的出行，晚高峰期间人们更多选择从 B 到 A 的出行，这就决定了二者之间空间关联模式是随着时间而发生变化的，为了更精准地捕获二者之间的空间相关性带来的影响，需要更好地考虑这种动态性。

（3）异质性（heterogeneity）。在空间上，不同的位置单元不能简单将其考虑为同质的，而在建模的过程中施加相同的交通状态时间、空间相关性捕获模式。例如，一个位置单元的功能不同（如居民区和商业区），它所呈现的交通状态之间的时空相关模式就不同。居民区早高峰以出流为主，入流较少；而商业区的情况则正好相反。此外，不同位置单元，由于地理位置不同，其与周边位置单元之间的关联结构不同（路网连通程度、平均出行时间等），它们之间的空间关联模式也具有很强的异质性，即同样是考虑周边位置单元对中心位置单元的交通状态影响，不同中心位置单元之间具有明显的不同。在建模过程中，对这种异质性的捕获和恰当描述，是提高预测准确性的重要影响因素。

（4）多尺度性（Multi-Scale）。短期交通状态预测中，时间维度的相关性和空间维度的相关性都是多尺度的。在时间维度上，与未来时段交通状态相关的历史交通状态包含了同一天中与之相邻的若干历史时段（时段尺度）、每一历史天中与之相同的时段（天尺度）、每一历史周中与之相同的时段（周尺度）、每一历史月中与之相同的时段（月尺度）等；在空间维度上，一般会根据城市交通出行方式的发达程度确定不同的空间相关性捕获范围，如全局市域范围、大范围、中范围、小范围等。具体在实现方法上，在时间维度上的多尺度相关性，通常是基于多尺度的历史数据输入，然后在模型中进行融合得到综合表征，进一步对未来时段的交通状态做出预测；在空间维度上，则可以利用不同的卷积核大小，限定卷积操作的范围，从而实现不同尺度空间相关性的捕获。

1.3.3　问题分类

1. 网格化数据和拓扑化数据

数据是预测的基础。为了建立道路交通时空序列预测模型，预测未来的道路交通时空数据序列，需要以历史的道路交通时空数据序列作为输入。与道路交通相关的时空观测数据简单地可以列举如下：

（1）出租车 GPS 数据。

（2）共享单车实时定位数据。

（3）地铁站刷卡数据。

（4）交通检测器实时观测数据。

（5）手机信令数据。

当然，以上并非是道路交通领域可以观测到的全部时空数据，而仅是一些有代表性的数据。

按照可以观测到的时空数据组织方式的不同，通常大致可以分为 2 类：网格化道路交通时空序列观测数据（Grid-Based Data）和拓扑化道路交通时空序列观测数据（Graph-Based Data）。

1）网格化道路交通时空序列观测数据

这种方式首先将整体交通观测区域（如整个城市）从横向和纵向两个方向切分为等大小的网格，然后以每个网格单元（cell）为基本单位对时空交通观测数据进行组织（见图 1-1）。

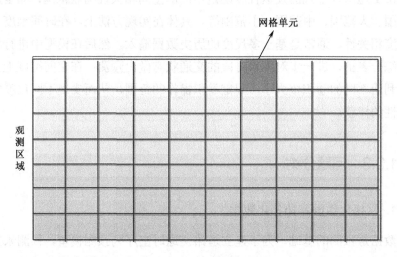

图 1-1　网格化道路交通观测区域划分示例

以城市出租车 GPS 定位数据为例，每辆车每隔一定时间间隔（如 1 分钟）会产生一个定位数据（一般被描述为一个多元组 $\langle t, \text{Lon}, \text{Lat}, \text{speed}, \cdots \rangle$，分别表示定位时刻、所在位置的经度、纬度、车速等），按照时间顺序将这些定位点连接起来则构成了该辆车的行驶轨迹（trajectory）。将城市划分为一系列等大的网格之后，可以依据所有出租车的 GPS 定位轨迹数据，统计单位时段内（如 5 分钟、15 分钟等）每个网格单元的出租车流入量（该时段内进入该网格单元的轨迹数）、流出量（该时段内驶出该网格单元的轨迹数）、区域平均行驶速度（该时段内该网格单元内所有轨迹的平均速度）等数据，进一步可以基于这些统计出来的历史网格化观测数据预测未来的网格化数据，进而服务于出租车最优巡客引导、运力调度等决策服务。

每个网格单元所统计的流入量、流出量、区域平均行驶速度等描述交通状态的指标在本书中称为交通特征（Traffic Features）或交通观测（Traffic Observations），它们从不同维度描述了每个网格单元在某个时段内的交通状态。

假定一个特定的观测区域被划分为 $I \times J$ 个等大小的网格单元（令 $N = I \times J$），每个网格单元所观测交通特征数为 F，连续观测了 T 个时间间隔，那么观测得到的网格化时空交通序列数据被表示为张量（tensor） $\mathbf{X} = (\mathbf{X}_1, \mathbf{X}_2, \cdots, \mathbf{X}_T) \in \mathbb{R}^{T \times N \times F}$。其中，$\mathbf{X}_t \in \mathbb{R}^{N \times F}$ 是 $\forall t = 1, 2, \cdots, T$ 时刻的网格化交通观测数据。其可视化的表示如图 1-2 所示。

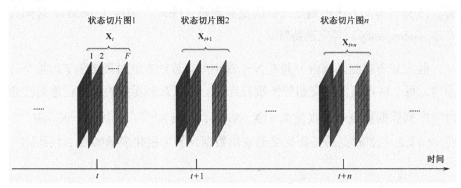

图 1-2　网格化道路交通时空序列观测数据的可视化示例

2）拓扑化道路交通时空序列观测数据

道路网络天然是由节点和弧段构成的有向拓扑图。一般直觉理解的情况下，弧段表示的是路段，而节点就是路段之间的连接处（如交叉口）。当然，也可以从另一个角度来看待道路网络这个拓扑图，也就是将路段视为节点，而路段之间的连接作为弧段。布设在道路网络不同位置的交通观测站（如路段上安装的感应线圈、微波测速等）都可以作为观测节点，而经由道路网络所构建的这些观测节点之间的连通就可以作为弧段，这样共同组织起来的时空观测数据就被称为拓扑化道路交通时空观测数据，拓扑化道路交通观测站网络如图 1-3 所示。

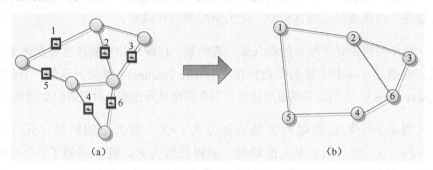

图 1-3　拓扑化道路交通观测站网络：（a）路网拓扑图；（b）交通状态检测器拓扑图

以路段上设置的综合交通观测站为例，能够检测每隔一定时段（如 5 分钟、15 分钟等）内该观测站点处的交通流量（flow）、速度（speed）、时间占有率（occupancy）等交通特征。

假定某个观测区域内一共有 N 个观测站，连续观测时段数为 T，每个时段内，每个站点观测的交通特征数目为 F，那么观测得到的拓扑化道路交通时空序列数据被表示为张量 $\mathbf{X} = (\mathbf{X}_1, \mathbf{X}_2, \cdots, \mathbf{X}_T) \in \mathbb{R}^{T \times N \times F}$。其中，$\mathbf{X}_t \in \mathbb{R}^{N \times F}$ 是 $\forall t = 1, 2, \cdots, T$ 时刻的拓扑化交通观测数据。其可视化表示如图 1-4 所示。

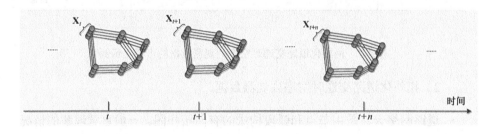

图 1-4　拓扑化道路交通时空序列观测数据的可视化示例

需要注意的是，网格化和拓扑化的道路交通时空序列观测数据，在时间的维度上，可以视为一种数据流，本书中，有时为了叙述方便，将任意时刻 t 的交通特征 $\mathbf{X}_t \in \mathbb{R}^{N \times F}$ 也称为时刻 t 的交通状态切片。

总结一下，无论是网格化道路交通时空观测数据，还是拓扑化道路交通时空观测数据，在时间的维度上都是由一系列的交通状态切片所组成的；在空间的维度上，都是由一系列的地理位置单元所组成的（网格化和拓扑化的区别在于，前者的基本位置单元为网格单元，后者的基本位置单元为拓扑图中的节点）；在特征的维度上，都由一系列交通状态的观测指标所构成（流量、速度、密度等）。

2. 整合外部信息和不整合外部信息

位置单元未来的交通状态固然直接与它自身及其周边位置单元的历史交通状态相关联，但不可否认的是，一些外部信息同样对其造成了重要影响。如以下外部信息。

（1）待预测时段的时间特性（如它所在的天是否是周末、节假日等）。

（2）历史时段和待预测时段的天气特征（如风速、温度、降雨量等）。

（3）特殊的交通事件（如交通拥堵等）。

显然，为了更好地对未来交通状态做出预测，需要进一步整合这些相关的重要的外部信息，由此，式（1-1）所描述的一般性短期交通状态预测问题需要扩展为

$$\mathcal{F} : \{\mathbf{X}_{\text{history}}, E\} \to \hat{\mathbf{X}}_{\text{prediction}} \tag{1-2}$$

式中，E 为与预测相关的历史和未来时段内的外部相关信息。

3. 单体预测和集体预测

对于未来时段的交通状态预测可以是针对每个单独的位置单元建立单体预测模型，从而进行个体级别的预测；也可以建立集体预测模型，在集体层面一次性地预测所有位置单元未来的交通状态。

（1）单体预测模型

$$\mathcal{F}:\mathbf{X}_{\text{history}}\to\hat{\mathbf{X}}_i^{\text{prediction}},\ \forall i=1,2,\cdots,N \tag{1-3}$$

（2）集体预测模型

$$\mathcal{F}:\mathbf{X}_{\text{history}}\to\left\{\hat{\mathbf{X}}_i^{\text{prediction}}\right\}_{i=1}^{N} \tag{1-4}$$

式中，$i\in[1,N]$为任意位置单元。

4. 单步预测和多步预测

交通状态预测可以只预测当前时段的下一个时段，也可以预测当前时段后的若干个时段，前者称为单步预测，后者称为多步预测。

（1）单步预测

$$\mathcal{F}:\mathbf{X}_{t-\tau_{\text{hist}}+1\to t}\to\hat{\mathbf{X}}_{t+1} \tag{1-5}$$

（2）多步预测

$$\mathcal{F}:\mathbf{X}_{t-\tau_{\text{hist}}+1\to t}\to\hat{\mathbf{X}}_{t+1\to\tau_{\text{pred}}} \tag{1-6}$$

式中，$\mathbf{X}_{t-\tau_{\text{hist}}+1\to t}$表示历史的交通状态序列；$\hat{\mathbf{X}}_{t+1\to t+\tau_{\text{pred}}}$表示预测的未来多步交通状态序列。

1.4 道路短期交通状态时空序列预测研究概要性综述

鉴于道路交通状态时空序列预测（交通出行速度预测、区域流量需求预测、人流聚集预测等）是许多智能交通应用（如区域交通控制、路径诱导等）的核心基础问题，长期以来一直受到了广泛的关注，并进行了深入的研究，其研究至少有 60 年以上的历史跨度[2]。

如图 1-5 所示，针对道路交通状态时空序列预测的方法论总体上可以分为模型驱动和数据驱动两大类[3]。早期的预测模型主要是基于模型驱动的方法，也称为参数类方法，如时间序列模型（ARIMA 及其各种变体）[4-6]、滤波类模型[7-9]，以及时间序列和滤波方法相结合的混合模型[10-12]。这些模型成为主流，符合当时时代的特点：统计学方法成熟且数据样本量相对不大（小数据时代）。在通常情况下，参数类模型都有以下不足，使其预测性能效果不佳：①很强的条件假设（如时间序列的平稳性等），不适用于复杂多变的道路交通预测；②对每个观测的位置单元进行单独的预测，缺乏空间相关性的考量。随着交通检测器（如线圈检测器、视频检测器等）、车载 GPS 等设备的普及，越来越多与道路交通相关的数据被采集和存储起来，构成了交通大数据，从而使得道路交通时空序列预测的研究从模型驱动方法向数据驱动方法演变。数据驱动类方法大致可以分为两类：传统机器学习类方法和深度学习类方法。这些研究方法的出现也十分吻合方法论时代发展的特点，20 世纪八九十年代机器学习理论得到了长足的发展和大规模的商业化应用，尤其是支持向量机（SVM）在机器学习领域取得了辉煌的成就，一度占据了机器学习的王者地位。因此，相关理论如 SVM、SVR 等也被应用于道路交通预测问题的研究[13-15]。此外，部分研究还采用了贝叶斯方法[16]、KNN[17]等进行相应的道路交通预测研究。虽然传统的机器学习方法拥有稳固的理论基础，能够帮助我们有效理解预测的过程，但是在处理复杂、高度非线性交通数据时仍旧表现出预测性能不佳，并且需要非常细致的手动特征工程[18]。2006 年，Hinton 等人提出了深层网络训练中梯度消失问题的解决方案：深度置信网络（DBN）[19]，从此开启了深度学习方法论时代。深度学习通过很多层的非线性神经元的堆叠，能够在输入和输出之间实现高度复杂的非线性变换，使深度网络模型拥有强大的表征能力，非常适合针对大数据量、复杂、端到端（与传统机器学习需要大量手动特征工程的显著区别）的建模问题。因此，近年来，再次看到了前沿方法论在道路交通预测领域掀起的研究热潮：基于深度学习的道路交通时空预测。正是在这样的背景下，本书才得以构思成型，试图从当前的研究热潮中，系统深入地梳理出当前深度学习理论在道路交通状态时空序列预测领域的主要研究脉络和主要研究细节，以便总结当前研究，为未来的创新提供线索和起点。

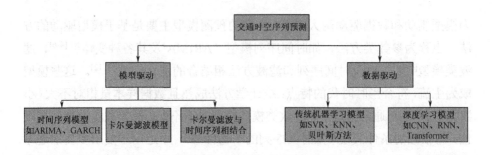

图 1-5　道路交通状态时空序列预测研究方法论划分

1.5　基于深度学习的道路短期交通状态时空序列预测建模一般性框架

正如本书前言部分所述，本书完全是关注基于深度学习进行道路短期交通状态时空序列预测问题的研究。因此，在这里，给出基于深度学习的道路短期交通状态时空序列预测建模一般性框架。

一般而言，基于深度学习进行短期交通状态预测的建模框架包括 3 个部分，如图 1-6 所示，分别为输入特征嵌入器（Input Feature Embedder，IFE）、时空特征萃取器（Spatial-Temporal Feature Extractor，STFE）和交通状态预测器（predictor）。其中，IFE 一般负责对原始数据的数据特征进行维度的变换，如升维，从而增强深度模型的表达能力。一般情况下，IFE 都会是一个小型的全连接神经网络（一般 2 层以内）；STFE 是整个深度模型的核心，用于对交通状态预测中的复杂时空相关性进行高阶特征萃取，本书的重点会在第 2 篇和第 3 篇的每项研究中，详细介绍针对网格化和拓扑化两种不同数据组织方式的时空特征萃取方法；predictor 以 STFE 所得到的高阶时空表征为输入，最后输出对未来交通状态的预测。如果是单步预测，一般 predictor 都会是一个小型的全连接神经网络；如果是多步预测，predictor 可以是一个全连接神经网络，也可以是一个基于循环神经网络单元（如 LSTM、GRU 等）的解码器（decoder）的结构，依次地对未来多个时段进行预测。

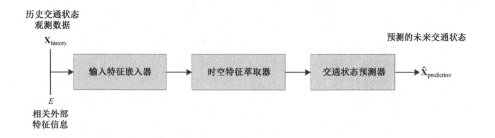

图 1-6　基于深度学习的短期交通状态预测一般性框架

1.6　本章小结

　　本章首先从时空数据、时空数据挖掘的宏观角度，明确了道路短期交通状态时空序列预测是时空数据挖掘领域的一个研究子集；其次，以数学形式化的表达描述了该预测问题，并指出了预测的核心是复杂的时空相关性建模，在此基础上，分析了复杂时空相关性建模的关键核心挑战包括动态性、非线性、异质性、多尺度性等；再次，从数据组织、是否整合外部信息、预测时间尺度与空间尺度的不同对预测问题进行了宏观分类，并对该预测问题的历史研究进行了简单的文献综述；最后，结合本书重点关注的内容，给出了基于深度学习的预测一般性框架。

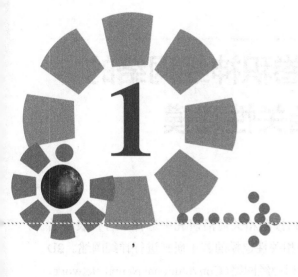

第1篇
基于深度学习的网格化道路交通状态时空序列预测

本篇以网格化的数据组织方式为基础，讨论基于深度学习方法的道路交通状态时空序列预测问题。按照对道路交通状态时空序列预测核心问题（时空相关性建模）的主体建模方法的不同，本篇分为 3 章，分别是基于 2D 图卷积神经网络的时空相关性建模、基于 2D 图卷积与循环神经网络相结合的时空相关性建模、基于 3D 图卷积的时空相关性建模。

第 2 章

基于 2D 图卷积神经网络的
时空相关性建模

本章在道路交通状态时空序列预测相关前沿研究中选择了有代表性的基于 2D 图卷积神经网络进行时空相关性建模的若干研究进行详细阐述。2D 图卷积神经网络，也就是常规的卷积神经网络（Convolutional Neural Network，CNN）。

2D CNN 的本质是在做一个 image 中某个目标像素点及其周边一定邻域范围内像素点的加权信息聚合，并将聚合后的信息作为该目标像素点的新特征。要将 2D CNN 用于道路交通状态时空序列预测问题的研究之中，首先要有适合 2D CNN 操作的类似 image 的数据才可以。如图 2-1 所示，在网格化的道路交通状态时空序列预测问题中，输入的原始特征为一个交通状态切片时间序列所形成的张量（tensor），即 $\mathbf{X} = (\mathbf{X}_1, \mathbf{X}_2, \cdots, \mathbf{X}_T) \in \mathbb{R}^{T \times N \times F}$。对于任意一个交通状态切片 $\mathbf{X}_t \in \mathbb{R}^{N \times F}$，由于网格化的划分，均可以将其视为一张 image，每个网格单元就相当于 image 的像素点，F 个观测特征就相当于 image 的 F 个通道（channel）。当然，更进一步，可以将所有时段的交通状态切片全部集成（aggregate）在一起，从而构成一幅具有更多 channel 的大 image。

如果在单个时段的交通状态切片上进行 2D CNN 操作，那么对于每个像素点（网格单元）而言，相当于是在同一个时段内，做其一定邻域范围内（范围大小取决于卷积核的大小）的空间信息聚合，然后生成它的新特征。这种操作，显然暗合了预测所需要的空间相关性建模，也就是说某个目标网格单元的交通状态是受到其周围一定范围内网格单元交通状态的影响的，这种影响具体反映在建模上，就是通过加权聚合生成目标网格单元的新特征。

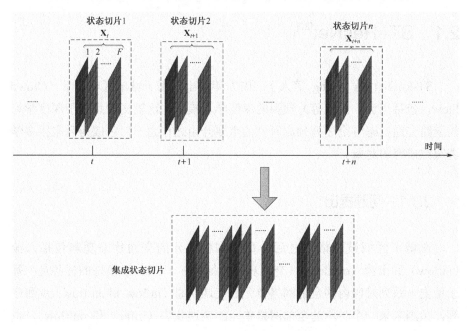

图 2-1　不同时段交通状态切片的"集成"

如果在集成后的大 image 上进行 2D CNN 操作，那么对于每个像素点网格而言，不仅聚合了同一时段空间上与它相邻（卷积核大小范围内）的网格单元的交通状态信息，同时聚合了全部时间跨度上相邻网格单元的交通状态信息，也就是同时考虑了时间和空间的相关性。这种操作方式，把时间相关性的建模，通过恰当的输入数据转换（也就是对输入交通状态切片 tensor 的 aggregate），完全转化为卷积操作所擅长的空间相关性建模。这就是本章所要阐述的时空相关性建模思路。

下面将选择一些有代表性的前沿研究进行详细介绍。值得一提的是，以下选取的研究文献均来自同一个研究团队：郑宇、张钧波的京东研究团队。两位研究学者目前均供职于京东集团，郑宇研究员也是城市计算的最早提出者之一，他们的研究团队近年来在时空数据挖掘领域做了大量的前沿研究，感兴趣的读者可以系统地研读一下他们的相关研究文献。

2.1 ST–ResNet[20]

ST-ResNet 是 Zhang 等人于 2017 年提出的用于城市区域流量（Crowd Flow，包括车流、人流等）预测的深度学习模型。这篇文章是基于深度学习的道路交通状态时空序列预测研究的重要开山之作之一，它成为后来很多学者跟踪研究的对象。

2.1.1 问题提出

在城市区域被网格化之后，每个网格单元的交通状态观测包括入流（inflow）和出流（outflow）（交通观测特征数 $F = 2$）。该模型的任务是：基于历史一系列时段内的全部网格单元的交通状态（inflow 和 outflow）观测序列，预测未来一个时段的全部网格单元的交通状态（inflow 和 outflow），也就是寻找一个预测函数 $\mathcal{F}$，从而实现

$$\mathcal{F} : \mathbf{X}_{(t-t_h+1) \to t} \to \hat{\mathbf{X}}_{t+1} \tag{2-1}$$

式中，$\mathbf{X}_{(t-t_h+1) \to t} \in \mathbb{R}^{t_h \times N \times 2}$ 表示含当前时段 t 的前 t_h 个历史时段的交通状态切片序列；N 为网格单元的数目；$x_i^{t,0}$ 和 $x_i^{t,1}$ 分别表示时段 t 内第 i 个网格单元的 inflow 和 outflow，即 $\mathbf{X}_{(t-t_h+1) \to t} = \left\{ x_i^{t,0}, x_i^{t,1} \mid i=1, \cdots, N; \ t = t-t_h+1, \cdots, t \right\}$；$\hat{\mathbf{X}}_{t+1}$ 表示当前时段的下一个时段（也就是 $t+1$ 时段）交通状态切片预测值。

2.1.2 历史交通状态切片数据的获取

想要获取行人的 inflow 和 outflow，可以通过行人的手机信令数据提取他们的轨迹数据，然后将轨迹数据匹配到相应的网格单元中，就可以获取历

史时段内每个网格单元行人的 inflow 和 outflow；对于车流，可以通过车载 GPS 定位数据，获取车辆的轨迹数据，然后将轨迹匹配到相应的网格单元中，就可以获取历史时段内每个网格单元的车辆 inflow 和 outflow，如图 2-2 所示（r_1, r_2, r_3, r_4 为 4 个网格单元）。

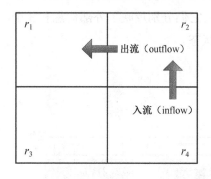 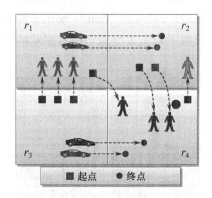

图 2-2　inflow 和 outflow 的观测

任意一个考察对象（行人、机动车等）的轨迹 T_r 由一系列的定位点组成，即

$$T_r : g_1 \rightarrow g_2 \rightarrow \cdots \rightarrow g\left|T_r\right| \qquad (2\text{-}2)$$

式中，$g_k \left(\forall k = 1, \cdots, \left|T_r\right| \right)$ 表示第 k 个定位点，$\left|T_r\right|$ 表示轨迹 T_r 上的定位点总数。所有的考察对象轨迹构成的集合表示为 $\mathcal{P}$。

任意时段 t 内，假定收集的轨迹数据集合为 $\mathcal{P}$，则任意一个网格单元 i 的 inflow 和 outflow，依据轨迹数据的统计结果表示为

$$x_i^{t,0} = \sum_{T_r \in \mathcal{P}} \left| \left\{ k \middle| (k > 1) \wedge (g_{k-1} \notin i) \wedge (g_k \in i) \right\} \right| \qquad (2\text{-}3)$$

$$x_i^{t,1} = \sum_{T_r \in \mathcal{P}} \left| \left\{ k \middle| (k \geqslant 1) \wedge (g_k \in i) \wedge (g_{k+1} \notin i) \right\} \right| \qquad (2\text{-}4)$$

式中，$g_k \in i, g_k \notin i$ 分别表示定位点 k 所在的位置处于和不处于网格单元 i 内；$|\cdot|$ 表示集合 "." 所包含元素的个数。

2.1.3 预测模型

ST-ResNet 整体的预测模型架构如图 2-3 所示。模型的整体架构包括 4 个模块：external、trend、period 和 closeness，它们分别反映了外部信息和 3 个尺度上对未来交通状态有影响的历史交通状态。

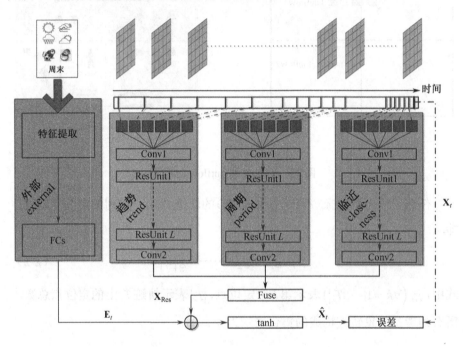

图 2-3 ST-ResNet 整体的预测模型架构（Zhang, et al, 2017）

（1）external 模块。该模块负责对外部信息特征的提取。

（2）trend 模块。该模块负责对交通状态演化的长期历史趋势（如季度趋势、月趋势）特征进行提取。

（3）period 模块。该模块负责对交通状态演化的短期历史趋势（如周趋势）特征进行提取。

（4）closeness 模块。该模块负责对交通状态演化的近期历史趋势（如待预测时段的前几个相邻时段的趋势）特征进行提取。

4 个模块分别提取到的高阶特征均是影响未来交通状态预测的重要因素，需要将它们按照某种方式融合起来，从而构成整合的高阶特征，最后基于该整合的高阶特征做出对未来交通状态的预测。

1. external 模块

外部信息，如天气条件、事件等均会对交通状态产生影响。这里采用的外部信息包括：DayOfWeek、Weekend/Weekday、Holidays 及 Weather Conditions（temperature、Wind Speed 等）。

首先，将这些外部信息通过一个 Feature Extraction 模块，进行数值编码。对于 DayOfWeek、Weekend/Weekday、Holidays 这些离散的外部信息，采用 One-Hot Encoding 的方式进行编码，对于 temperature、Wind Speed 等连续的外部信息，通过 Min-Max 标准化的方式将其缩放到 [0,1]。

在获得外部信息数值编码后，使其通过一个两层的全连接神经网络，将原始的数值编码嵌入（embedding）到新的表征空间。

这里值得注意的是，外部信息的编码也都是网格化的，也就是每个网格单元对应一个原始的外部信息编码向量，也对应一个转换后的新的表征向量。可以试着将这种编码后的网格化外部信息视为一种特殊的"外部信息特征 image"。t 时段外部信息特征表达为 $\mathbf{E}_t$。

2. trend 模块

该模块负责捕获交通状态序列中的长期历史趋势特征。因为要预测的是 $t+1$ 时段的交通状态 $\mathbf{X}_{t+1}$，所以，希望能够了解过去每个长期周期内，对应 $t+1$ 时段的交通状态变化趋势，从而更好地辅助当前的预测。

假定 trend 模块负责监测的每个长期周期的时长为 q，考虑历史上 l_q 个长期周期，那么能够反映长期周期趋势性的时间序列表示为

$$\mathbf{X}_{\text{trend}} = \left(\mathbf{X}_{t-l_q*q+1}, \mathbf{X}_{t-(l_q-1)*q+1}, \cdots, \mathbf{X}_{t-q+1}\right) \in \mathbb{R}^{l_q \times N \times 2} \tag{2-5}$$

如前文所述，在时间维度上，将 $\mathbf{X}_{\text{trend}}$ aggregate 起来，构成一张包含 $l_p \times 2$ 个 channel 的大 image，它表示了原始的输入，为了说明方便，将其表示为 $\mathbf{X}_{\text{trend}}^{(0)}$（$\mathbf{X}_{\text{trend}}^{(0)} = \mathbf{X}_{\text{trend}}$）。在这张大 image 上，采用多层 2D 图卷积的操作，充分地提取其时空相关性，最终生成能够反应交通状态变化长期趋势的综合特征，具体做法为：首先，将大 image 输入到一个卷积层"Conv1"中，将其每个网格单元的特征维度变换到适当的维度，得到 $\mathbf{X}_{\text{trend}}^{(1)}$，进而将其输出依次通过 L 个残差连接单元"ResUnit"，充分地提取其时空相关性，得到 $\mathbf{X}_{\text{trend}}^{(L+1)}$，最终再将输出通过一个卷积层"Conv2"，得到高阶特征表征 $\mathbf{X}_{\text{trend}}^{(L+2)}$。其中，任意第 $l = 1, \cdots, L$ 层的 ResUnit 如图 2-4 所示。

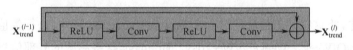

图 2-4　任意第 l 个 ResUnit

3. period 模块

该模块负责捕获交通状态序列中的短期历史趋势特征。因为要预测的是 $t+1$ 时段的交通状态 $\mathbf{X}_{t+1}$，所以，希望能够了解过去每个短期周期内，对应 $t+1$ 时段的交通状态变化趋势，从而更好地辅助当前的预测。

假定 period 模块负责监测的每个短期周期的时长为 p，考虑历史上 l_p 个短期周期，那么能够反映短期周期趋势性的时间序列表示为

$$\mathbf{X}_{\text{period}} = \left(\mathbf{X}_{t-l_p*p+1}, \mathbf{X}_{t-(l_p-1)*p+1}, \cdots, \mathbf{X}_{t-p+1} \right) \in \mathbb{R}^{l_p \times N \times 2} \tag{2-6}$$

然后，采用与 trend 模块同样的方式，捕获该短期交通状态序列的时空相关性，最后获取高阶特征表征 $\mathbf{X}_{\text{period}}^{(L+2)}$。

4. closeness 模块

该模块负责捕获交通状态序列中的近期历史趋势特征。因为要预测的是 $t+1$ 时段的交通状态 $\mathbf{X}_{t+1}$，所以，希望能够了解其紧邻的过去一系列时段的交通状态变化趋势，从而更好地辅助当前的预测。在这里，反映近期趋势的

时间序列表示为

$$\mathbf{X}_{\text{close}} = \left(\mathbf{X}_{t-l_c+1}, \mathbf{X}_{t-l_c+2}, \cdots, \mathbf{X}_t \right) \in \mathbb{R}^{l_c \times N \times 2} \qquad (2\text{-}7)$$

采用与 trend 模块同样的方式,捕获该近期交通状态序列的时空相关性,最后获取高阶特征表征 $\mathbf{X}_{\text{close}}^{(L+2)}$。

通过上述 4 个模块,分别提取到用于预测未来 $t+1$ 时段交通状态的高阶特征表征 $\mathbf{X}_{\text{Ext}}$、 $\mathbf{X}_{\text{trend}}^{(L+2)}$、 $\mathbf{X}_{\text{period}}^{(L+2)}$ 和 $\mathbf{X}_{\text{close}}^{(L+2)}$,那么接下来,需要按照某种方式,将这些分别得到的高阶特征表征融合起来,从而生成一个综合的高阶特征表征,进一步用于做出对未来的预测。

首先,对于 trend、period 和 closeness 3 个模块输出的高阶特征表征进行参数加权的融合,具体过程如下:

$$\mathbf{X}_{\text{Res}} = \mathbf{W}_{\text{trend}} \odot \mathbf{X}_{\text{trend}}^{(L+2)} + \mathbf{W}_{\text{period}} \odot \mathbf{X}_{\text{period}}^{(L+2)} + \mathbf{W}_{\text{close}} \odot \mathbf{X}_{\text{close}}^{(L+2)} \qquad (2\text{-}8)$$

式中, $\mathbf{W}_{\text{trend}}$、 $\mathbf{W}_{\text{period}}$、 $\mathbf{W}_{\text{close}}$ 分别为参数化矩阵,其中的参数可以通过深度神经网络模型的训练学习得到; $\odot$ 为 Hadamard 积。

然后,将 3 个时间周期高阶特征表征融合得到的综合高阶特征表征 $\mathbf{X}_{\text{Res}}$ 与外部信息表征 $\mathbf{E}_{t+1}$ 直接进行加和,作为最终的高阶特征表征:

$$\mathbf{X}_{\text{integrated}} = \mathbf{X}_{\text{Res}} + \mathbf{E}_{t+1} \qquad (2\text{-}9)$$

最终的预测模块非常简单,直接将 $\mathbf{X}_{\text{integrated}}$ 通过一个 tanh 层,就得到了预测输出 $\hat{\mathbf{X}}_{t+1}$:

$$\hat{\mathbf{X}}_{t+1}(i,:) = \tanh(\mathbf{W}_{\text{integrated}} \mathbf{X}_{\text{integrated}}(i,:) + \mathbf{b}_{\text{integrated}}), \quad \forall i = 1, \cdots, N \qquad (2\text{-}10)$$

通过式(2-10)可以看出,所有的网格单元共用同一组参数,即 $\{\mathbf{W}_{\text{integrated}}, \mathbf{b}_{\text{integrated}}\}$ 的预测神经网络。这种方式称为共享的预测器(Shared Predictor)。在后面的研究中,会看到可以为每个网格单元设计独立参数的预测模块(Region-Specific Predictor)。

这里采用平方差（Squared Error）作为损失函数，表示如下：

$$L(\Theta) = \left\| \mathbf{X}_{t+1} - \hat{\mathbf{X}}_{t+1} \right\|_2^2 \tag{2-11}$$

式中，$L(\cdot)$ 为损失函数；Θ 为所有待学习参数构成的集合；$\|\cdot\|_2$ 为 2-范数。

2.1.4 训练算法

算法 2-1 给出了深度模型训练算法的整体流程，主要分为两个部分：①构建训练数据集 $\mathcal{D}$（1～7 行）；②从训练数据集 $\mathcal{D}$ 中任意选取一个小 batch 的训练集 $\mathcal{D}_b$，采用反向传播算法和 Adam 优化器，进行参数学习（8～12 行）。

算法 2-1　ST-ResNet 训练算法

输入：历史观测 $\mathbf{X}_1, \cdots, \mathbf{X}_n$；

　　　外部特征 $\mathbf{E}_1, \cdots, \mathbf{E}_n$；

　　　l_c, l_p, l_q, p, q

输出：ST-ResNet 的参数 Θ

1：$\mathcal{D} \leftarrow \varnothing$

2：for 所有时间间隔 t do

3：$\mathbf{X}_{\text{trend}} = (\mathbf{X}_{t-l_p*q+1}, \cdots, \mathbf{X}_{t-q+1})$

4：$\mathbf{X}_{\text{period}} = (\mathbf{X}_{t-l_p*p+1}, \cdots, \mathbf{X}_{t-p+1})$

5：$\mathbf{X}_{\text{close}} = (\mathbf{X}_{t-l_c+1}, \cdots, \mathbf{X}_t)$

6：将训练实例 $\left(\{\mathbf{X}_{\text{trend}}, \mathbf{X}_{\text{period}}, \mathbf{X}_{\text{close}}, \mathbf{E}_{t+1}\}, \mathbf{X}_{t+1} \right)$ 放入集合 $\mathcal{D}$ 中

7：end for

8：初始化 ST-ResNet 模型中的所有待学习参数 Θ

9：repeat

10：从集合 $\mathcal{D}$ 中随机选择一批样本实例

11：利用样本 $\mathcal{D}_b$，寻找最优学习参数 Θ，最小化损失函数

12：until 满足停止条件，终止循环

2.2　MDL[21]

这项针对道路交通状态时空序列的预测问题的研究，属于多任务深度学习（Multi-Task Deep Learning，MDL），能够对网格单元的 inflow 和 outflow，以及网格单元之间的流量（区间流）（Transition Flow）进行同步预测。

如图 2-5 所示，每个网格单元不仅有 inflow 和 outflow 两个交通状态特征，同时，在网格单元之间也存在着流量的传递，称为 Transition Flow。对于 Transition Flow 的预测，相当于道路交通领域的起点（OD）预测问题，这种预测对于许多交通管理与优化调度问题都至关重要。这项研究就是针对 inflow、outflow 和 Transition Flow 的同步预测问题进行建模，以期得到一个多任务深度学习模型。

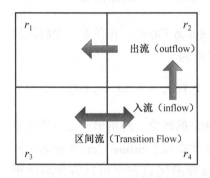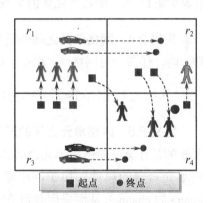

图 2-5　inflow、outflow 和 Transition Flow 示意图

2.2.1　问题提出

定义 2.1　节点（node）。 研究区域被划分为 $I \times J$ 个网格单元，令 $I \times J = N$。每个网格单元代表一个节点，节点集合表示为 $\mathcal{V} = \{r_1, r_2, \cdots, r_N\}$。

定义 2.2　轨迹（trajectory）。 每条轨迹（由行人、机动车等移动对象产生）由一系列时序的定位点构成。轨迹上的任意一点由 $\langle \tau, x, y \rangle$ 三元组表示，τ 为时间戳，x, y 为经纬度坐标。一条轨迹的起点表示为 $s = \langle \tau_s, x_s, y_s \rangle$，终点表示为 $e = \langle \tau_e, x_e, y_e \rangle$。所有已知轨迹数据的起点和终点对构成的集合表示为 $\mathcal{P} = \{(s, e)\}$。

定义 2.3　入流（inflow）和出流（outflow）。 在任意一个时间间隔 t 内，任何一个节点 r_i 的 outflow 和 inflow 表示为

$$\mathbf{X}_t(0, i) = \left| \left\{ (s, e) \in \mathcal{P} : (x_s, y_s) \in r_i \wedge \tau_s \in t \right\} \right| \tag{2-12}$$

$$\mathbf{X}_t(1, i) = \left| \left\{ (s, e) \in \mathcal{P} : (x_e, y_e) \in r_{ij} \wedge \tau_s \in t \right\} \right| \tag{2-13}$$

式中，$\mathbf{X}_t(0, :)$ 和 $\mathbf{X}_t(1, :)$ 分别表示时间间隔 t 内的 outflow 矩阵和 inflow 矩阵；$\mathbf{X}_t$ 表示时间间隔 t 内的 inflow/outflow 张量（相当于 2 个 channel 的 image）；$| \cdot |$ 表示集合 "." 所包含元素的个数；$\wedge$ 表示逻辑 "与" 运算符号。

定义 2.4　网格单元之间的流量（Transition Flow）。 在任意一个时间间隔 t 内，任意一对网格（r_i 和 r_m）间流量表示为

$$\mathbf{S}_t(r_i, r_m) = \left| \left\{ (s, e) \in \mathcal{P} : (x_s, y_s) \in r_i \wedge (x_e, y_e) \in r_m \wedge \tau_s \in t \wedge \tau_e \in t \right\} \right| \tag{2-14}$$

定义 2.5　网格单元之间的流量到 tensor 的转换。 网格单元之间的流量反映的是任意一对网格单元之间的关系，并非类似于 inflow、outflow 属于网格单元自身的属性。属于网格单元自身属性的优点在于可以将其类比于 image 的 channel，从而采用卷积等操作提取高阶特征。为此，下面对 Transition Flow 做了一些特别的变换，从而将网格单元之间的关系转换为等价的网格单元自身的属性，如图 2-6 所示。

依据图 2-6（a）中的轨迹，首先提取出网格单元之间的流量拓扑图，如图 2-6（b）所示，将其改造为图 2-6（c）的方式，可以直观地看出每对网格单元之间的 outflow 和 inflow，它们即反映了网格单元之间的流量关系，进一步参考图 2-6（d）和图 2-6（e），将每个网格单元与其他所有网格单元（含自身）之间的 outflow 和 inflow 全部视为不同的 channel，这样就构造出了一张

Transition Flow 的 image，也就是将 $\mathbf{S}_t \in \mathbb{R}^{I \times J}$ 转化为 $\mathbf{M}_t \in \mathbb{R}^{2N \times I \times J}$。

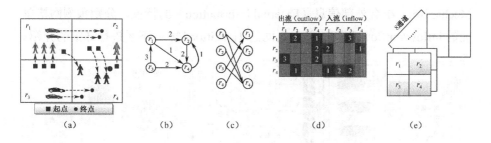

图 2-6　Transition Flow 到 tensor 的转换

定义 2.6　预测问题。 给定 $\mathbf{X}_{(t-t_h+1) \to t}$、$\mathbf{M}_{(t-t_h+1) \to t}$，预测 $\hat{\mathbf{X}}_{t+1}$、$\hat{\mathbf{M}}_{t+1}$。其中，$\mathbf{X}_{(t-t_h+1) \to t}$、$\mathbf{M}_{(t-t_h+1) \to t}$ 分别表示 t 时段之前（含 t 时段自身）的 t_h 个时段的 inflow/outflow 和 Transition Flow 切片序列。

2.2.2　预测模型

如图 2-7 所示，MDL 上预测模型分为 3 个模块，分别是数据转换（Data Converting）模块、节点网络（NodeNet）模块和边网络（EdgeNet）模块。Data Converting 模块负责从原始的移动对象轨迹中，提取每个网格单元在不同时段的 inflow 和 outflow，以及不同网格单元之间的 Transition Flow，并按照如图 2-6 所示的方式将其转化为 tensor。NodeNet 模块负责预测每个网格单元未来时段的 inflow 和 outflow；EdgeNet 模块则负责预测未来时段内，任意两个网格单元之间的 Transition Flow。

模型的总体流程：首先，将移动对象的观测轨迹数据转化为 inflow/outflow、Transition Flow 的 tensor 数据。针对这两种类型的 tensor 数据，分别构建反映其长期（trend）、短期（period）和近期（close）趋势的交通状态切片构成各自的三股交通状态切片时间序列，即 $\mathbf{X}_{\text{trend}}$、$\mathbf{X}_{\text{period}}$、$\mathbf{X}_{\text{close}}$ 和 $\mathbf{M}_{\text{trend}}$、$\mathbf{M}_{\text{period}}$、$\mathbf{M}_{\text{close}}$。然后，使其分别通过一个 2D 图卷积为主体的深度神经网络，充分提取时空相关性表达的高阶特征，即 $\mathbf{X}_{\text{fcn}}$、$\mathbf{M}_{\text{fcn}}$。然后，通过一个 Bridge 模块，将

这两个高阶特征（$\mathbf{X}_{\text{fcn}}$、$\mathbf{M}_{\text{fcn}}$）的信息组合起来，再以一种门控机制（Gating Mechanism）结合外部信息（External Information）的特征，分别预测网格单元的 inflow/outflow 和网格单元之间的 Transition Flow。下面进行详细的介绍。

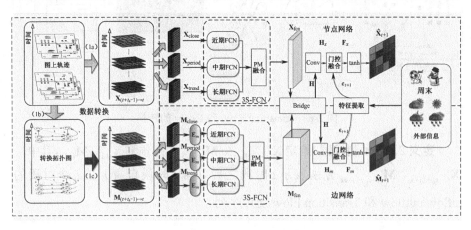

图 2-7　MDL 预测模型总体架构

1. 时空特征提取模块 3S-FCN

对于 NodeNet 模块和 EdgeNet 模块，都采用 3S-FCN 模块提取交通状态切片中的时空相关性，从而获取充分表达时空相关性的高阶特征。3S-FCN 以反映长期、短期和近期的 3 股（3 streams）交通状态切片时间序列为输入。

对于 NodeNet 模块，其输入为分别反映长期、短期和近期 3 种趋势的网格单元 inflow/outflow 张量，分别表示为

$$\mathbf{X}_{\text{trend}} = \left(\mathbf{X}_{t-l_q*q+1}, \mathbf{X}_{t-(l_q-1)*q+1}, \cdots, \mathbf{X}_{t-q+1} \right) \in \mathbb{R}^{l_q \times N \times 2} \tag{2-15}$$

$$\mathbf{X}_{\text{period}} = \left(\mathbf{X}_{t-l_p*p+1}, \mathbf{X}_{t-(l_p-1)*p+1}, \cdots, \mathbf{X}_{t-p+1} \right) \in \mathbb{R}^{l_p \times N \times 2} \tag{2-16}$$

$$\mathbf{X}_{\text{close}} = \left(\mathbf{X}_{t-l_c+1}, \mathbf{X}_{t-l_c+2}, \cdots, \mathbf{X}_t \right) \in \mathbb{R}^{l_c \times N \times 2} \tag{2-17}$$

式中，l_q、l_p、l_c 分别为长期、短期和近期考察的历史时段数；q、p 分别为长期和短期的长度。

对于 EdgeNet 模块，其输入为分别反映长期、短期和近期 3 种趋势的网格单元 Transition Flow 张量，分别表示为

$$\mathbf{M}_{\text{trend}} = \left(\mathbf{M}_{t-l_q*q+1}, \mathbf{M}_{t-(l_q-1)*q+1}, \cdots, \mathbf{M}_{t-q+1}\right) \in \mathbb{R}^{l_q \times N \times 2N} \qquad (2\text{-}18)$$

$$\mathbf{M}_{\text{period}} = \left(\mathbf{M}_{t-l_p*p+1}, \mathbf{M}_{t-(l_p-1)*p+1}, \cdots, \mathbf{M}_{t-p+1}\right) \in \mathbb{R}^{l_p \times N \times 2N} \qquad (2\text{-}19)$$

$$\mathbf{M}_{\text{close}} = \left(\mathbf{M}_{t-l_c+1}, \mathbf{M}_{t-l_c+2}, \cdots, \mathbf{M}_t\right) \in \mathbb{R}^{l_c \times N \times 2N} \qquad (2\text{-}20)$$

如图 2-8 所示，以 NodeNet 模块的 $\mathbf{X}_{\text{trend}}$ 输入为例，输入的交通状态切片序列被作为一张大 image，然后通过一个 2D 图卷积层做像素（网格单元）的特征维度转换，接下来陆续通过多个残差连接单元，充分提取时空相关性的表征，最后再根据输出的要求，将时空表征通过一个 2D 图卷积层，将像素特征维度转换为期望的维度。每个残差连接单元，依次由 BN（Batch Normalization）模块、ReLU 激活函数、2D 图卷积模块 3 个部分串联组成。其中，残差连接单元和 BN 模块充分保证了深度模型的建模性能，防止深度模型的性能退化，具体内容知识请参见本书第 3 篇。

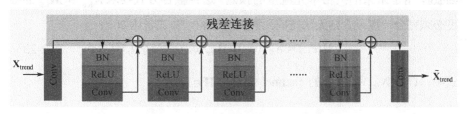

图 2-8　时空高阶特征提取模块 3S-FCN

由此，可以分别获得 NodeNet 模块和 EdgeNet 模块的多股交通状态切片序列各自的时空表征，分别为 $\tilde{\mathbf{X}}_{\text{trend}}$、$\tilde{\mathbf{X}}_{\text{period}}$、$\tilde{\mathbf{X}}_{\text{close}}$ 和 $\tilde{\mathbf{M}}_{\text{trend}}$、$\tilde{\mathbf{M}}_{\text{period}}$、$\tilde{\mathbf{M}}_{\text{close}}$。对于不同的网格单元，每股历史交通状态对其未来的影响程度可能是不同的，因此，接下来采用参数矩阵（Parameter Matrix）的方式分别对 NodeNet 模块和 EdgeNet 模块的多股交通序列表征进行参数化融合，即

$$\mathbf{X}_{\text{fcn}} = \mathbf{W}_{\text{trend}}^{\text{node}} \odot \tilde{\mathbf{X}}_{\text{trend}} + \mathbf{W}_{\text{period}}^{\text{node}} \odot \tilde{\mathbf{X}}_{\text{period}} + \mathbf{W}_{\text{close}}^{\text{node}} \odot \tilde{\mathbf{X}}_{\text{close}} \qquad (2\text{-}21)$$

$$\mathbf{M}_{\text{fcn}} = \mathbf{W}_{\text{trend}}^{\text{edge}} \odot \tilde{\mathbf{M}}_{\text{trend}} + \mathbf{W}_{\text{period}}^{\text{edge}} \odot \tilde{\mathbf{M}}_{\text{period}} + \mathbf{W}_{\text{close}}^{\text{edge}} \odot \tilde{\mathbf{M}}_{\text{close}} \quad (2\text{-}22)$$

式中，$\mathbf{W}_{\text{trend}}^{\text{node}}$、$\mathbf{W}_{\text{period}}^{\text{node}}$、$\mathbf{W}_{\text{close}}^{\text{node}}$、$\mathbf{W}_{\text{trend}}^{\text{edge}}$、$\mathbf{W}_{\text{period}}^{\text{edge}}$、$\mathbf{W}_{\text{close}}^{\text{edge}}$ 分别是可学习的参数；$\odot$ 为 Hadamard 积。

2. 多任务融合 Bridge 模块

在现实物理世界中，很显然，网格单元的 inflow/outflow 与网格单元之间的 Transition Flow 是直接相关的。例如，在某个时段内，某个网格单元的 inflow 恰好等于其他所有网格单元在同一个时段内与该网格单元之间的 Transition Flow。因此，如果分别独立对 inflow/outflow 和 Transition Flow 进行预测，那么则忽视了这种直接相关性，为此，本研究在获得了 NodeNet 模块和 EdgeNet 模块的综合时空特征 $\mathbf{X}_{\text{fcn}}$ 和 $\mathbf{M}_{\text{fcn}}$ 之后，设计了一个 Bridge 模块，来融合这两个高阶特征，从而获得能够反映两种预测任务相关性的共用高阶特征表征 $\mathbf{H}$。此处的融合方式有以下两种。

（1）加和（sum）。将 $\mathbf{X}_{\text{fcn}}$ 和 $\mathbf{M}_{\text{fcn}}$ 对应的元素进行加和，从而形成新的 tensor，用于未来的网格单元流量的预测。这种融合方式要求 $\mathbf{X}_{\text{fcn}}$ 和 $\mathbf{M}_{\text{fcn}}$ 的维度必须完全一致，否则无法完成元素级的加和。公式表达如下：

$$\mathbf{H}(c,:) = \mathbf{X}_{\text{fcn}}(c,:) + \mathbf{M}_{\text{fcn}}(c,:), \quad \forall c \in [1, C] \quad (2\text{-}23)$$

式中，C 是 $\mathbf{X}_{\text{fcn}}$ 和 $\mathbf{M}_{\text{fcn}}$ 的 channel 数目；$\mathbf{H} \in \mathbb{R}^{C \times N}$。

（2）拼接（concatenate）。将 $\mathbf{X}_{\text{fcn}}$ 和 $\mathbf{M}_{\text{fcn}}$ 在特征维度上进行拼接，从而形成新的 tensor。这种方式不要求 $\mathbf{X}_{\text{fcn}}$ 和 $\mathbf{M}_{\text{fcn}}$ 的 channel 一样。公式表达如下：

$$\mathbf{H}(c,:) = \mathbf{X}_{\text{fcn}}(c,:), \quad \forall c \in [1, C_x] \quad (2\text{-}24)$$

$$\mathbf{H}(c,:) = \mathbf{M}_{\text{fcn}}(c,:), \quad \forall c \in [C_x + 1, C_x + C_m] \quad (2\text{-}25)$$

式中，C_x 和 C_m 是 $\mathbf{X}_{\text{fcn}}$ 和 $\mathbf{M}_{\text{fcn}}$ 的 channel 数目；$\mathbf{H} \in \mathbb{R}^{(C_x + C_m) \times N}$。

在得到了多任务融合后的综合特征表征 $\mathbf{H}$ 之后，根据 NodeNet 模块和 EdgeNet 模块各自预测任务的不同，分别将 $\mathbf{H}$ 通过各自的一个常规的 2D 图卷积层，从而获得各自预测任务的特征表征 $\mathbf{H}_x$ 和 $\mathbf{H}_m$。

3. 外部信息整合（Gating Fusion）模块

外部信息（如待预测时段所处的天是否为工作日、节假日；网格单元发生的事件、天气等）同样对于网格单元内未来交通状态的预测有着很大的影响。为此，在最终对未来时段交通状态进行预测之前，应考虑整合外部信息。该研究采用了一种门控机制（Gating Mechanism）来整合外部信息对未来时段交通状态预测的影响。下面以 NodeNet 模块为例，阐述外部信息的门控整合机制。

首先，因为要预测的未来时段为 $t+1$ 时段，所以，需要了解 $t+1$ 时段的外部信息（这里表达为 $\mathbf{E}_{t+1} \in \mathbb{R}^{N \times C_e}$，$C_e$ 为每个网格单元外部信息的特征维度）。对于 $t+1$ 时段所处的天是否为周末、节假日等外部信息，很容易知道，可以采用 One-Hot Encoding 的方式进行编码，然后通过小型（如 2 层）的全连接神经网络，将其嵌入抽象的特征空间中；对于 $t+1$ 时段的天气、事件等，可以根据天气预报、事件预报等获取相关信息，同样依据小型全连接神经网络进行嵌入式（embedding）编码。最终，将所有嵌入后的抽象特征拼接在一起，构成最终的 C_e 维外部信息表征。然后，根据 $t+1$ 时段的外部信息表征 $\mathbf{E}_{t+1}$，计算每个网格单元的门控值：

$$\mathbf{G}_x(i) = \sigma(\mathbf{W}_{ex}(i,:,:)\mathbf{E}_{t+1}(i,:)+\mathbf{b}_{ex}(i,:)), \quad 1 \leqslant i \leqslant N \qquad (2\text{-}26)$$

式中，$\mathbf{W}_{ex}$、$\mathbf{b}_{ex}$ 分别是可学习的参数；$\sigma(\cdot)$ 为 σ 激活函数。可见，任意网格单元的门控值生成，都采用了一个不同参数的全连接层。当然，如果为了减少参数量，可以尝试所有网格单元共享一个相同参数的小型全连接网络来生成相应的门控值。

有了网格单元对应的门控值 $\mathbf{G}_x = \{\mathbf{G}_x(i) | 1 \leqslant i \leqslant N\}$ 之后，重新生成用于预测的高阶特征如下：

$$\mathbf{F}_x = \mathbf{G}_x \odot \mathbf{H}_x \qquad (2\text{-}27)$$

依据相同的方式，可以获得 EdgeNet 模块对应的门控值 $\mathbf{G}_m = \left\{ \mathbf{G}_m(i) \middle| 1 \leqslant i \leqslant N \right\}$ 和重新生成的用于预测高阶特征 $\mathbf{F}_m = \mathbf{G}_m \odot \mathbf{H}_m$。

4. 最终预测模块

依据最终得到的综合高阶特征 $\mathbf{F}_x$ 和 $\mathbf{F}_m$，可以对未来 $t+1$ 时段的 inflow/outflow 和 Transition Flow 做出预测，公式表达如下：

$$\hat{\mathbf{X}}_{t+1}(i,:) = \tanh(\mathbf{W}_x \mathbf{F}_x(i,:) + \mathbf{b}_x) \tag{2-28}$$

$$\hat{\mathbf{M}}_{t+1}(i,:) = \tanh(\mathbf{W}_m \mathbf{M}_x(i,:) + \mathbf{b}_m), \quad \forall i = 1, \cdots, N \tag{2-29}$$

式中，$\mathbf{W}_x$、$\mathbf{b}_x$、$\mathbf{W}_m$、$\mathbf{b}_m$ 为所有网格单元所共享的可学习参数。

5. 损失函数（Loss Function）

MDL 网络是将 NodeNet 模块和 EdgeNet 模块组合在一起进行训练，因此，它的损失函数一共由以下 3 个部分组成。

（1）NodeNet 模块部分损失函数

$$L_{\text{node}}(\psi) = \left\| \mathbf{X}_{t+1} - \hat{\mathbf{X}}_{t+1} \right\|_2^2 \tag{2-30}$$

式中，ψ 为 NodeNet 模块的参数集；$\| \cdot \|_2$ 为张量的 2-范数。

（2）EdgeNet 模块部分损失函数

$$L_{\text{edge}}(\Theta) = \left\| \mathbf{M}_{t+1} - \hat{\mathbf{M}}_{t+1} \right\|_2^2 \tag{2-31}$$

式中，Θ 为 EdgeNet 模块的参数集。

（3）NodeNet 模块和 EdgeNet 模块二者关系损失函数。应注意到，理论上任意时段任意网格单元的 outflow，应该等于其与其他网格单元之间的 Outgoing Transition Flows 的和；而任意时段任意网格单元的 inflow，应该等于其他网格单元与其之间的 Incoming Transition Flows 的和。因此，有如下约束：

$$L_{\text{relation}}(\psi,\Theta) = \left\| \underbrace{\hat{\mathbf{X}}_{t+1}(:,0)}_{\text{outflow}} - \underbrace{\sum_{c=1}^{N} \hat{\mathbf{M}}_{t+1}(:,c)}_{\text{outgoing transitions}} \right\|_2^2 + \left\| \underbrace{\hat{\mathbf{X}}_{t+1}(:,1)}_{\text{inflow}} - \underbrace{\sum_{c=N+1}^{2N} \hat{\mathbf{M}}_{t+1}(:,c)}_{\text{incoming transitions}} \right\|_2^2 \quad (2\text{-}32)$$

（4）目标函数。依据上面 3 个部分的损失函数，构建最终的 MDL 训练目标函数如下：

$$\underset{\psi,\Theta}{\arg\min}\, L(\psi,\Theta) = \lambda_{\text{node}} L_{\text{node}}(\psi) + \lambda_{\text{edge}} L_{\text{edge}}(\Theta) + \lambda_{\text{relation}} L_{\text{relation}}(\psi,\Theta) \quad (2\text{-}33)$$

式中，λ_{node}、λ_{edge}、$\lambda_{\text{relation}}$ 是 3 个事先指定的超参数，反映了 3 个部分损失函数在整体目标函数中所占的权重。

2.2.3　训练算法

算法 2-2 给出了算法的整体流程，主要分为两个部分：①构建训练数据集 $\mathcal{D}$（1～10 行）；②从训练数据集 $\mathcal{D}$ 中任意选取一个小 batch 的训练集 $\mathcal{D}_b$，采用反向传播算法和 Adam 优化器，进行参数学习（11～15 行）。

算法 2-2　MDL 训练算法

输入：历史观测 $\{\mathbf{X}_t, \mathbf{M}_t \,|\, t=1,\cdots,n\}$；

　　　外部特征 $\mathbf{E}_1,\cdots,\mathbf{E}_n$；

　　　l_c, l_p, l_q, p, q

输出：MDL 参数 Ψ、Θ

1：$\mathcal{D} \leftarrow \varnothing$

2：for 所有时间间隔 t do

3：$\mathbf{X}_{\text{trend}} = (\mathbf{X}_{t-l_p*q+1}, \cdots, \mathbf{X}_{t-q+1})$

4：$\mathbf{X}_{\text{period}} = (\mathbf{X}_{t-l_p*p+1}, \cdots, \mathbf{X}_{t-p+1})$

5：$\mathbf{X}_{\text{close}} = (\mathbf{X}_{t-l_c+1}, \cdots, \mathbf{X}_t)$

6：$\mathbf{M}_{\text{trend}} = (\mathbf{X}_{t-l_p*q+1}, \cdots, \mathbf{M}_{t-q+1})$

7：$\mathbf{M}_{\text{period}} = (\mathbf{X}_{t-l_p*p+1}, \cdots, \mathbf{M}_{t-p+1})$

8：$\mathbf{M}_{\text{close}} = (\mathbf{X}_{t-l_c+1}, \cdots, \mathbf{M}_t)$

9：将训练实例（$\{\mathbf{X}_{\text{trend}}, \mathbf{X}_{\text{period}}, \mathbf{X}_{\text{close}}, \mathbf{M}_{\text{trend}}, \mathbf{M}_{\text{period}}, \mathbf{M}_{\text{close}}, \mathbf{E}_{t+1}\}$,

$\{\mathbf{X}_{t+1}, \mathbf{M}_{t+1}\}$ 放入集合 $\mathcal{D}$ 中

10：end for

11：初始化 MDL 模型中的所有待学习参数 Ψ、Θ

12：repeat

13：从集合 $\mathcal{D}$ 中随机选择一批样本实例

14：利用样本 $\mathcal{D}_b$，寻找最优学习参数 Ψ、Θ，最小化损失函数

15：until 满足停止条件，终止循环

2.3 MF-STN[22]

根据 2.1 节和 2.2 节的研究，大致可以总结出采用深度学习进行道路交通状态时空序列预测时的基本框架如图 2-9 所示。其输入为历史的交通状态切片序列（$\mathbf{X}_{\text{hist}} \in \mathbb{R}^{T_{\text{hist}} \times N \times F}$，其中，$T_{\text{hist}}$ 为历史切片序列长度，N 为网格单元数，F 为观测特征维度），输出为未来的交通状态切片序列（$\mathbf{X}_{\text{pred}} \in \mathbb{R}^{T_{\text{pred}} \times N \times F}$，其中，$T_{\text{pred}}$ 为未来待预测切片序列长度。特别地，当预测为单步预测时，$T_{\text{pred}} = 1$）。中间包括两个核心的模块，分别是时空特征学习器（ST-Feature Learner）和预测器（predictor）。例如，在 2.1 节 ST-ResNet 的研究中，trend、period 及 closeness 模块共同组成了 ST-Feature Learner，完成了时空特征的高阶表征的学习，最后的 tanh 层则扮演了 predictor 的角色。

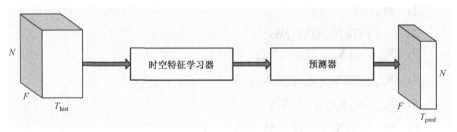

图 2-9　道路交通状态时空序列预测的基本框架

在 2.1 节和 2.2 节的研究中，所有网格单元都共享同一个 predictor，也就是每个网格单元用于预测未来交通状态的 tanh 层的权重和偏置参数都是相同的。然而，在现实中，每个网格单元代表了不同的地理位置，往往具有不同的功能。例如，某个网格单元可能以居住区为主，更多是满足人们的居住需求；而其他一些网格单元可能主要以商业区为主，更多是人们工作、购物的场所。不同的功能决定了网格单元的交通状态特性天然的存在异质性（heterogeneity），采用相同参数的全连接层对其进行预测并不有效。

这项针对道路交通状态时空序列预测问题的研究，最大的特色是在预测模型的建立过程中，考虑了每个网格单元的异质性，即对不同网格单元未来交通状态的预测采用了不同的预测器（Region-Specific Predictor），而非所有网格单元共享同一个参数集合的预测器（Shared Predictor）。

2.3.1　问题提出

将研究区域划分为 $I \times J$ 个网格单元，令 $I \times J = n_r$。每个网格单元观测的交通状态特征的维度为 n_v。预测问题定义为：已知过去 t_h 个时段的交通状态序列切片 $\mathbf{X}_{\mathrm{hist}} = \left(\mathbf{X}_{t-t_h+1}, \cdots, \mathbf{X}_t \right) \in \mathbb{R}^{t_h \times n_r \times n_v}$，预测未来 t_p 个时段内的交通状态序列切片 $\hat{\mathbf{X}}_{\mathrm{pred}} = \left(\hat{\mathbf{X}}_{t+1}, \cdots, \hat{\mathbf{X}}_{t+t_p} \right) \in \mathbb{R}^{t_p \times n_r \times n_v}$。

2.3.2　预测模型

如图 2-10 所示，MF-STN 预测模型[22]包括两个部分：时空特征学习器和独立网格单元预测器（Region-Specific Predictor）。前者负责提取历史交通切片序列中的时空特征，从而生成每个网格单元特征的高阶表征（维度为 n_f 的向量），进而将每个网格单元的高阶表征输入到后者之中，独立预测每个网格单元未来的交通状态。

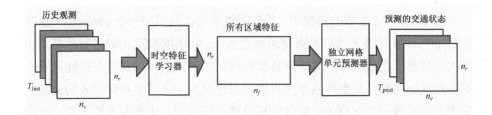

图 2-10　MF-STN 模型

1. 时空特征学习器（ST-Feature Learner）

ST-Feature Learner 负责提取历史交通切片序列中的时空相关性。这里可以采用 2.1 节 ST-ResNet 模型中的常规 2D 图卷积与 ResUnit 相结合的模块，也可以采用 2.2 节 MDL 模型中的 3S-FCN 模块，又或者之后章节中会看到的各种对 ST-Feature Learner 的不同实现。ST-Feature Learner 的输出表示为

$$\mathrm{ST}(\mathbf{X}_{\mathrm{hist}}) = \mathbf{F} = (f_1, \cdots, f_{n_r}) \in \mathbb{R}^{n_r \times n_f} \qquad (2\text{-}34)$$

2. 独立网格单元预测器（Region-Specific Predictor）

在 2.1 节和 2.2 节的研究中，在通过 ST-Feature Learner 得到历史交通切片序列高阶时空表征后，会将每个网格单元的高阶表征向量 $f_i \in \mathbb{R}^{n_f} (\forall i = 1, \cdots, n_r)$ 均输入到一个共享参数的 predictor 中（一般为一个或多个全连接层），从而对该网格单元未来交通状态做出预测。如前所述，这种方式没有考虑到每个网格单元的异质性，为此，这里需要针对特定的网格单元，设计独立的、特有的 predictor，而非全部网格单元共享一个 predictor。

为了构建网格单元独立的、特有的 predictor，研究将该问题类比于推荐系统领域研究中的协同过滤问题（Collaborative Filtering），也就是将网格单元及其对应的全连接预测网络参数分别类比为用户和商品，进而参数的取值可类比为用户对商品的评分。

基于上述思想，本研究构建了基于矩阵分解的全连接预测神经网络（Matrix Factorization Based Fully Connected Network Predictor），它包含了多个基于矩阵分解的全连接层（MFDense），如图 2-11 所示。

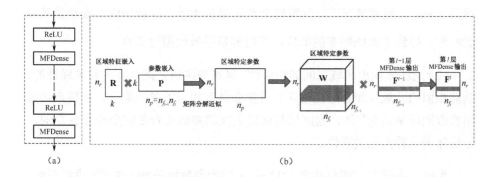

图 2-11　独立化网格单元交通状态预测器：（a）区域独立预测器；（b）MFDense 网络

图 2-11（a）展示了区域独立预测器的整体架构，由 m 个 MFDense 层 $\{\mathcal{H}^{(1)}, \cdots, \mathcal{H}^{(m)}\}$ 和 ReLU 激活函数组成，以 ST-Feature Learner 的输出 $\mathbf{F}$ 为输入，预测每个网格单元未来的交通状态。公式表达如下：

$$\hat{\mathbf{X}}_{\text{pred}}^{i} = \mathcal{H}_i^{(m)}\left(\text{ReLU}\left(\cdots, \mathcal{H}_i^{(l)}(\text{ReLU}(\mathbf{F}_i)), \cdots\right)\right), \quad \forall i = 1, \cdots, n_r \qquad (2\text{-}35)$$

式中，$\hat{\mathbf{X}}_{\text{pred}}^{i}$ 表示预测的第 i 个网格单元未来的交通状态；$\mathcal{H}_i^{(l)}$ 为第 i 个网格单元的 predictor 中的第 l 个 MFDense 层；$\mathbf{F}_i$ 为第 i 个网格单元的时空高阶表征。

图 2-11（b）展示了 MFDense 层的细节。针对特定的第 l 个 MFDense 层，全部网格单元对应的参数表示为 $\mathbf{W} \in \mathbb{R}^{n_r \times n_{f_{l-1}} \times n_{f_l}}$，其中 $n_{f_{l-1}}$、n_{f_l} 分别表示第 l 个和 $l+1$ 个 MFDense 层输出的特征维度。注意：这里没有设置偏置参数，当然读者可以添加相应的偏置参数，从而构建更为完整的全连接神经网络。进一步，将 3D tensor $\mathbf{W} \in \mathbb{R}^{n_r \times n_{f_{l-1}} \times n_{f_l}}$ reshape 为 2D tensor $\mathbf{W} \in \mathbb{R}^{n_r \times n_p}$（其中，$n_p = n_{f_{l-1}} n_{f_l}$），这样矩阵 $\mathbf{W} \in \mathbb{R}^{n_r \times n_p}$ 中的每列都表示一个特定网格单元对应该 MFDense 层的参数。

如果直接在 MFDense 层中使用参数矩阵 $\mathbf{W} \in \mathbb{R}^{n_r \times n_p}$，会造成以下两个问题：

（1）参数量巨大。在过去研究所提出的深度交通状态时空预测模型中，所有区域 predictor 网络共用一组参数，那么特定的 predictor 层参数的规模是 n_p，但为了实现 Region-Specific 的 predictor，则特定的 predictor 层参数的规

模是 $n_r \times n_p$。通常情况下，区域的个数 n_r 是很大的，这就导致了参数量的急剧增加，导致了训练困难的加剧，同时容易导致模型过拟合。

（2）无法体现出区域之间的相关性。区域与区域之间是有内在关联性的，功能相似的区域（如都是住宅区）可能会具有相似的参数集合，如果直接采用参数矩阵 $\mathbf{W} \in \mathbb{R}^{n_r \times n_p}$，则区域与区域之间的参数集合是完全相互独立的，无法体现这种内在关联性。

为此，本研究试图对特定 MFDense 层的参数矩阵 $\mathbf{W} \in \mathbb{R}^{n_r \times n_p}$ 进行分解，如图 2-11（b）所示，将其做如下的分解：

$$\mathbf{W} = \mathbf{R} \times \mathbf{P} \tag{2-36}$$

式中，$\mathbf{R} \in \mathbb{R}^{n_r \times k}$，$\mathbf{P} \in \mathbb{R}^{k \times n_p}$，$k \ll n_r, n_p$。

进行了矩阵分解之后，参数规模从原来的 $n_r \times n_p$ 个变为 $(n_r + n_p) \times k$ 个，发生了极大的下降，同时，这种每个网格单元的参数集合都由共享的 $\mathbf{R}$ 和 $\mathbf{P}$（一般被称为因子矩阵）生成，这在一定程度上就建立了不同网格单元参数之间的相关性，而非完全独立。

2.3.3 训练算法

MF-STN 的损失函数定义如下：

$$L(\Theta) = \left\| \mathbf{X}_{\text{pred}} - \hat{\mathbf{X}}_{\text{pred}} \right\|_2^2 \tag{2-37}$$

式中，Θ 为网络全部待学习的参数。

假定 Region-Specific Predictor 具有 m 个 MFDense 层 $\left\{ \mathcal{H}^{(1)}, \cdots, \mathcal{H}^{(m)} \right\}$，$\mathbf{W}^{(l)} \in \mathbb{R}^{n_r \times n_{f_{l-1}} n_{f_l}}$ 为第 l 个 MFDense 层 $\mathcal{H}^{(l)}$ 的参数矩阵，将其按照如下方式进行矩阵分解：

$$\mathbf{W}^{(l)} = \mathbf{R}^{(l)} \times \mathbf{P}^{(l)} \tag{2-38}$$

式中，$\mathbf{R}^{(l)} \in \mathbb{R}^{n_r \times k}$，$\mathbf{P}^{(l)} \in \mathbb{R}^{k \times n_{f_{l-1}} n_{f_l}}$。

MF-STN 的训练同样采用梯度下降结合反向传播算法。相应的梯度计算如下：

$\mathbf{R}^{(l)}$ 部分参数的梯度计算：$\nabla_{\mathbf{R}^{(l)}} L = \nabla_{\mathbf{W}^{(l)}} L_{\text{train}} \cdot \mathbf{P}^{(l)}$，$\forall l = 1, \cdots, m$。

$\mathbf{P}^{(l)}$ 部分参数的梯度计算：$\nabla_{\mathbf{P}^{(l)}} L = \nabla_{\mathbf{W}^{(l)}} L_{\text{train}} \cdot \mathbf{R}^{(l)}$，$\forall l = 1, \cdots, m$。

特征学习器部分的参数梯度计算：$\nabla_{\theta} L = \nabla_{\mathscr{ST}} L_{\text{train}} \nabla_{\theta} \mathscr{ST}$。

具体算法如算法 2-3 所示。

算法 2-3　MF-STN 训练算法

输入：历史观测 $\{\mathbf{X}_t \,|\, t = 1, \cdots, n\}$；

　　　　学习率 α

输出：MF-STN 参数

1：$\mathcal{D}_{\text{train}} \leftarrow \varnothing$

2：for 所有时间间隔 $t \in \{1, 2, \cdots, n\}$ do

3：　$\mathbf{X}_{\text{hist}} = (\mathbf{X}_{t - T_{\text{hist}} + 1}, \cdots, \mathbf{X}_t)$

4：　$\mathbf{X}_{\text{pred}} = (\mathbf{X}_{t - l_p * p + 1}, \cdots, \mathbf{X}_{t - p + 1})$

5：　将训练实例 $\{\mathbf{X}_{\text{hist}}, \mathbf{X}_{\text{pred}}\}$ 放入集合 $\mathcal{D}_{\text{train}}$ 中

6：end for

7：初始化 MF-STN 模型中所有待学习参数

8：repeat

9：从集合 $\mathcal{D}_{\text{train}}$ 中随机选择一批样本实例 $\mathcal{D}_{\text{batch}}$

10：利用 $\mathcal{D}_{\text{batch}}$ 数据集和损失函数 L_{train} 执行前向—后向过程

11：for $l \in \{1, \cdots, m\}$ do

12：　　$\mathbf{R}^{(l)} = \mathbf{R}^{(l)} - \alpha \nabla_{\mathbf{R}^{(l)}} L$

13：　　$\mathbf{P}^{(l)} = \mathbf{P}^{(l)} - \alpha \nabla_{\mathbf{P}^{(l)}} L$

14：end for

15：for $\theta \in \mathscr{ST}$ do

16：$\theta = \theta - \alpha\nabla_\theta L$

17：end for

11：until 满足停止条件，终止循环

2.4 DeepLGR[23]

与前几项研究相比，这项研究最为突出的贡献是着重加强了对全局空间相关性的建模（Global Spatial Dependency Modeling）。所谓全局空间相关性，其潜在假设是观测范围内（如整个城市）每个网格单元的交通状态与整个观测范围内所有网格单元的交通状态是相关的，而非仅仅与其小范围邻域内网格单元的交通状态相关。这是因为在现实的城市，尤其是大城市中，由于现代交通工具（如机动车、地铁、轻轨等）的高速移动特性，使出行可以在整个城市范围内任意两个区域之间发生，而非仅仅局限于地理上的一个小范围。

前面几节介绍的基于 2D 图卷积来对道路交通状态切片序列中蕴含的时空相关性进行建模时，存在着一个全局空间相关性捕获缺乏效率的问题（Ineffective Global Spatial Dependency Capture）。

为了说明这个问题，首先来看一下基于 2D 图卷积的深度神经网络，2D 图卷积神经网络最大的特性之一就是局部受视野（Local Reception Field），即每个神经元只关注其整体输入 Feature Map 的某个局部范围（范围的大小取决于卷积核的大小）。那么，如果想要增加每个神经元的受视野，那么就要通过叠加很多层的 2D 图卷积层，随着层数的升高，相对应的神经元的受视野也就越大，如图 2-12 所示。所谓神经元受视野的增大，也就是越高层的像素特征，是由空间上更大邻域范围内的像素特征融合而生成的。

回到我们所关注的道路交通状态时空序列预测问题的时空相关性建模问题，前面几节的做法是将历史交通状态切片序列 aggregate 为一张大的 image，在其上施加多层 2D 图卷积操作，从而提取到充分反映时空相关性的高阶特征。那么，为了获取交通范围的空间相关性（也就是对于一个目标像

素点的特征生成，要融合更大范围的邻域像素点的特征信息），需要叠加足够多层的 2D 图卷积层，才能够保证更高层的卷积可以捕获较大范围的空间相关性。这样做是可行的，但是效率不高。本项研究旨在提出一个新的深度学习模型，其在能够捕获时空相关性的同时，更加有效地捕获全局空间相关性。

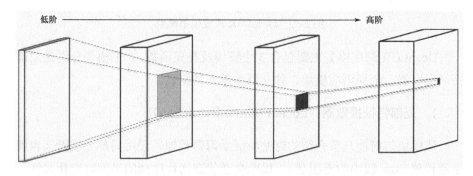

图 2-12　基于 2D 图卷积的深度神经网络的受视野扩大过程

2.4.1　问题提出

首先，研究范围被分割为 $H \times W$ 个网格单元。时刻 t 研究范围内所有网格单元的交通状态 tensor 表示为 $\mathbf{X}_t \in \mathbb{R}^{H \times W \times K}$，其中，$K$ 为描述交通状态的特征数目，也就是交通状态切片 image 的 channel 数，如对于 inflow 和 outflow 预测问题，其值取为 2。

问题定义：给定 $\mathbf{X}_{(t-t_h+1) \to t}$，预测 $\hat{\mathbf{X}}_{t+1}$。其中，$\mathbf{X}_{(t-t_h+1) \to t}$ 分别表示 t 时段之前（含 t 时段自身）的 t_h 个时段的交通状态切片序列。

2.4.2　预测模型

本项研究提出了一个 DeepLGR 深度模型来对道路交通状态的时空序列进行预测。图 2-13 给出了 DeepLGR 深度模型框架。

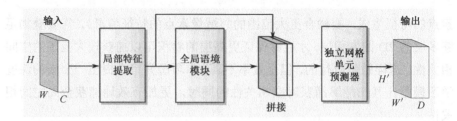

图 2-13　DeepLGR 深度模型框架

DeepLGR 深度模型主要包含 3 个模块及补充函数，3 个模块分别是局部特征提取器、全局语境模块、独立网格单元预测器。

1．局部特征提取器（Local Feature Extraction）

该模块与前面几节介绍的时空特征学习器类似，采用局部受视野（也就是卷积核 size 较小的卷积层），提取交通状态切片序列的局部时空相关性，其最终的输出在这里称为"局部相关性网格切片"。

这一模块与 2.1 节和 2.2 节所阐述的历史交通状态时空相关性建模类似，其主体仍是 2D 的图卷积和残差连接，只是这里做了更多的细节处理。图 2-14 给出了局部特征提取器的整体架构，其输入的历史交通状态切片序列 $\mathbf{X}_{\mathrm{history}} \in \mathbb{R}^{H \times W \times C}$，其中，$C$ 代表切片序列 aggregate 之后的大 image 的 channel 数目。

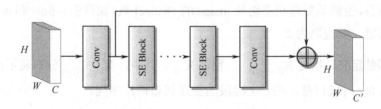

图 2-14　局部特征提取器

从图 2-14 中可以看到，首先将输入的历史交通状态序列 aggregate 成的大 image 通过一个普通的 2D 图卷积层，然后经过一系列的 SE Block（挤压与激励）模块并通过一个普通的 2D 图卷积层，再施加一次残差连接，最终得到所要提取的反映局部时空特征相关性的网格切片 tensor，维度为 $H \times W \times C'$。其中，SE Block 模块的构造如图 2-15 所示。

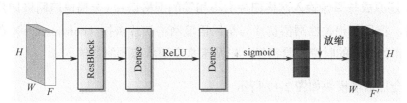

图 2-15　SE Block 模块

SE Block 的运用可以更加有效地为每个网格单元生成有区别度的高阶特征。它的核心操作是为网格切片的每个 channel 赋予不同的权重。首先，将输入的网格切片通过一个 ResBlock（见图 2-16），如果仅到这里结束，那么局部特征提取器的架构就与前面 2.1 节 ST-ResNet 中介绍的时空相关性捕获模块相同。此处，继续采用了挤压—激励机制（Squeeze and Excitation），为不同的 channel 赋予不同的权重。也就是将 ResBlock 的输出先通过一个全连接层（挤压层），在每个 channel 上将所有网格单元的信息"挤压"为一个综合信息，进而再通过一个全连接层（激励层），获取每个 channel 对应的权重（取值为 (0,1)），最后，将 ResBlock 输出的每个 channel 乘以对应的不同权重，获得最终的网格切片。这样做的好处是不仅整合了 2D 图卷积的空间相关性，同时在 channel 的纵深维度上，也赋予建模更多的灵活性和区别度。

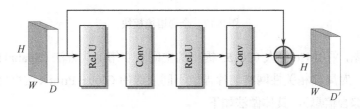

图 2-16　ResBlock 模块

2. 全局语境模块（Global Context Module）

该模块着重解决之前提到的全局空间相关性建模问题。它以局部特征提取器的输出（局部相关性网格切片）为输入，采用空间金字塔池化方法（Spatial

Pyramid Pooling）将输入网格切片大小进行压缩，从而提取全局语境特征，进一步再将全局语境特征通过 Subpixel 图像超分的方法（参考第 3 篇相关知识），还原成与原始输入网格切片大小相等的网格切片（全局语境网格切片）。最后，将局部相关性网格切片与全局语境网格切片拼接（concatenate）在一起，作为综合的时空高阶特征，以及未来交通状态预测的输入。

全局语境模块如图 2-17 所示。

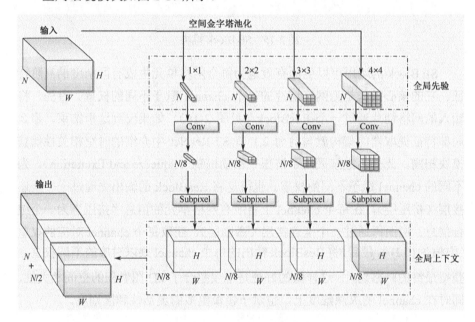

图 2-17　全局语境模块

首先，采用 He 等人（2015）提出的空间金字塔池化方法（Spatial Pyramid Pooling）对局部相关性网格切片提取不同层级的 Global Prior（这里可以称其为全局综合信息），具体做法如下。

例如，对于 1×1 这个层级，将每个 channel 上全部网格单元的特征做 pooling（Max Pooling 或 Average Pooling 均可），这样最终形成的 $1 \times 1 \times N$ 维 tensor 就作为这个层级的 Global Prior；同理，可以在 2×2、3×3、4×4 这些层级上，对每个 channel 的特征做 pooling，最终获得 $2 \times 2 \times N$ 维、$3 \times 3 \times N$

维、$4 \times 4 \times N$ 维的 Global Prior，它们代表了全局空间范围内的信息聚合，也就是考虑全局空间相关性。

其次，将得到的这些 Global Prior 输入常规 2D 图卷积模块，将它们的特征维度从 N 转化到 $N/8$。进而，再将维度调整后的 Global Prior 输入 Subpixel 模块，通过图像超分技术，将它们扩展到与其输入网格切片相同网格单元数量的 tensor，也就是还原为 $H \times W \times N/8$ 大小的 tensor。

最后，再将这些经过超分得到的反映全局空间相关性的 tensor 与局部相关性网格切片 tensor 相互拼接，从而构成历史交通状态切片序列的综合表征，输入到后续的预测模块。

值得一提的是，这里的 Spatial Pyramid Pooling 是以 4 个层级来示意说明的，在实际应用中可以根据需要调整。

3. 独立网格单元预测器（Region-Specific Predictor）

与 2.3 节中阐述的一样，为了捕获不同位置网格单元之间的异质性，这里针对每个网格单元建立独立的预测器。

正如 2.3 节中的分析，网格单元具有异质性，因此需要建立 Region-Specific 的 predictor。这里以只有一个全连接层的 predictor 为例来说明。假定此时的输入 tensor（也就是之前捕获的高阶时空表征）维度是 $H \times W \times (N+N/2)$，需要预测未来交通状态的输出 tensor 维度是 $H \times W \times D$，那么如果所有网格单元共享一个全连接层作为 predictor，则需要引入的连接权重参数为 $\mathbf{W} \in \mathbb{R}^{(N+N/2) \times D}$；偏置值参数为 $\mathbf{b} \in \mathbb{R}^{D}$。正如 2.3 节中分析的一样，如果，每个网格单元拥有自己独立的预测器，则需要引入的权重参数为 $\mathbf{W} \in \mathbb{R}^{HW \times n_f}$，$n_f = (N+N/2) \times D$，偏置值参数为 $\mathbf{b} \in \mathbb{R}^{HW \times D}$。这就极大地增加了预测器的参数总量（独立化预测器参数总量是共享参数预测器参数总量的 HW 倍）。2.3 节中，通过采用矩阵分解的方式，如图 2-18（a）所示，将 $\mathbf{W} \in \mathbb{R}^{HW \times n_f}$ 分解为两个可学习的参数矩阵 $\mathbf{L} \in \mathbb{R}^{HW \times k}$ 和 $\mathbf{R} \in \mathbb{R}^{k \times n_f}$，$k \ll n_f$，从而将 predictor 的参数总量从 $HW \times n_f$ 降低到 $(HW+n_f) \times k$。这种做法虽然可以有效降低所需要的参数量，但是这种做法实际上忽略了网格在平面上的位置关系，相当于将本来矩形区域内分布的网格拉直，也就是将 $H \times W$ 转化为 HW。在本研究中，希望保留这种网格之间的平面分布关系，所以采用张量分解（具体为Tucker Decomposition）来代替矩阵分解，如图 2-18（b）所示。

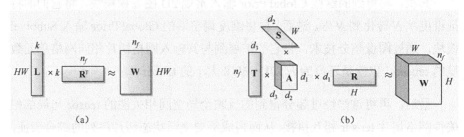

图 2-18　参数分解：（a）矩阵分解；（b）Tucker 分解

这里采用绝对误差（Absolute Error）作为损失函数，表示如下：

$$L(\Theta) = \left\| \mathbf{X}_{t+1} - \hat{\mathbf{X}}_{t+1} \right\|_1 \tag{2-39}$$

式中，Θ 为全部可学习的参数集合；$\left\| \cdot \right\|_1$ 为 1-范数。

2.4.3　模型小结

这项研究最大的特色在于着重考虑了全局空间相关性，并给出了具体的建模方法。在时空相关性建模方面，该研究与前面的研究差别不大，但是采用了很多深度学习方法论的技巧，如挤压激励机制、空间金字塔池化、Subpixel 图像超分、张量分解等，这些相关的深度学习方法论请参考本书第3 篇的相关内容。

2.5　ST–NASNet[24]

这项研究是在前面研究的基础上，结合了神经架构搜索（Neural Architecture Search，NAS）技术，来自动确定道路交通状态时空序列预测深度神经网络架构。

关于道路交通状态时空序列预测中的时空相关性建模，前面几项研究分别从不同的角度构造了不同的时空特征学习器（ST-Feature Learner），如 2.1 节 ST-ResNet 直接采用了 2D 图卷积结合残差连接的方式对时空相关性进行建模；2.2 节 MDF 中采用残差连接、Batch Normalization 和 2D 图卷积组合的方式对时空相关性进行建模；2.4 节采用挤压激励机制与残差连接的方式对时空相关性建模。后面还会看到各种时空相关性建模方式，如 2D 图卷积与循环神经网络的结合、3D 图卷积等。

虽然基于已经公布的研究成果可以看出深度神经网络模型对于道路交通状态时空序列的预测十分有效，但是针对特定的预测问题，深度模型是否有效，在很大程度上取决于网络模型架构的设计，而这种设计更多是出于深度模型工程师的经验和直觉，缺乏必要的理论指导，存在极大的主观性、经验性和不确定性。这里所说的模型架构，主要是指以下两个方面。

（1）ST-Feature Learner 每层中的 2D 图卷积的卷积核大小（Kernel Size）。在时空预测模型中，卷积核大小直接关系空间相关性范围的预设，卷积核越大，表示预设的空间相关性范围越大。从直觉上，这对于城市交通系统发达的研究区域更为合适，但是对于城市交通系统并不发达的研究区域却并不合适，因此每层卷积核的大小选择并非针对所有预测问题都是一致的，需要仔细设计。

（2）ST-Feature Learner 中不同层之间的残差连接（Skip Connection）方式。ST-Feature Learner 是从低阶到高阶提取时空特征的过程。在经典的残差网络中，残差连接有规律地存在于相隔两个卷积层之间。以往的研究实践表明，低阶时空特征和高阶时空特征对于未来交通状态的预测都是非常重要的，甚至在有些时候，低阶时空特征可能扮演着相对高阶时空特征更为重要的角色。例如，对于交通系统并不发达的研究区域，反映局部时空相关性的低阶时空特征可能比反映更大范围甚至全局时空相关性的高阶特征对于未来交通状态的预测更为重要。因此，ST-Feature Learner 低层到高层的残差连接可能存在于任意的低层和高层之间，而非完全的规律性间隔两层而存在，需要仔细设计。

基于以上考虑，本研究提出了基于 NAS 的深度交通时空预测模型 AutoST，能够对 ST-Feature Learner 中每层卷积核大小和层与层之间残差连接的方式进行优化求解，从而在训练深度模型权重参数的同时，自动确定"最优"的深度模型架构相关的超参数。

图 2-19 可以更好地展示该研究与前面研究的不同之处。在以往基于深度学习的道路交通状态时空序列预测研究中（见 2.1 节、2.2 节），ST-Feature Learner 的架构都是手动设计的，如图 2-19（a）所示；而在本研究中，ST-NASNet（Spatial-Temporal Neural Architecture Search Net）模块[24]能够自动地学习得到 ST-Feature Learner 的架构，如图 2-19（b）所示。需要说明的是，图 2-19 中 Initial ST-Feature Extractor 一般是指常规 2D 图卷积操作，正如我们在 2.1 节中看到的。

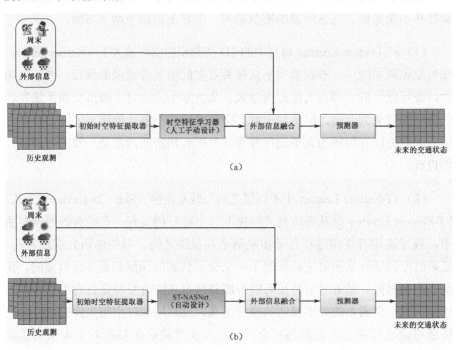

图 2-19　手动深度模型架构设计和自动深度模型架构设计：（a）以往的道路交通时空
预测深度模型架构；（b）该研究基于 AutoST 的道路交通时空预测深度模型架构

2.5.1　问题提出

将研究区域划分为 $I \times J$ 个网格单元，每个网格单元观测的交通状态特征数目为 C，时段 t 的交通状态切片为 $\mathbf{X}_t \in \mathbb{R}^{I \times J \times C}$。预测问题定义为：给定历史交通状态切片序列 $\mathbf{X}_{(t-t_h+1) \to t}$，预测 $\hat{\mathbf{X}}_{t+1}$。其中，$\mathbf{X}_{(t-t_h+1) \to t}$ 表示 t 时段之前（含 t 时段自身）的 t_h 个时段的交通状态切片序列。

2.5.2　预测模型

预测模型的核心模块为 ST-NASNet，它负责自动学习 ST-Feature Leaner 的架构。本研究中，ST-NASNet 采用的是 Liu 等人（2018）建立的一种基于一阶梯度下降优化方法（Differentiable Architecture Search，DARTS），该方法可以在连续空间内有效搜索神经架构。下面分两个方面来介绍 ST-NASNet：神经架构搜索空间定义，神经架构搜索与时空预测的结合。

1. 神经架构搜索空间定义

如图 2-20 所示，左侧为标准的残差网络。每个方块代表一层的输出，黑色的箭头连接线代表标准的 3×3 卷积，图 2-20（a）中灰色实线箭头连接线代表残差连接。这种结构是手动设计的，一旦设定完成，就作为深度模型的超参数被固定下来，也就是每层卷积核的大小，以及低层与高层之间的残差连接方式都是不变的。前面几节的时空相关性建模研究，都是采用这种残差连接加标准 2D 图卷积的方式。正如前面分析的一样，现在试图根据特定的训练数据，自动化地设计每层的卷积核大小，以及低层与高层之间的残差连接方式，使所建立的深度模型对于特定的道路交通状态时空序列数据更具有针对性，使预测更有效。

一个基于神经架构搜索（NAS）的网络，需要定义 3 个组成部分。

（1）备选单元（Candidate Cell，图 2-20 中的深色方块）。所谓备选单元，就是网络架构可设计部分的备选取值。在本研究中，网络架构可设计部分包括两个：一是每层卷积核，二是任意低层与任意高层之间的残差连接方式。对于卷积核而言，本研究给出了 4 种备选单元，分别是标准的3×3卷积（Std_Conv_3）、标准的5×5卷积（Std_Conv_5）、分离的3×3卷积（Sep_Conv_3）和分离的5×5卷积（Sep_Conv_5）（关于分离卷积的知识请参考第 3 篇相关内容）。任意低层与任意高层之间的残差连接方式的备选单元有 none（无连接）和 identity（有连接）两种。

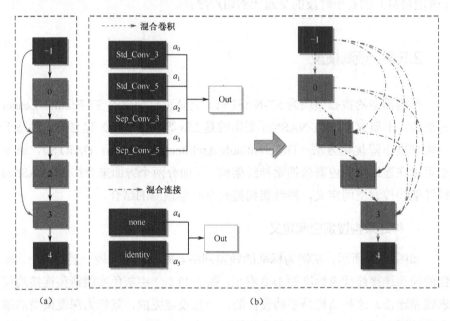

图 2-20　架构对比：（a）残差网络 ResNet（固定结构）；（b）ST-NASNet 搜索空间

（2）运算模块（Operation Block，图 2-20 中的白色方块）。为了在神经架构搜索过程中使用梯度下降这种连续空间的优化方法，所以不能在备选单元中做离散的选择，而是在所有基本备选单元的输出上，求取加权平均和。也就是说，在手动设计网络架构的时候，每层指定采用某种特定类型的卷积核，任意低层与高层之间采用某一种特定类型的残差连接方式，但是在本研究中，对于每层而言，是赋予每种类型卷积核以不同的权重，然后按照不同的权重进行加权求和构造出一个"综合卷积核"；而对于任意低层与任意高层之间，是赋予每种类型的残差连接以不同的权重，然后按照不同的权重进行加权求和构造出一个"综合残差连接"。具体如下：

$$\overline{c}_i(\mathbf{X}) = \sum_{c \in \mathcal{S}_c} \sigma\left(a_i^c\right) f\left(\mathbf{X}; \Theta_i^c\right) \tag{2-40}$$

$$\overline{s}_{ij}(\mathbf{X}) = \sum_{s \in \mathcal{S}_s} \sigma\left(a_{ij}^s\right) S_{ij}^s \mathbf{X} \tag{2-41}$$

式中，$\overline{c}_i(\cdot)$ 为深度模型第 i 层的综合卷积核；$\overline{s}_{ij}(\cdot)$ 为深度模型中第 i 层与第 j 层之间的综合残差连接，其中 $i < j$；$\mathcal{S}_c$ 为卷积核备选单元集合；$\mathcal{S}_s$ 为残差连接备选单元集合；a_i^c 表示在第 i 层中备选卷积核单元 c 的权重；a_{ij}^s 表示第 i 层与第 j 层之间的残差连接备选单元 s 的权重；$\sigma(\cdot)$ 为 σ 激活函数；$f\left(\mathbf{X}; \Theta_i^c\right)$ 为在输入为 $\mathbf{X}$ 时，第 i 层采用参数为 Θ_i^c 的卷积核单元 c 时的输出；S_{ij}^s 为指示变量，当 s 为 none 时，其取值为 0，当 s 为 identity 时，其取值为 1。

（3）搜索网络结构（NAS Network，图 2-20 中最右侧部分）。图 2-20（b）的最右侧部分给出了带搜索的网络结构，其中，灰色虚线箭头连接线代表综合卷积核，灰色点画线箭头代表综合残差连接。该网络的任意第 l 层输出由两部分组成：上一层的输出通过该层综合卷积核后的输出 $\overline{c}_l(\mathbf{O}_{l-1})$ 和前面层到该层的跳转连接 $\sum_{i=1}^{l-1} \overline{s}_{il}(\mathbf{O}_i)$。公式如下：

$$\mathbf{O}_l = \overline{c}_l(\mathbf{O}_{l-1}) + \sum_{i=1}^{l-1} \overline{s}_{il}(\mathbf{O}_i) \tag{2-42}$$

式中，$\mathbf{O}_l$ 为第 l 层的输出。

2. 神经架构搜索与时空序列预测的结合

如图 2-21 所示，将 ST-NASNet 纳入 2.1 节所提出的道路交通状态时空序列预测模型框架之中。历史的交通状态切片序列分为了 3 股，分别是反映长期趋势的 trend、短期趋势的 period 和近期趋势的 closeness。3 股历史交通状态切片序列分别经过初始的时空特征提取器（Conv1）进入自动架构搜索模块 ST-NASNet，然后分别通过最终的时空特征提取器（Conv2），最后再采用加权融合的方式（Fuse）生成高阶时空特征，进一步与外部特征进行融合，最终作为预测器的输入，最终通过 tanh 层对未来的交通状态切片做出预测。

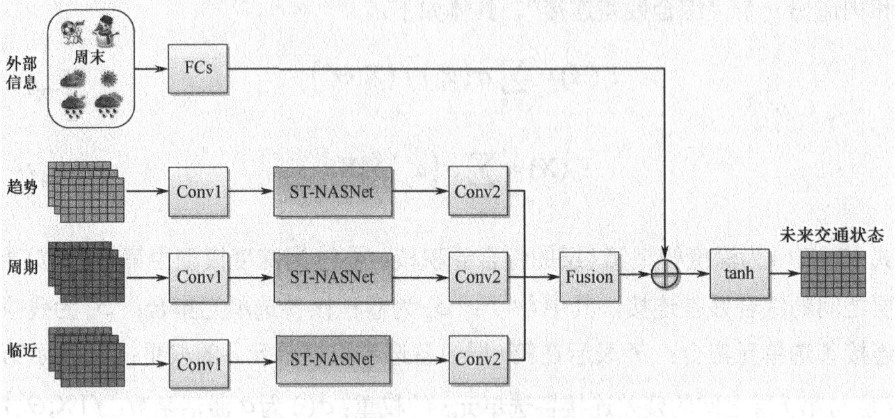

图 2-21　ST-NASNet 用于时空序列预测

整体的时空序列预测模型（假定为 L 层）的参数包括 ST-NASNet 网络架构参数 $\mathcal{A}$ 和模型参数 $\mathcal{M}$，定义如下：

$$\mathcal{A} = \left\{ a_l^c, a_l^s \right\},\ l = 1, \cdots, L;\ c = 1, \cdots, n_c;\ s = 1, \cdots, n_s \tag{2-43}$$

$$\mathcal{M} = \left\{ \Theta_l^c, \Theta_1, \Theta_2, \Theta_{\text{fc}}, \Theta_{\text{fuse}}, \Theta_{\text{tanh}} \right\},\ l = 1, \cdots, L \tag{2-44}$$

式中，a_l^c、a_l^s 分别为第 l 层的第 c 个卷积备选单元权重、第 s 个跳转连接备选单元权重；n_c、n_s 分别为卷积备选单元数量、跳转连接备选单元数量（本研究中取值分别为 4 和 2）；Θ_l^c 为第 l 层的第 c 个卷积备选单元的参数；Θ_1、Θ_2、Θ_{fc}、Θ_{fuse}、Θ_{tanh} 分别为 Conv1、Conv2、FCs、Fuse 和 tanh 的参数。

2.5.3　训练算法

算法 2-4 给出了整体预测模型的训练算法。训练分为两个阶段：第一阶段（1～11 行）为模型最优架构搜索阶段；第二阶段（12～18 行）为模型参数训练阶段。在模型最优架构搜索阶段，把数据集切分为两个部分：$\mathcal{D}_{\text{train}}$ 和 $\mathcal{D}_{\text{valid}}$。$\mathcal{D}_{\text{train}}$ 用于训练模型的参数，$\mathcal{D}_{\text{valid}}$ 用于训练模型的架构。在模型参数训练阶段，将 $\mathcal{D}_{\text{train}}$ 和 $\mathcal{D}_{\text{valid}}$ 合并构成 $\mathcal{D}'_{\text{train}}$，并将其作为训练数据，固定第一阶段搜索得到的最优网络架构 a^*，从而训练得到最终的模型参数。

算法 2-4　ST-NASNet 预测模型的训练算法

输入：历史观测 $\{\mathbf{X}_t | t = 1, \cdots, n\}$；

　　　外部特征 $\mathbf{E}_1, \cdots, \mathbf{E}_n$；

　　　学习率 β, γ

输出：预测模型参数

1：构建训练集 $\mathcal{D}_{\text{train}}$ 和测试集 $\mathcal{D}_{\text{valid}}$

2：初始化所有待学习参数

3：repeat

4：从集合 $\mathcal{D}_{\text{train}}$ 中随机选择一批样本

5：执行前向传播过程，利用 $\mathcal{D}_{\text{train}}$ 求取损失函数 $\mathcal{D}_{\text{train}}$

6：更新模型参数 $\theta' = \theta - \beta \nabla_\theta L_{\text{train}}$

7：从集合 $\mathcal{D}_{\text{valid}}$ 中随机选择一批样本

8：执行前向传播过程，利用 $\mathcal{D}_{\text{valid}}$ 求取损失函数 L_{valid}

9：更新模型架构参数 $a' = a - \gamma \nabla_a L_{\text{valid}}$

10：until 满足停止条件，终止循环

11：得到最优的模型架构 a^*

12：$\mathcal{D}'_{\text{train}} \leftarrow \mathcal{D}_{\text{train}} \bigcup \mathcal{D}_{\text{valid}}$

13：初始化所有待学习参数

14：repeat

15：利用 a^* 构建网络架构

16：从集合 $\mathcal{D}'_{\text{train}}$ 中随机选择一批样本实例

17：利用 L'_{train} 和 $\mathcal{D}'_{\text{train}}$ 执行前向—后向过程

18：until 满足停止条件，终止循环

2.6　本章小结

本章阐述了道路短期交通状态时空序列研究中，基于 2D 图卷积神经网

络的时空相关性建模方法及若干代表性研究。代表性研究全部来自京东集团郑宇和张钧波老师的研究团队。这种建模思想的精髓在于将交通状态切片序列进行时间维度的集成（aggregate），从而形成一张具有更多通道的较大的image，进一步对其采用 2D 图卷积，从而捕获时空相关性。代表性研究涉及时间多尺度相关性建模、全局空间相关性捕获、区域异质性捕获及深度模型架构自动搜索等内容。

第 **3** 章

基于 2D 图卷积与循环神经网络相结合的时空相关性建模

第 2 章介绍了基于 2D 图卷积捕获历史交通状态切片序列中的时空相关性的若干代表性研究，其核心是将历史交通状态切片 aggregate 为一个多 channel 的大 image，然后在上面施加 2D 图卷积，这样在卷积操作实现网格空间维度和 channel 维度的信息聚合时，可等效地实现空间和时间维度信息的聚合，从而将低阶时空信息融合为高阶时空表征，以其作为输入就能对未来交通状态做出很好的预测。

本章将介绍另外一种主流的时空相关性建模的深度学习方法：2D 图卷积与循环神经网络相结合的深度模型。研究区域被划分为一系列网格单元，加之每个网格单元具有固定维度的交通状态观测特征，可以将其类比为 image，适合在其上进行图卷积操作。如前所述，卷积操作的实质是实现了网格单元空间信息的聚合，也就是空间相关性的建模。而在深度学习领域，除卷积神经网络以外，还有一类与之同样重要的基础性神经网络架构，就是循环神经网络（Recurrent Neural Network，RNN），它适用于对一个序列的信息进行串行编码，最后获取表征这个序列信息的综合特征。这让研究者想到了针对道路交通状态时空序列预测中的时空两个维度的相关性建模，应该结合适用于空间相关性建模的卷积神经网络和适用于时间序列相关性建模的循环神经网络。这种卷积神经网络与循环神经网络的方式无须像之前的研究一样，将所有时间段的交通状态切片 aggregate 起来，而是保持原有的交通状态切片序列形态不变，以循环神经网络的骨干架构，在每个循环编码步上对输入的交通状态切片进行卷积操作，实现空间相关性建模，从而获得最终的时空高阶表征（见图 3-1）。值得注意的是，图 3-1 为了突出空间相关性和时间相关性的建模，CNN 和 RNN 两个模块是相互独立的，但是在实际的建模过程中，不只有这样一种组合方式，如后面将要介绍的研究中，有的研究将 CNN 纳入长短期记忆网络（Long Short-Term Memory，LSTM，为 RNN 的一种变体）的架构之中，融合为一个新的组件，称为 ConvLSTM。又或在其他的研究中，结合注意力机制（Attention Mechanism），将 CNN 与 RNN 组合在一起。但不管如何组合，其本质是融合 CNN 的空间相关性建模能力与 RNN 的时间相关性建模能力，目标是获得高阶的时空表征，掌握了这个线索，就能够很好地将这些研究串联起来。

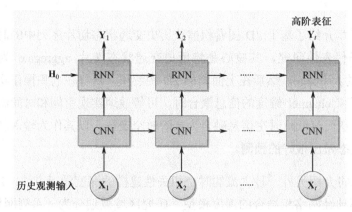

图 3-1　卷积神经网络与循环神经网络结合的时空相关性建模框架

3.1　STDN[25]

这是一项将 2D 图卷积神经网络与 LSTM 结合在一起进行道路交通状态时空序列预测的研究。该研究在 2D 图卷积神经网络中引入了门控机制（gating），从而捕获动态的空间相关性，同时在 LSTM 中引入了注意力机制，解释了短期时间相关性中的"漂移"现象。

3.1.1　问题提出

研究范围被分割为 $I \times J$ 个网格单元，令 $n = I \times J$。任意天 d 的任意时段 t，任意网格单元 i 的出流（outflow）和入流（inflow）分别表示为 $x_{i,d}^{t,s}$ 和 $x_{i,d}^{t,e}$，它们是能够观测到的交通特征（称为 volume，反映了网格单元内部的交通状态）。$\mathbf{x}_{i,d}^{t} = \left[x_{i,d}^{t,s}, x_{i,d}^{t,e} \right]$ 表示任意天 d 的任意时段 t，任意网格单元 i 的交通状态特征向量。$f_{i,j}^{d,t}$ 表示任意天 d 的时段 t 内，网格单元 i 到网格单元 j 的流量（称为 flow，反映了网格单元之间的交通联系状态）。

相应的研究问题定义为：假定当前天为 d，当前时段为 t，对于任意网格单元 i，在给定时段 t 之前（含时段 t 本身）观测到的交通状态特征 $\mathcal{X}_{i,d}^{t}$，预测其 $t+1$ 时段内的交通状态特征 $\mathbf{x}_{i,d}^{t+1}$。其中，$\mathcal{X}_{i,d}^{t}$ 分为两个部分，分别是反映短期周期（periodical）交通变化规律的交通状态序列 $\mathcal{X}_{i,d}^{t,\text{period}} = \left\{ \mathbf{x}_{i,d-t_p}^{t+1}, \cdots, \mathbf{x}_{i,d-1}^{t+1} \right\}$ 和反映近期（close）交通变化规律的交通状态序列 $\mathcal{X}_{i,d}^{t,\text{close}} = \left\{ \mathbf{x}_{i,d}^{t-t_c+1}, \cdots, \mathbf{x}_{i,d}^{t} \right\}$，也就是 $\mathcal{X}_{i,d}^{t} = \mathcal{X}_{i,d}^{t,\text{period}} \bigcup \mathcal{X}_{i,d}^{t,\text{close}}$，$t_p$、$t_c$ 分别表示短期和近期历史交通状态序列的长度。

3.1.2　预测模型

如前所述，对于任意目标网格单元 i，为了预测其 $t+1$ 时段的交通状态，亦即 $\hat{x}_{i,d}^{t+1,s}$ 和 $\hat{x}_{i,d}^{t+1,e}$，输入的历史交通状态数据包括反映短期周期（periodical）交通变化规律的交通状态序列 $\mathcal{X}_{i,d}^{t,\text{period}} = \left\{ \mathbf{x}_{i,d-t_p}^{t+1}, \cdots, \mathbf{x}_{i,d-1}^{t+1} \right\}$ 和反映近期（close）交通变化规律的交通状态序列 $\mathcal{X}_{i,d}^{t,\text{close}} = \left\{ \mathbf{x}_{i,d}^{t-t_c+1}, \cdots, \mathbf{x}_{i,d}^{t} \right\}$。图 3-2 给出了 STDN 模型的整体架构。总体而言，预测模型针对这两个历史交通状态序列，分别使用了两个 LSTM 网络，学习它们各自的综合表征，进而再将这两个历史序列的综合表征融合起来作为一个更高阶的综合表征，再将其输入到一个全连接神经网络（predictor）中，从而对未来做出预测。

由于 LSTM 网络本质上是一种循环神经网络，因此上述做法仅捕获了历史交通状态序列之间的时间相关性，而空间相关性的建模如何整合到预测模型之中呢？本研究的做法是针对历史交通状态序列任意时刻点的值（亦即 $\forall \mathbf{x}_{i,\delta}^{\mathcal{T}} \in \mathcal{X}_{i,d}^{t,\text{period}} \bigcup \mathcal{X}_{i,d}^{t,\text{close}}$ ），在将其输入 LSTM 网络进行循环编码之前，首先以其为中心，构建一个含有与其同时段小邻域范围内网格单元特征信息的小 image，将这个 image 通过一个 2D 图卷积神经网络，从而充分地捕获网格单元 i 与其小邻域范围内网格单元之间的空间相关性（经过 2D 卷积操作，网格单元 i 的新特征都融合了其同时段小邻域范围内网格单元的特征信息，亦即捕获了空间相关性）。

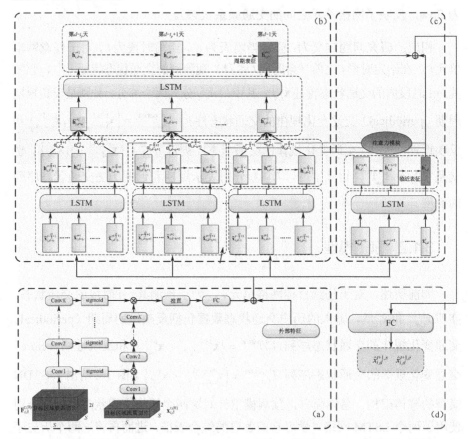

图 3-2　STDN 模型整体架构：（a）动态空间相关性建模模块；（b）短期带"漂移"的时间相关性建模模块；（c）近期时间相关性建模模块；（d）预测模块

如果仅按照上面的思路结合 2D 图卷积神经网络和 LSTM 循环神经网络进行时空相关性的建模，那么可以将其理解为是一种基础的、朴素的做法。后面会看到很多研究都是由这种基础的做法变形得到的，理解了这种基础做法对于理解它们至关重要，能够起到提纲挈领的作用。本研究没有止于这种基础的做法，而是在 2D 图卷积神经网络中引入了门控机制，以期捕获时空序列预测中的动态空间相关性，同时在 LSTM 循环神经网络中引入注意力机制，以期捕获时空序列预测中的时间相关性"漂移"问题。

1. 动态空间相关性建模模块

如前所述，为了预测目标网格单元 i 的交通状态 $\mathbf{x}_{i,d}^{t+1}$，需要考虑其任意历史时刻交通状态 $\forall \mathbf{x}_{i,\delta}^{T} \in \mathcal{X}_{i,d}^{t,\text{period}} \bigcup \mathcal{X}_{i,d}^{t,\text{close}}$ 与其小邻域同时段内网格单元交通状态的空间相关性。为此，首先选择将网格单元 i 为中心的 $S \times S$ 范围作为其小邻域，表示为 $\mathcal{N}_{S \times S}(i)$，从而将同时段的整个小邻域范围内交通状态构成一个 tensor $\mathbf{X}_{i,\delta}^{T} \in \mathbb{R}^{S \times S \times 2}$，亦即一个小 image，该 image 有两个 channel，分别表示区域的出流（outflow）和入流（inflow）。这个反映了网格单元空间状态的小 image，在这里称为 Volume Image。

$\forall \mathbf{x}_{i,\delta}^{T}$ 对应历史交通状态序列 $\mathcal{X}_{i,d}^{t,\text{period}} \bigcup \mathcal{X}_{i,d}^{t,\text{close}}$ 中任意一个时刻点的小 image，使其通过一系列 2D 图卷积层，那么就能够获得融合了空间相关性的目标网格单元 i 的高阶表征，就可以进一步输入该时刻的 LSTM 网络进行编码。但是，如果仅仅设计了这样一个多层的 2D 卷积神经网络来捕获任意时刻点的空间相关性，由于这个 2D 卷积神经网络是参数共享的，也就是对每个时刻点的小 image，均采用同一个 2D 卷积神经网络来捕获空间相关性，那么这种空间相关性的捕获是静态的，也就是不随着时刻的变化而变化的。而在现实世界中，很容易观察到在不同的时间段内，同样一对网格单元之间，随着各自交通状态的不同，二者之间的相关性（如关联强度）也不同，因此，本质上而言，这种网格单元之间的空间相关性是动态的，这一点在建模的过程中需要被捕获。

网格单元之间的空间相关性存在一个根本假设：任意时段 τ 内，两个网格单元之间的空间相关性强弱是与该时段及之前一小段时间段内（表示为

$[\tau - l + 1, \tau]$）它们之间的交通流量直接相关的。为此，同样定义一个反映网格单元之间流量（flow）关系的小 image，在这里称为 Flow Image。其定义如下：

$$\mathbf{F}_{i,\delta}^{\tau} = \left(\dot{\mathbf{F}}_{i,\delta}^{\iota} \middle| \iota = \tau - l + 1, \cdots, \tau \right) \in \mathbb{R}^{S \times S \times 2l} \tag{3-1}$$

式中，$\mathbf{F}_{i,\delta}^{\tau}$ 表示第 δ 天，在 τ 时刻之前的 l 个时段内，以网格单元 i 为中心构建的一个大小为 $S \times S$ 的 Flow Image；$\dot{\mathbf{F}}_{i,\delta}^{\iota}$ 表示第 ι 个时段内，以网格单元 i 为中心构建的一个大小为 $S \times S$ 的 Flow Image，其定义如下：

$$\dot{\mathbf{F}}_{i,\delta}^{\iota} = \left(\mathbf{f}_{i,\delta}^{\iota}, \dot{\mathbf{f}}_{i,\delta}^{\iota} \right) \in \mathbb{R}^{S \times S \times 2} \tag{3-2}$$

式中，$\mathbf{f}_{i,\delta}^{\iota}$、$\dot{\mathbf{f}}_{i,\delta}^{\iota}$ 分别表示第 δ 天，第 ι 个时段内，网格单元 i 到其 $S \times S$ 邻域范围内网格单元的流出量 image 和流入量 image，其各自的定义如下：

$$\mathbf{f}_{i,\delta}^{\iota} = \left(f_{i,j}^{\delta,\iota} \middle| j \in \mathcal{N}_{S \times S}(i) \right) \in \mathbb{R}^{S \times S \times 1}$$
$$\dot{\mathbf{f}}_{i,\delta}^{\iota} = \left(f_{j,i}^{\delta,\iota} \middle| j \in \mathcal{N}_{S \times S}(i) \right) \in \mathbb{R}^{S \times S \times 1} \tag{3-3}$$

至此，分别定义好任意时段内，能够反映以网格单元 i 为中心的小范围空间交通状态的 Volume Image $\mathbf{X}_{i,\delta}^{\tau} \in \mathbb{R}^{S \times S \times 2}$ 和能够反映网格单元 i 与其小邻域范围内网格单元相关强度的 Flow Image $\mathbf{F}_{i,\delta}^{\tau} \in \mathbb{R}^{S \times S \times 2l}$。

接下来，如图 3-2（a）所示，以 $\mathbf{x}_{i,\delta}^{\tau}$ 为输入，通过一系列的卷积层，生成能够反映空间相关强度的门控值（0~1），同时，以 $\mathbf{F}_{i,\delta}^{\tau}$ 为输入，也通过同样数量的卷积层，生成 $\mathcal{N}_{S \times S}(i)$ 内网格单元的融合了空间相关性的高阶表征，将每个卷积层的门控值和对应层的高阶表征进行 Hadamard 积相乘，从而达到调控网格单元之间空间相关性强度的目的。不同时刻的 $\mathbf{x}_{i,\delta}^{\tau}$ 取值不同，那么对应生成的门控值也不同，门控值是随着时间而动态变化的，相应的空间相关性也是随着时间变化的，这样才能达到动态空间相关性捕获的目的。

具体地，假定 2D 图卷积网络由 K 个卷积层构成，那么任意第 $\kappa(\kappa=1,\cdots,K)$ 层的具体卷积操作如下：

$$\mathbf{F}_{i,\delta}^{\tau,(\kappa)} = \text{sigmoid}\left(\mathbf{W}_F^{(\kappa)} * \mathbf{F}_{i,\delta}^{\tau,(\kappa-1)} + \mathbf{b}_F^{(\kappa)}\right)$$
$$\mathbf{X}_{i,\delta}^{\tau,(\kappa)} = \mathbf{F}_{i,\delta}^{\tau,(\kappa)} \odot \text{ReLU}\left(\mathbf{W}_X^{(\kappa)} * \mathbf{X}_{i,\delta}^{\tau,(\kappa-1)} + \mathbf{b}_X^{(\kappa)}\right) \tag{3-4}$$

式中，$\mathbf{X}_{i,\delta}^{\tau,(0)} = \mathbf{X}_i^{\tau} \in \mathbb{R}^{S \times S \times 2}$，$\mathbf{F}_{i,\delta}^{\tau,(0)} = \mathbf{F}_i^{\tau} \in \mathbb{R}^{S \times S \times 2l}$；$\odot$ 为 Hadamard 积；$*$ 为卷积操作；$\mathbf{W}_F^{(\kappa)}$、$\mathbf{b}_F^{(\kappa)}$、$\mathbf{W}_X^{(\kappa)}$、$\mathbf{b}_X^{(\kappa)}$ 为可学习的网络参数。

连续通过了 K 个卷积层之后，将会获得一个综合表征 $\mathbf{X}_{i,\delta}^{\tau,(K)} \in \mathbb{R}^{S \times S \times D}$，为了获取单独表示网格单元 i 的表征向量，首先对该综合表征施加拉直（flatten）操作，然后使其经过一个小型的全连接神经网络，最后输出一个需要的针对网格单元 i 的表征向量，记为 $\tilde{\mathbf{x}}_{i,\delta}^{\tau}$。

在该研究中，如图 3-2（a）所示，还可以在得到 $\mathbf{x}_{i,\delta}^{\tau,(K)}$ 之后，进一步融合当前时段的外部特征（External Information）。关于外部特征的提取可以参照前面章节的研究。但需要注意的一点是，在前面的研究中，外部特征都是在即将输入 predictor 之前，才与最终获取的时空表征进行融合；而这里却在最终获取时空表征之前，在对每个历史时间点进行时空编码的时候就整合了外部信息。这两种整合外部信息的方式，严格来讲是有差别的。如果在预测阶段整合外部信息，那么潜在的假设是待预测时段的交通状态受待预测时段的外部信息影响，而如果在时空编码阶段整合外部信息，则潜在的假设是待预测时段的交通状态受历史时段的外部信息影响。这两种假设，哪种更为合理，请读者自行判断，抑或对比通过实验结果来做出选择。

2. 近期时间相关性建模模块

近期时间相关性模块对应图 3-2（c），其对应的历史交通状态输入序列为 $\mathcal{X}_{i,d}^{t,\text{close}} = \left\{ \mathbf{x}_{i,d}^{t-t_c+1}, \cdots, \mathbf{x}_{i,d}^{t} \right\}$，动态空间相关性捕获模块后，所获得的对应序列为 $\tilde{\mathcal{X}}_{i,d}^{t,\text{close}} = \left\{ \tilde{\mathbf{x}}_{i,d}^{t-t_c+1}, \cdots, \tilde{\mathbf{x}}_{i,d}^{t} \right\}$。将 $\tilde{\mathcal{X}}_{i,d}^{t,\text{close}}$ 依次输入一个 LSTM 循环神经网络中，最后获得反映近期时间相关性的综合表征 $\bar{\mathbf{h}}_{i,d}^{t}$。对于 $\forall \tau = t - t_c + 1, \cdots, t$，具体的公式如下：

$$\mathbf{f}_\tau = \sigma\Big(\mathbf{W}_f\Big[\mathbf{c}_{\tau-1}, \overline{\mathbf{h}}_{i,d}^{\tau-1}, \tilde{\mathbf{x}}_{i,d}^{\tau}\Big]+\mathbf{b}_f\Big)$$

$$\mathbf{i}_\tau = \sigma\Big(\mathbf{W}_i\Big[\mathbf{c}_{\tau-1}, \overline{\mathbf{h}}_{i,d}^{\tau-1}, \tilde{\mathbf{x}}_{i,d}^{\tau}\Big]+\mathbf{b}_i\Big)$$

$$\mathbf{o}_\tau = \sigma\Big(\mathbf{W}_o\Big[\mathbf{c}_{\tau-1}, \overline{\mathbf{h}}_{i,d}^{\tau-1}, \tilde{\mathbf{x}}_{i,d}^{\tau}\Big]+\mathbf{b}_o\Big) \qquad (3\text{-}5)$$

$$\mathbf{f}_\tau \odot \mathbf{c}_\tau = (\mathbf{c}_{\tau-1}) \oplus \Big[\mathbf{i}_\tau \odot \tanh\Big(\mathbf{W}_c\cdot\Big[\overline{\mathbf{h}}_{i,d}^{\tau-1}, \tilde{\mathbf{x}}_{i,d}^{\tau}\Big]+\mathbf{b}_c\Big)\Big]$$

$$\overline{\mathbf{h}}_{i,d}^{\tau} = \mathbf{o}_t \odot \tanh(\mathbf{c}_\tau)$$

式中，由上至下的每行分别为遗忘门计算、输入门计算、输出门计算、记忆元胞状态更新和输出，详细内容参见第 3 篇关于 LSTM 的叙述。

3. 短期带"漂移"的时间相关性建模模块

短期时间相关性模块对应图 3-2（b），其对应的历史交通状态输入序列为 $\mathcal{X}_{i,d}^{t,\text{period}} = \Big\{\mathbf{x}_{i,d-t_p}^{t+1}, \cdots, \mathbf{x}_{i,d-1}^{t+1}\Big\}$，经过动态空间相关性捕获模块后，获得的对应序列为 $\tilde{\mathcal{X}}_{i,d}^{t,\text{period}} = \Big\{\tilde{\mathbf{x}}_{i,d-t_p}^{t+1}, \cdots, \tilde{\mathbf{x}}_{i,d-1}^{t+1}\Big\}$。在这里，大家自然会想按照与近期时间相关性建模模块类似的方式，采用一个 LSTM 循环神经网络对 $\tilde{\mathcal{X}}_{i,d}^{t,\text{period}}$ 进行编码，最终获得综合反映短期时间相关性的综合表征。但是这样做的一个潜在前提假设是，在每天中，相同时段的交通状态会呈现严格的周期性。直觉上，这是成立的，如每天（尤其是当这些天属于同一种类型，如都是工作日）的早高峰应该都在相同的时段内出现。但是，通过实际的观测数据发现，不同天中相同时段的交通状态并不呈现严格的周期性，而是存在一定的"漂移"。例如，对于某个特定的网格单元，其出流（outflow）的早高峰在不同天中，是在早晨一个时段区间内波动的（存在"漂移"），而非固定在某个特定的时段。在数学上，也就是说 $\mathbf{x}_{i,d}^{t}$ 不是严格只与其某个历史天 $d-\delta$ 中单个时段 t 的交通状态 $\mathbf{x}_{i,d-\delta}^{t}$ 相关，而是与以 t 为中心的 $Q+1$ 个时段的交通状态 $\Big\{\mathbf{x}_{i,d-\delta}^{t-\frac{Q}{2}}, \cdots, \mathbf{x}_{i,d-\delta}^{t}, \cdots, \mathbf{x}_{i,d-\delta}^{t+\frac{Q}{2}}\Big\}$ 都可能相关（这里，Q 是一个事先指定的参数）。

因此，短期历史相关性序列需要从 $\mathcal{X}_{i,d}^{t,\text{period}} = \Big\{\mathbf{x}_{i,d-t_p}^{t+1}, \cdots, \mathbf{x}_{i,d-1}^{t+1}\Big\}$ 变换为新的序列

$$\mathcal{X}_{i,d}^{t,\text{period}} = \left\{\left\{\mathbf{x}_{i,d-t_p}^{t-\frac{Q}{2}+1}, \cdots, \mathbf{x}_{i,d-t_p}^{t+1}, \cdots, \mathbf{x}_{i,d-t_p}^{t+\frac{Q}{2}+1}\right\}, \cdots, \left\{\mathbf{x}_{i,d-1}^{t-\frac{Q}{2}+1}, \cdots, \mathbf{x}_{i,d-1}^{t+1}, \cdots, \mathbf{x}_{i,d-1}^{t+\frac{Q}{2}+1}\right\}\right\},$$ 使

$\mathcal{X}_{i,d}^{\prime\,t,\text{period}}$ 通过动态的空间相关性捕获模块，以获得序列 $\left\{\left\{\tilde{\mathbf{x}}_{i,d-t_p}^{t-\frac{Q}{2}+1},\cdots,\tilde{\mathbf{x}}_{i,d-t_p}^{t+1},\cdots,\tilde{\mathbf{x}}_{i,d-t_p}^{t+\frac{Q}{2}+1}\right\},\cdots,\left\{\tilde{\mathbf{x}}_{i,d-1}^{t-\frac{Q}{2}+1},\cdots,\tilde{\mathbf{x}}_{i,d-1}^{t+1},\cdots,\tilde{\mathbf{x}}_{i,d-1}^{t+\frac{Q}{2}+1}\right\}\right\}$。

接下来，采用嵌套的 LSTM 循环神经网络来获取最终的反映短期历史交通状态序列的综合表征。首先，对于整体序列中的任意时刻分量序列，即 $\left\{\tilde{\mathbf{x}}_{i,d-\delta}^{t-\frac{Q}{2}+1},\cdots,\tilde{\mathbf{x}}_{i,d-\delta}^{t+1},\cdots,\tilde{\mathbf{x}}_{i,d-\delta}^{t+\frac{Q}{2}+1}\right\},\forall\delta=1,\cdots,t_p$，采用一个 LSTM 循环神经网络对其进行综合编码，对应的编码输出序列表示为 $\left\{\mathbf{h}_{i,d-\delta}^{t-\frac{Q}{2}+1},\cdots,\mathbf{h}_{i,d-\delta}^{t+1},\cdots,\mathbf{h}_{i,d-\delta}^{t+\frac{Q}{2}+1}\right\}$。不仅如此，在这里，该研究还引入了注意力机制，来动态地调整序列中 $\left\{\mathbf{h}_{i,d-\delta}^{t-\frac{Q}{2}+1},\cdots,\mathbf{h}_{i,d-\delta}^{t+1},\cdots,\mathbf{h}_{i,d-\delta}^{t+\frac{Q}{2}+1}\right\}$ 每个分量对最终综合编码的影响程度。此时，近期时间相关性建模模块的输出 $\bar{\mathbf{h}}_{i,d}^{t}$ 被视为查询向量（query），每个分量的注意力分数和注意力系数计算如下：

$$s_{i,d-\delta}^{\tau}=\text{Score}\left(\left[\mathbf{h}_{i,d-\delta}^{\tau},\bar{\mathbf{h}}_{i,d}^{t}\right]\right),\forall\tau=t-\frac{Q}{2}+1,\cdots,t+\frac{Q}{2}+1$$

$$\alpha_{i,d-\delta}^{\tau}=\frac{e^{s_{i,d-\delta}^{\tau}}}{\displaystyle\sum_{\kappa=t-\frac{Q}{2}+1}^{t+\frac{Q}{2}+1}e^{s_{i,d-\delta}^{\kappa}}},\forall\tau=t-\frac{Q}{2}+1,\cdots,t+\frac{Q}{2}+1 \qquad (3\text{-}6)$$

式中，注意力分数计算函数 Score(·) 可以有多种方式，详细内容请参考第 3 篇相关叙述。

有 了 $\left\{\mathbf{h}_{i,d-\delta}^{t-\frac{Q}{2}+1},\cdots,\mathbf{h}_{i,d-\delta}^{t+1},\cdots,\mathbf{h}_{i,d-\delta}^{t+\frac{Q}{2}+1}\right\}$ 每 个 分 量 对 应 的 注 意 力 系 数 $\left\{\alpha_{i,d-\delta}^{t-\frac{Q}{2}+1},\cdots,\alpha_{i,d-\delta}^{t+1},\cdots,\alpha_{i,d-\delta}^{t+\frac{Q}{2}+1}\right\}$，按照下式计算得到相应的综合表征：

$$\tilde{\mathbf{h}}_{i,d-\delta}^{t+1} = \sum_{\tau=t-\frac{Q}{2}+1}^{t-\frac{Q}{2}+1} \alpha_{i,d-\delta}^{\tau} \mathbf{h}_{i,d-\delta}^{\tau} \tag{3-7}$$

这样，经过第一层 LSTM 循环神经网络的编码，就得到了所有分量时刻的综合表征序列 $\left\{ \tilde{\mathbf{h}}_{i,d-t_p}^{t+1}, \cdots, \tilde{\mathbf{h}}_{i,d-1}^{t+1} \right\}$，进一步将这个序列再通过另外一个 LSTM 循环神经网络，从而获得能够表征短期历史交通状态序列的最终综合表征，记为 $\overline{\mathbf{h}}_{i,d-1}^{t+1}$。至此，就分别得到了近期和短期历史交通状态序列的综合表征，分别为 $\overline{\mathbf{h}}_{i,d}^{t}$ 和 $\overline{\mathbf{h}}_{i,d-1}^{t+1}$。接下来，将二者融合，作为后续预测模块的输入。当然，融合的方式有很多，可以直接加和、参数化权重加和，也可以拼接在一起。本研究采用直接加和的方式。

4. 预测模块

以 $\overline{\mathbf{h}}_{i,d}^{t}$ 和 $\overline{\mathbf{h}}_{i,d-1}^{t+1}$ 融合后的综合表征作为输入，通过一个全连接神经网络，对 $\hat{x}_{i,d}^{t+1,s}$ 和 $\hat{x}_{i,d}^{t+1,e}$ 做出预测。一般情况下，这个全连接神经网络层数较少，有 2~3 层。

5. 损失函数

损失函数的定义如下：

$$L(\Theta) = \sum_{i=1}^{n} \lambda \left(\hat{x}_{i,d}^{t+1,s} - x_{i,d}^{t+1,s} \right)^2 + (1-\lambda)\left(\hat{x}_{i,d}^{t+1,e} - x_{i,d}^{t+1,e} \right)^2 \tag{3-8}$$

式中，Θ 为待学习的参数集合；$\lambda \in (0,1)$ 是一个事先指定的超参数。

3.1.3　训练算法

算法 3-1 中 1~9 行为训练数据集的构建，10~15 行为模型的训练。

算法 3-1　STDN 预测模型训练算法
输入：历史观测 $\left\{ \mathbf{x}_{i,d}^{t} \mid i=1,\cdots,n; d=1,\cdots,D; t=1,\cdots,T \right\}$
输出：STDN 参数 Θ

1：$\mathcal{D} \leftarrow \varnothing$

2：for 所有 $\{d,t\}$ do

3：$\mathcal{X}_{i,d}^{t,\text{close}} = \left\{ \mathbf{x}_{i,d}^{t-t_c+1}, \cdots, \mathbf{x}_{i,d}^{t} \right\}$

4：$\mathcal{X}_{i,d}^{t,\text{period}} = \left\{ \mathbf{x}_{i,d-t_p}^{t+1}, \cdots, \mathbf{x}_{i,d-1}^{t+1} \right\}$

5：$\mathcal{X}_{d}^{t,\text{close}} = \left\{ \mathcal{X}_{1,d}^{t,\text{close}}, \cdots, \mathcal{X}_{n,d}^{t,\text{close}} \right\}$

6：$\mathcal{X}_{d}^{t,\text{period}} = \left\{ \mathcal{X}_{1,d}^{t,\text{period}}, \cdots, \mathcal{X}_{n,d}^{t,\text{period}} \right\}$

7：$\mathcal{X}_{d}^{t+1} = \left\{ \mathbf{x}_{i,d}^{t+1} \,\middle|\, i = 1, \cdots, n \right\}$

8：将实例 $\left(\left\{ \mathcal{X}_{d}^{t,\text{close}}, \mathcal{X}_{d}^{t,\text{period}} \right\}, \mathcal{X}_{d}^{t+1} \right)$ 放入集合 $\mathcal{D}$ 中

9：end for

10：初始化所有待学习参数

11：repeat

12：从集合 $\mathcal{D}$ 中随机选择一批样本实例 $\mathcal{D}_{\text{batch}}$

13：在 $\mathcal{D}_{\text{batch}}$ 上执行前向过程，获取损失函数 L

14：更新模型参数 $\Theta' = \Theta - \gamma \nabla_{\Theta} L$

15：until 满足停止条件，终止循环

3.2　ACFM[26]

这项关于道路交通时空序列预测的研究，采用了与 3.1 节不同的方式，该方式结合了 2D 图卷积神经网络和 LSTM 循环神经网络，来捕获交通状态序列中的时空相关性。在 3.1 节提到的 STDN 预测模型中，卷积神经网络与循环神经网络的结合可以理解为"相互独立工作"，即以 LSTM 为主架构，然后在每个时间分量进行编码时，采用卷积网络进行空间信息的融合编码，二者相互配合共同捕获时空相关性，但相互独立。在本节的研究中，卷积神经网络与 LSTM 更深入地融合为一体进行时空相关性建模的工作，称为 ConvLSTM。关于 ConvLSTM 的相关方法论知识请参考第 3 篇相关部分。

3.2.1 问题提出

研究区域被划分为 $I \times J$ 个网格，每个网格单元的观测交通状态包括入流（inflow）和出流（outflow）。任意天 d 中任意时段 t 的交通状态切片表示为 $\mathbf{X}_d^t \in \mathbb{R}^{2 \times I \times J}$，其中，"2"表示 2 个特征维度，分别为出流和入流。研究的任务就是要根据给定的历史（天 d，时段 t 之前）交通状态切片序列，预测天 d 中时段 $t+1$ 的交通状态切片，即 $\hat{\mathbf{X}}_d^{t+1}$。

与前面的研究类似，历史交通状态切片序列分为 2 种，分别是反映短期周期性规律的历史切片序列 $\mathbf{X}_d^{t,\text{period}} = \left\{ \mathbf{X}_{d-t_p}^{t+1}, \cdots, \mathbf{X}_{d-1}^{t+1} \right\} \in \mathbb{R}^{t_p \times 2 \times I \times J}$ 和反映近期变化规律的历史切片序列 $\mathbf{X}_d^{t,\text{close}} = \left\{ \mathbf{X}_d^{t-t_c+1}, \cdots, \mathbf{X}_d^t \right\} \in \mathbb{R}^{t_c \times 2 \times I \times J}$。

此外，预测未来的交通状态，还用到了外部信息（External Information）。外部信息的分类如下：①天气被划分为 16 个类别（如雨天、晴天等），采用独热码的方式（One-Hot Encoding）进行编码；②温度和风速通过最大—最小标准化（Min-Max Normalization）方法分别压缩到 $[0,1]$ 区间内；③节假日（如中国的春节和国庆节及美国的万圣节等）采用独热码的方式编码为 2 维向量（0 表示非节日，1 表示节日）。最后，将这 3 种外部信息向量拼接起来构成一个综合向量来表示天 d 中时段 t 的外部信息，即 $\mathbf{e}_d^t \in \mathbb{R}^{20}$。相应地，与短期交通状态序列对应的外部信息序列表示为 $\mathbf{E}_d^{t,\text{period}} = \left\{ \mathbf{e}_{d-t_p}^{t+1}, \cdots, \mathbf{e}_{d-1}^{t+1} \right\} \in \mathbb{R}^{t_p \times 20}$；与近期交通状态序列对应的外部信息序列表示为 $\mathbf{E}_d^{t,\text{close}} = \left\{ \mathbf{e}_d^{t-t_c+1}, \cdots, \mathbf{e}_d^t \right\} \in \mathbb{R}^{t_c \times 20}$。

研究问题即可表述为寻找一个深度模型 $\mathcal{F}$，实现历史交通状态序列和外部信息到未来交通状态的映射，其形式化表述如下：

$$\mathcal{F} : \left\{ \mathbf{X}_d^{t,\text{period}}, \mathbf{X}_d^{t,\text{close}}, \mathbf{E}_d^{t,\text{period}}, \mathbf{E}_d^{t,\text{close}} \right\} \rightarrow \hat{\mathbf{X}}_d^{t+1} \tag{3-9}$$

此外，为了后续表述的方便，此处定义 $\{\mathbf{X}, \mathbf{e}\}_d^t = \left\{ \mathbf{X}_d^t, \mathbf{e}_d^t \right\}$。

3.2.2　预测模型

图 3-3 给出了基于 ACFM 的深度预测模型总体架构。模型主要包含 4 个关键性模块，分别是 NFE 模块、SRL 模块、PRL 模块、TVF 模块。

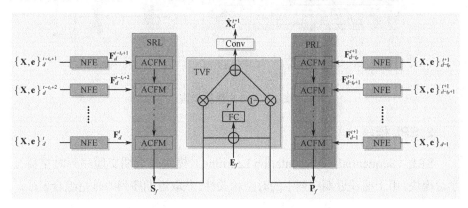

图 3-3　基于 ACFM 的深度预测模型总体架构

1. NFE 模块

NFE（Normal Feature Extraction）模块是一般性特征提取模块，用于提取历史交通状态序列和历史外部信息序列中的一般性特征，也可以理解为从原始数据特征到更高阶抽象特征的初步变换。

该模块负责提取历史交通状态切片序列和外部信息序列的一般性特征。称其为一般性特征可能有些抽象，可以理解为初步的特征提取。SRL 和 PRL 两个模块都会用到 NFE 模块，下面以 SRL 模块为例说明 NFE 模块的建模细节。SRL 模块的输入为近期历史交通状态和外部信息序列，对于这个序列中的任何一个时间分量，即 $\{\mathbf{X},\mathbf{e}\}_\delta^\tau$，$\forall \delta = d; \forall \tau = t - t_c + 1, \cdots, t$，在进入 SRL 模块之前，需要先通过 NFE 模块，初步提取特征。NFE 模块架构如图 3-4 所示。其中，交通状态切片 $\mathbf{X}_\delta^\tau$ 通过由 N 个残差单元（ResUnit）构成的卷积神经网络，每个残差单元包含两个卷积层，每个卷积层有 16 个卷积核，相应生成的特征 image 即为 16 个 channel。外部信息向量 $\mathbf{e}_\delta^\tau$ 通过一个二层的全连接网络，第一层包含 256 个神经元，第二层包含 $16 \times I \times J$ 个神经元，将第二层神经元的输出 reshape 为 3D 的 tensor（相当于大小为 $I \times J$、channel 为 16 的特征 image），最终将残差网络输出的 tensor 与全连接网络输出的 tensor 进行加和，从而初步提取输入信息 $\{\mathbf{X}, \mathbf{e}\}_\delta^\tau$ 的特征表征 $\mathbf{F}_\delta^\tau$。

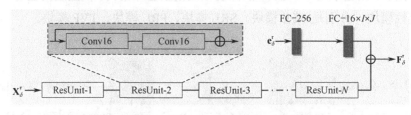

图 3-4　NFE 模块架构

2. SRL 模块

SRL（Sequential Representation Learning）模块是近期交通序列时空特征学习模块，用于捕获近期序列中的时空相关性，获取近期序列的时空综合表征。

该模块负责从近期的历史交通状态切片和外部信息序列中提取用于未来交通状态预测的高阶时空表征。如图 3-3 所示，该模块接收 NFE 模块的输出，亦即序列 $\mathbf{F}_d^{t,\text{close}} = \left(\mathbf{F}_d^{t-t_c+1}, \cdots, \mathbf{F}_d^t \right) \in \mathbb{R}^{t_c \times 16 \times I \times J}$。$\mathbf{F}_d^{t,\text{close}}$ 的每个分量均输入到一个共享的 ACFM（Attentive Crowd Flow Machine）模块中进行循环编码，最终输出近期序列的综合时空表征 $\mathbf{S}_f$。

ACFM 组件架构如图 3-5 所示。ACFM 网络可以理解为一种循环的神经网络，只不过循环的基本组件既不是 RNN，也不是 LSTM、GRU 等网络所用的基本单元，而是自己定义的这个 ACFM 组件。整体上，ACFM 组件包含两个 ConvLSTM 模块，第一个 ConvLSTM 模块后面接一个卷积核大小为 1×1、

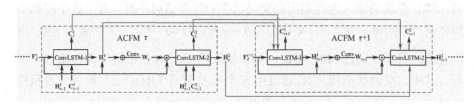

图 3-5　ACFM 组件架构

激活函数为 σ 的卷积层，用于生成这一步输入特征切片 $\forall \mathbf{F}_d^\tau \in \mathbf{F}_d^{t,\text{close}}$ 的动态权重值 $\mathbf{W}_\tau$，从而获取权值修正后的特征切片 $\tilde{\mathbf{F}}_d^\tau = \mathbf{W}_\tau \odot \mathbf{F}_d^\tau$。接下来将修正后的特征切片输入到第二个 ConvLSTM 中进行循环时空编码。

ACFM 的核心是 ConvLSTM 运算，它是通过 2D 图卷积与 LSTM 循环神经网络的融合而构造成的新组件。该组件仍以 LSTM 单元为基本结构，但在遗忘门、输入门、输出门、记忆元胞状态更新等操作上，由基本的全连接层运算变为了卷积层的运算，详细计算公式参见第 3 篇。在这里，对于 $\forall \tau = t - t_c + 1, \cdots, t$ 有：

$$\mathbf{H}_\tau^1, \mathbf{C}_\tau^1 = \text{ConvLSTM} - 1\left(\mathbf{C}_{\tau-1}^1, \mathbf{H}_{\tau-1}^1, \mathbf{F}_d^\tau\right)$$

$$\mathbf{W}_\tau = \text{Conv}_{1\times1}\left(\mathbf{H}_\tau^1\right) \tag{3-10}$$

$$\mathbf{H}_\tau^2, \mathbf{C}_\tau^2 = \text{ConvLSTM} - 1\left(\mathbf{C}_{\tau-1}^2, \mathbf{H}_{\tau-1}^2, \mathbf{W}_\tau \odot \mathbf{F}_d^\tau\right)$$

经过连续循环的编码，SRL 模块最终的输出为 $\mathbf{S}_f = \mathbf{H}_\tau^2$。

3. PRL 模块

PRL（Periodical Representation Learning）模块是短期交通序列时空特征学习模块，用于捕获短期序列中的时空相关性，获取短期序列的时空综合表征。

该模块负责从短期的历史交通状态切片和外部信息序列中提取用于未来交通状态预测的高阶时空表征。该模块用到的主体部件和 SRL 模块相同，也是 ACFM 组件。在这里，对于 $\forall \delta = d - t_p, \cdots, d - 1$ 有：

$$\mathbf{H}_\delta^1, \mathbf{C}_\delta^1 = \text{ConvLSTM} - 1\left(\mathbf{C}_{\delta-1}^1, \mathbf{H}_{\delta-1}^1, \mathbf{F}_\delta^{t+1}\right)$$

$$\mathbf{W}_\delta = \text{Conv}_{1\times1}\left(\mathbf{H}_\delta^1\right) \tag{3-11}$$

$$\mathbf{H}_\delta^2, \mathbf{C}_\delta^2 = \text{ConvLSTM} - 1\left(\mathbf{C}_{\delta-1}^2, \mathbf{H}_{\delta-1}^2, \mathbf{W}_\delta \odot \mathbf{F}_\delta^{t+1}\right)$$

经过连续循环的编码，PRL 模块最终的输出 $\mathbf{P}_f = \mathbf{H}_{d-1}^2$。

4. TVF 模块

TVF（Time-Varying Fusion）模块是时间可变的特征融合模块，负责以动态的 tensor 拼接（concatenate）方式融合 SRL 和 PRL 两个模块产生的综合时空特征，最终形成全面的综合时空表征。最后，模型还有一个常规 2D 图卷积层（Conv），它发挥了 predictor 的功能，负责将融合后的高阶表征转换为希望得到预测的输出。

该模块负责融合 SRL 和 PRL 两个模块的输出，即 S_f 和 P_f。这里可以指定二者的权重分别为参数 r（$0 \leqslant r \leqslant 1$）和 $1-r$。但这样处理，会使不同的预测时刻 t 都采用同一种权重分配模式（无论 r 是超参数还是可学习的参数，网络一旦训练好，r 就是静态不变的）。为了使不同的预测时刻拥有动态的权重模式，此处的 r 根据不同预测时刻特定的信息动态生成。如图 3-3 所示，此研究根据 S_f、P_f 和 E_f 3 个信息综合生成参数 r，由于这 3 个信息都是动态的，因此 r 也是动态的。

S_f 和 P_f 分别表示近期和短期序列的时空综合表征，E_f 则表示近期和短期综合的外部信息表征。在 SRL 和 PRL 循环编码时，每一步都会产生一个外部信息编码，将所有外部信息编码进行加和，就构成了 E_f，也即

$$
\begin{aligned}
\mathbf{E}_f^{\mathrm{close}} &= \sum_{\tau=t-t_c+1}^{t} \mathrm{FC}(\mathbf{e}_d^{\tau}) \\
\mathbf{E}_f^{\mathrm{period}} &= \sum_{\delta=d-t_p}^{d-1} \mathrm{FC}(\mathbf{e}_{\delta}^{t+1}) \\
\mathbf{E}_f &= \mathbf{E}_f^{\mathrm{close}} + \mathbf{E}_f^{\mathrm{period}}
\end{aligned}
\tag{3-12}
$$

式中，FC 是 NFE 模块中的全连接网络部分。

动态权重 r 的计算如下：

$$
r = \mathrm{FC}\big(\mathbf{S}_f \oplus \mathbf{P}_f \oplus \mathbf{E}_f\big)
\tag{3-13}
$$

式中，FC 是一个全连接神经网络，$\oplus$ 表示拼接操作。

由此，最终的综合时空表征计算如下：

$$
\mathbf{F}_{st} = r \times \mathbf{S}_f \oplus (1-r) \times \mathbf{P}_f
\tag{3-14}
$$

最终的预测输出计算如下：

$$\hat{\mathbf{X}}_d^{t+1} = \mathrm{Conv}(\mathbf{F}_{st}) \tag{3-15}$$

5. 损失函数

采用均方误差（Mean Square Error）作为该预测模型的损失函数，表达如下：

$$L(\Theta) = \left\| \mathbf{X}_d^{t+1} - \hat{\mathbf{X}}_d^{t+1} \right\|_2^2 \tag{3-16}$$

式中，Θ 为模型可学习的参数集合。

3.2.3　模型拓展

前面介绍的基于 ACFM 组件的深度预测模型针对的是单步的交通状态预测，也就是假定当前时段为第 d 天的第 t 时段，想要预测下一个时段 $t+1$ 的交通状态切片，亦即 $\hat{\mathbf{X}}_d^{t+1}$。本节试图进一步利用 ACFM 组件进行多步（假定为 m 步）预测，亦即寻找一个深度模型函数 $\mathcal{F}$，实现如下映射：

$$\mathcal{F}: \left\{ \left\{ \mathbf{X}_d^{t,\mathrm{close}}, \mathbf{E}_d^{t,\mathrm{close}} \right\}, \left\{ \mathbf{X}_d^{t,\mathrm{period}}, \mathbf{E}_d^{t,\mathrm{period}} \right\}, \cdots, \left\{ \mathbf{X}_d^{t+m-1,\mathrm{period}}, \mathbf{E}_d^{t+m-1,\mathrm{period}} \right\} \right\} \rightarrow \\ \left\{ \hat{\mathbf{X}}_d^{t+1}, \cdots, \hat{\mathbf{X}}_d^{t+m} \right\} \tag{3-17}$$

其中

$$\begin{aligned} \mathbf{X}_d^{t+\iota,\mathrm{period}} &= \left(\mathbf{X}_{d-t_p}^{t+\iota+1}, \cdots, \mathbf{X}_{d-1}^{t+\iota+1} \right), \ \forall \iota = 0, \cdots, m-1 \\ \mathbf{E}_d^{t+\iota,\mathrm{period}} &= \left(\mathbf{e}_{d-t_p}^{t+\iota+1}, \cdots, \mathbf{e}_{d-1}^{t+\iota+1} \right), \ \forall \iota = 0, \cdots, m-1 \end{aligned} \tag{3-18}$$

m 步预测模型的整体架构如图 3-6 所示。根据 3.2.2 节的介绍，针对近期交通状态与外部特征序列 $\left\{ \mathbf{X}_d^{t,\mathrm{close}}, \mathbf{E}_d^{t,\mathrm{close}} \right\}$，通过 NFE 模块，可以获得初步表征序列 $\mathbf{F}_d^{t,\mathrm{close}} = \left(\mathbf{F}_d^{t-t_c+1}, \cdots, \mathbf{F}_d^{t} \right)$，将其输入 SRL 模块，可以获得反映近期时空相关性的综合表征 $\mathbf{S}_f^t$。后面设计一个以 ConvLSTM 为基本组件的循环编码器，来对接下来每一步预测需要的近期相关性综合时空表征进行编码，可以依次得到 $\left\{ \mathbf{S}_f^{t+1}, \cdots, \mathbf{S}_f^{t+m} \right\}$。

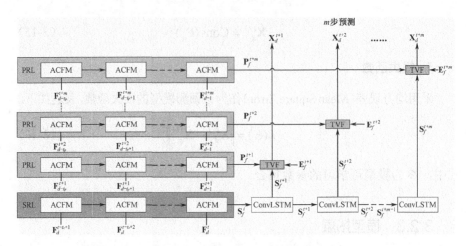

m步预测

图 3-6 m 步预测模型的整体架构

针对短期交通状态与外部特征序列，由于要预测 m 步，因此有 m 个短期序列需要输入，分别是 $\left\{ \mathbf{X}_d^{t,\text{period}}, \mathbf{E}_d^{t,\text{period}} \right\}, \cdots, \left\{ \mathbf{X}_d^{t+m-1,\text{period}}, \mathbf{E}_d^{t+m-1,\text{period}} \right\}$，将任意一个序列都通过 NFE 模块，可以获得初步表征序列 $\left\{ \mathbf{F}_d^{t,\text{period}}, \cdots, \mathbf{F}_d^{t+m-1,\text{period}} \right\}$。将初步表征序列中的任意分量输入 PRL 模块，可以得到反映短期时空相关性的综合表征 $\left\{ \mathbf{P}_f^{t+1}, \cdots, \mathbf{P}_f^{t+m} \right\}$。

与 3.2.2 节相同，通过 SRL 模块，可以得到外部信息的综合表征 $\mathbf{E}_f^{\text{close}}$，通过 m 个 PRL 模块，可以获得 $\left\{ \mathbf{E}_f^{t+1,\text{period}}, \cdots, \mathbf{E}_f^{t+m,\text{period}} \right\}$，将 $\mathbf{E}_f^{\text{close}}$ 与序列 $\left\{ \mathbf{E}_f^{t+1,\text{period}}, \cdots, \mathbf{E}_f^{t+m,\text{period}} \right\}$ 中的每个分量相加，得到由 m 个综合外部信息表征构成的序列 $\left\{ \mathbf{E}_f^{t+1}, \cdots, \mathbf{E}_f^{t+m} \right\}$。

有了序列 $\left\{ \mathbf{S}_f^{t+1}, \cdots, \mathbf{S}_f^{t+m} \right\}$、$\left\{ \mathbf{P}_f^{t+1}, \cdots, \mathbf{P}_f^{t+m} \right\}$ 和 $\left\{ \mathbf{E}_f^{t+1}, \cdots, \mathbf{E}_f^{t+m} \right\}$ 后，对于每步预测，同样将其输入一个 TVF 模块中，动态地确定近期和短期序列综合时空表征的权重分配方式，从而做出最终预测。

多步预测对应的损失函数为

$$L(\boldsymbol{\Theta}) = \sum_{i=1}^{m} \left\| \mathbf{X}_d^{t+i} - \hat{\mathbf{X}}_d^{t+i} \right\|_2^2 \tag{3-19}$$

式中，$\boldsymbol{\Theta}$ 为模型可学习的参数集合。

3.2.4　训练算法

1. 单步预测模型训练算法

算法 3-2 给出了单步预测模型的训练算法，1～8 行为训练样本生成的代码，9～14 行为模型训练的代码。

算法 3-2　基于 ACFM 的单步预测模型训练算法

输入：历史观测 $\left\{\mathbf{X}_d^t \middle| d=1,\cdots,D; t=1,\cdots,T\right\}$

　　　外部信息 $\left\{\mathbf{e}_d^t \middle| d=1,\cdots,D; t=1,\cdots,T\right\}$

输出：单步预测模型参数 Θ

1：$\mathcal{D} \leftarrow \varnothing$

2：for 所有 $\{d,t\}$ do

3：$\mathbf{X}_d^{t,\text{close}} = \left(\mathbf{X}_d^{t-t_c+1},\cdots,\mathbf{X}_d^t\right)$

4：$\mathbf{X}_d^{\text{period}} = \left(\mathbf{X}_{d-t_p}^{t+1},\cdots,\mathbf{X}_{d-1}^{t+1}\right)$

5：$\mathbf{E}_d^{t,\text{close}} = \left(\mathbf{e}_d^{t-t_c+1},\cdots,\mathbf{e}_d^t\right)$

6：$\mathbf{E}_d^{\text{period}} = \left(\mathbf{e}_{d-t_p}^{t+1},\cdots,\mathbf{e}_{d-1}^{t+1}\right)$

7：将实例 $\left(\left\{\mathbf{X}_d^{t,\text{close}},\mathbf{E}_d^{t,\text{close}},\mathbf{X}_d^{t,\text{period}},\mathbf{E}_d^{t,\text{period}}\right\},\mathbf{X}_d^{t+1}\right)$ 放入集合 $\mathcal{D}$ 中

8：end for

9：初始化所有待学习参数

10：repeat

11：从集合 $\mathcal{D}$ 中随机选择一批样本实例 $\mathcal{D}_{\text{batch}}$

12：在 $\mathcal{D}_{\text{batch}}$ 上执行前向过程，获取损失函数 L

13：更新模型参数 $\Theta' = \Theta - \gamma\nabla_\Theta L$

14：until 满足停止条件，终止循环

---

2. 多步预测模型训练算法

算法 3-3 给出了单步预测模型的训练算法，1～10 步为训练样本生成的

代码，11～16 步行为模型训练的代码。

算法 3-3　基于 ACFM 的 m 步预测模型训练算法

输入：历史观测 $\left\{\mathbf{X}_d^t \big| d=1,\cdots,D; t=1,\cdots,T\right\}$

　　　外部信息 $\left\{\mathbf{e}_d^t \big| d=1,\cdots,D; t=1,\cdots,T\right\}$

输出：m 步预测模型参数 Θ

1：$\mathcal{D} \leftarrow \varnothing$

2：for 所有 $\{d,t\}$ do

3：$\mathbf{X}_d^{t,\text{close}} = \left(\mathbf{X}_d^{t-t_c+1},\cdots,\mathbf{X}_d^t\right)$

4：$\mathbf{E}_d^{t,\text{close}} = \left(\mathbf{e}_d^{t-t_c+1},\cdots,\mathbf{e}_d^t\right)$

5：for $\tau = 1,\cdots,m$ do

6：$\mathbf{X}_d^{t+\tau-1,\text{period}} = \left(\mathbf{X}_{d-t_p}^{t+\tau},\cdots,\mathbf{X}_{d-1}^{t+\tau}\right)$

7：$\mathbf{E}_d^{t+\tau-1,\text{period}} = \left(\mathbf{e}_{d-t_p}^{t+\tau},\cdots,\mathbf{e}_{d-1}^{t+\tau}\right)$

8：end for

9：将实例 $\left(\left\{\mathbf{X}_d^{t,\text{close}}, \mathbf{E}_d^{t,\text{close}}, \mathbf{X}_d^{t,\text{period}},\cdots,\mathbf{X}_d^{t+m-1,\text{period}}, \mathbf{E}_d^{t,\text{period}},\cdots,\mathbf{E}_d^{t+m-1,\text{period}}\right\},\right.$
$\left.\left\{\mathbf{X}_d^{t+1},\cdots,\mathbf{X}_d^{t+m}\right\}\right)$ 放入集合 $\mathcal{D}$ 中

10：end for

11：初始化所有待学习参数

12：repeat

13：从集合 $\mathcal{D}$ 中随机选择一批样本实例 $\mathcal{D}_{\text{batch}}$

14：在 $\mathcal{D}_{\text{batch}}$ 上执行前向过程，获取损失函数 L

15：更新模型参数 $\Theta' = \Theta - \gamma\nabla_\Theta L$

16：until 满足停止条件，终止循环

3.3　PredRNN[27]

3.2 节介绍了基于 ConvLSTM 提出的时空建模组件 ACFM，可以将它视

为 ConvLSTM 的一个变体。3.3～3.6 节将陆续介绍另外几种 ConvLSTM 的变体，均可以用于道路交通状态时空序列预测深度模型中的时空相关性建模。

ConvLSTM 可以说是整合卷积与 LSTM 用于时空相关性建模的种子型工作（Seminal Work）。它的核心是将标准的 LSTM 单元中的线性层转化为卷积层，从而在循环编码的过程中整合卷积操作，实现了时间和空间两个维度的相关性建模（详细内容参考第 3 篇相关章节）。图 3-7 给出了一个典型的 ConvLSTM 循环单元的构成，在任意第 t 步的编码时，其输入分别是此时的输入特征切片 $\mathbf{X}_t$（可以是之前研究中提到的近期历史序列中的一个时刻分量，也可以是短期历史序列中的一个时刻分量等）及上一个 ConvLSTM 循环单元输出的隐藏层状态 $\mathbf{H}_{t-1}$ 和记忆元胞状态 $\mathbf{C}_{t-1}$，其输出为该步的隐藏层状态 $\mathbf{H}_t$ 和记忆元胞状态 $\mathbf{C}_t$。

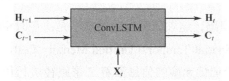

图 3-7 典型的 ConvLSTM 循环单元的构成

为了增强 ConvLSTM 循环网络的时空建模能力，每一步的编码可以不止有一个 ConvLSTM 层，而是堆叠多个 ConvLSTM 层，也就是 Deep-ConvLSTM 网络，如图 3-8 所示。

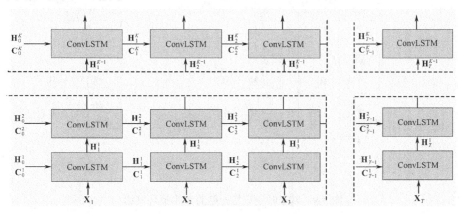

图 3-8 深度 ConvLSTM 网络

从图 3-8 中，可以看到记忆元胞（**C**）仅在每层的横向更新，也就是同一层维护一个统一的记忆元胞，而层与层之间（纵向）却没有这样一个记忆元胞。ConvLSTM 最开始实际上是针对视频预测问题（Video Prediction，给定历史的 image 序列，预测未来一小段时间内的 image 序列，本质上和本书所讨论的网格化道路交通状态序列预测问题相同）的时空特征提取而建立的模型。它的横向信息传播主要描述了画面中物体的运动（时间的特征），而纵向上（层与层之间）信息的传播更多地描述了画面中物体纹理（空间的特征）的提取。在对未来的时空状态进行预测时，记忆历史的时间表征和空间表征同样都非常重要，而只在横向上（时间的维度）维护一个记忆元胞更偏向于记忆历史的时间表征，缺少对历史空间表征的有效记忆，以致对未来不能做出很好的预测（在视频预测领域，这种预测效果不好，具体体现在生成的未来画面较为模糊、纹理不清晰，因为它缺乏空间表征的记忆）。

正是基于上述问题，这项研究提出的想法是：在时空两个维度维护一个统一的记忆元胞（Spatial-Temporal Unified Memory Cell，将这个记忆元胞记为 **M**），然后让这个记忆元胞的信息沿着 **Z** 形路径进行传播（见图 3-9），最终得到的时空编码作为未来画面（或交通状态切片）预测的输入。

注：图 3-9 中每个矩形代表一个循环单元，后面会针对该单元进行详细设计。

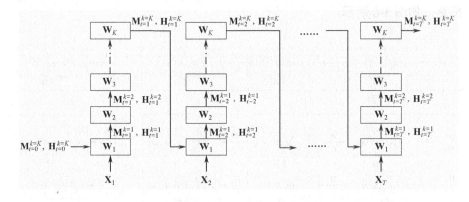

图 3-9　基于时空记忆元胞的 **Z** 形循环网络

第 t 个时间步的第 k 层公式表示如下：

Input Modulation Gate: $\mathbf{G}_t^k = \tanh\left(\mathbf{W}_{\mathrm{GX}}^k * \mathbf{X}_t \mathbb{1}_{k=1} + \mathbf{W}_{\mathrm{GH}}^k * \mathbf{H}_t^{k-1} + \mathbf{B}_{\mathrm{G}}^k\right)$

Forget Gate: $\mathbf{F}_t^k = \sigma\left(\mathbf{W}_{\mathrm{FX}}^k * \mathbf{X}_t \mathbb{1}_{k=1} + \mathbf{W}_{\mathrm{FH}}^k * \mathbf{H}_t^{k-1} + \mathbf{W}_{\mathrm{FM}}^k \odot \mathbf{M}_t^{k-1} + \mathbf{B}_{\mathrm{G}}^k\right)$

Input Gate: $\mathbf{I}_t^k = \sigma\left(\mathbf{W}_{\mathrm{IX}}^k * \mathbf{X}_t \mathbb{1}_{k=1} + \mathbf{W}_{\mathrm{IH}}^k * \mathbf{H}_t^{k-1} + \mathbf{W}_{\mathrm{IM}}^k \odot \mathbf{M}_t^{k-1} + \mathbf{B}_{\mathrm{I}}^k\right)$　（3-20）

Output Gate: $\mathbf{O}_t^k = \sigma\left(\mathbf{W}_{\mathrm{OX}}^k * \mathbf{X}_t \mathbb{1}_{k=1} + \mathbf{W}_{\mathrm{OH}}^k * \mathbf{H}_t^{k-1} + \mathbf{W}_{\mathrm{OM}}^k \odot \mathbf{M}_t^k + \mathbf{B}_{\mathrm{O}}^k\right)$

Memory Cell Update: $\mathbf{M}_t^k = \mathbf{F}_t^k \odot \mathbf{M}_t^{k-1} + \mathbf{I}_t^k \odot \mathbf{G}_t^k$

Hidden State Output: $\mathbf{H}_t^k = \mathbf{O}_t^k \odot \tanh\left(\mathbf{M}_t^k\right)$

式中，$\mathbf{X}_t \mathbb{1}_{k=1} = \begin{cases} \mathbf{X}_t, & k=1 \\ \mathbb{0}, & \text{其他} \end{cases}$，$\mathbf{H}_t^0 = \mathbf{H}_{t-1}^K$，$\mathbf{M}_t^0 = \mathbf{M}_{t-1}^K$。

采用 **Z** 形路径传播信息的循环网络结构，尽管利于维护一个时空统一的记忆元胞，但是容易牺牲时间维度上的连贯性，此外，**Z** 形传播在模型训练时，误差信号反向传播需要经过更长的路径，容易导致梯度消失，为此，这项研究在 **Z** 形传播结构上，又加入了标准 Deep-ConvLSTM 水平传播的结构，称为 PredRNN 循环网络结构，如图 3-10 所示。其中，用实线表示的路径为时空一体记忆信息（**M**）的传播路径，用点画线表示的路径为时间记忆信息（**C**）的传播路径。

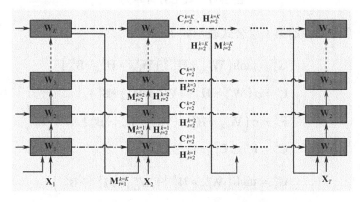

图 3-10　PredRNN 循环网络结构

为了实现 PredRNN，单独设计了 ST-LSTM 单元，其具体构造如图 3-11 所示。可以看到 ST-LSTM 维护了两个记忆元胞，分别是常规的时间维度记忆元胞（**C**）和时空记忆元胞（**M**）。

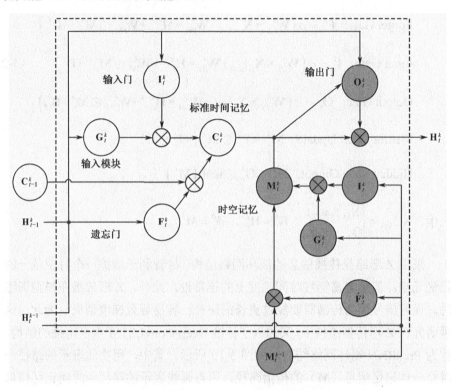

图 3-11　ST-LSTM 单元

第 t 个时间步的第 k 层公式表示如下：

$$\mathbf{G}_t^k = \tanh\left(\mathbf{W}_{GX}^k * \mathbf{H}_t^{k-1} + \mathbf{W}_{GH}^k * \mathbf{H}_{t-1}^k + \mathbf{B}_G^k\right)$$

$$\mathbf{I}_t^k = \sigma\left(\mathbf{W}_{IX}^k * \mathbf{H}_t^{k-1} + \mathbf{W}_{IH}^k * \mathbf{H}_{t-1}^k + \mathbf{B}_I^k\right)$$

$$\mathbf{F}_t^k = \sigma\left(\mathbf{W}_{FX}^k * \mathbf{H}_t^{k-1} + \mathbf{W}_{FH}^k * \mathbf{H}_{t-1}^k + \mathbf{B}_F^k\right) \tag{3-21}$$

$$\mathbf{C}_t^k = \mathbf{F}_t^k \odot \mathbf{C}_{t-1}^k + \mathbf{I}_t^k \odot \mathbf{G}_t^k$$

$$\mathbf{G}_t'^k = \tanh\left(\mathbf{W}_{GX}'^k * \mathbf{H}_t^{k-1} + \mathbf{W}_{GM}'^k * \mathbf{M}_t^{k-1} + \mathbf{B}_G'^k\right)$$

$$\mathbf{I}_t^{'k} = \tanh\left(\dot{\mathbf{W}}_{IX}^k * \mathbf{H}_t^{k-1} + \dot{\mathbf{W}}_{IM}^k * \mathbf{M}_t^{k-1} + \dot{\mathbf{B}}_I^k \right)$$

$$\mathbf{F}_t^{'k} = \tanh\left(\dot{\mathbf{W}}_{FX}^k * \mathbf{H}_t^{k-1} + \dot{\mathbf{W}}_{FM}^k * \mathbf{M}_t^{k-1} + \dot{\mathbf{B}}_F^k \right)$$

$$\mathbf{M}_t^k = \mathbf{F}_t^{'k} \odot \mathbf{M}_t^{k-1} + \mathbf{I}_t^{'k} \odot \mathbf{G}_t^{'k} \tag{3-21 续}$$

$$\mathbf{O}_t^k = \sigma\left(\mathbf{W}_{OX}^k * \mathbf{H}_t^{k-1} + \mathbf{W}_{OH}^k * \mathbf{H}_{t-1}^k + \mathbf{W}_{OCM}^k \odot \left[\mathbf{C}_t^k, \mathbf{M}_t^k \right] + \mathbf{B}_O^k \right)$$

$$\mathbf{H}_t^k = \mathbf{O}_t^k \odot \tanh\left(\left[\mathbf{C}_t^k, \mathbf{M}_t^k \right] \right)$$

式中，$\mathbf{H}_t^0 = \mathbf{X}_t$，$\mathbf{M}_t^0 = \mathbf{M}_{t-1}^K$；$[.,.]$ 表示 tensor 拼接（concatenate）；$*$ 为卷积操作；$\odot$ 为 Hadamard 积。

3.4　PredRNN++[28]

这项研究是对 3.3 节 PredRNN 研究的深化和改进。研究表明增加时空特征提取网络在每个编码时刻的深度（也就是网络的层数），确实可以极大地提高针对历史特征切片序列时空相关性的建模能力，但是同时存在另外一个很大的问题，那就是在模型训练时，随着网络层数的增加，误差信号反向传播需要经过的路径就更长，那么更容易导致梯度消失（Gradient Vanishing）。这个问题在 PredRNN 模型中显得尤为突出，因为时空记忆元胞（$\mathbf{M}$）的传递路径为 $\mathbf{Z}$ 形，这使它的传递信息路径比标准的 Deep-ConvLSTM（或 Stacked ConvLSTM）中仅存在水平方向的传递路径的情况更为糟糕。所以，时空建模能力要求增加网络的深度，而梯度消失问题限制了网络深度的增加，这就构成了一个两难的问题。这项研究主要是针对这个两难的问题，在原来提出的 PredRNN 基础上进行改进，提出 PredRNN++模型。

模型的改进主要体现在两个方面：①在原有的 PredRNN 循环神经网络结构基础上，引入了梯度公路单元（Gradient Highway Unit，GHU），并基于 GHU 构建了梯度公路层（Gradient Highway Layer，GHL），从而为误差信号的反向传播提供了一条更短的备选路径，缓解梯度消失的问题；②改进了 PredRNN 网络中的 ST-ConvLSTM 单元，将原本并行计算的标准时间记忆元胞（**C**）和时空记忆元胞（**M**）改变为级联计算的结构（称为 Casual-LSTM），从而在循环单元内部进一步增加网络深度，进而提高网络的时空建模能力。

3.4.1 模型架构

PredRNN++模型循环网络架构如图 3-12 所示，每个时间步叠加多个 Casual-LSTM 单元（后面介绍），水平方向上传播记忆信息的元胞为 **C**，**Z** 形路径传播的时空记忆元胞记为 **M**。在第 1 个和第 2 个 CasualLSTM 层之间加入了 GHU 层，形成"梯度公路"，当然，GHU 层并不一定必须加在第 1 和第 2 隐藏层之间，原始研究测试了 GHU 层加在不同隐藏层之间的效果，感兴趣的读者可以自己尝试。任意第 t 步的模型公式表达为

$$\mathbf{H}_t^1, \mathbf{C}_t^1, \mathbf{M}_t^1 = \text{CasualLSTM}_1\left(\mathbf{X}_t, \mathbf{C}_{t-1}^1, \mathbf{M}_{t-1}^K, \mathbf{H}_{t-1}^1\right)$$

$$\mathbf{Z}_t = \text{GHU}\left(\mathbf{Z}_{t-1}, \mathbf{H}_t^1\right)$$

$$\mathbf{H}_t^2, \mathbf{C}_t^2, \mathbf{M}_t^2 = \text{CasualLSTM}_2\left(\mathbf{Z}_t, \mathbf{C}_{t-1}^2, \mathbf{M}_t^1, \mathbf{H}_{t-1}^2\right)$$

$$\mathbf{H}_t^k, \mathbf{C}_t^k, \mathbf{M}_t^k = \text{CasualLSTM}_k\left(\mathbf{H}_t^{k-1}, \mathbf{C}_{t-1}^k, \mathbf{M}_t^{k-1}, \mathbf{H}_{t-1}^k\right), \forall k = 3, \cdots, K$$

$$(3\text{-}22)$$

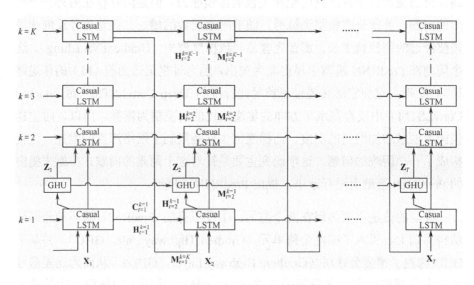

图 3-12　PredRNN++模型循环网络架构

3.4.2　Casual-LSTM

Casual-LSTM 单元的架构如图 3-13 所示，它是对 3.3 节 ST-LSTM 单元的进一步扩展。在 ST-LSTM 单元中，横向传播的记忆 $\mathbf{C}$ 和 Z 形传播的记忆 $\mathbf{M}$ 是并行计算的，而在 Casual-LSTM 单元中，二者是级联计算的，这在客观上进一步加深了循环基本单元体内部的"深度"。在原始研究中，本书始终强调模型的深度对于捕获时空相关性非常有利。第 t 个时间步的第 k 个 Casual-LSTM 单元具体的计算公式为

$$\begin{pmatrix} \mathbf{G}_t^k \\ \mathbf{I}_t^k \\ \mathbf{F}_t^k \end{pmatrix} = \begin{pmatrix} \tanh \\ \sigma \\ \sigma \end{pmatrix} \left(\mathbf{W}_1^k * \left[\mathbf{H}_{t-1}^k, \mathbf{C}_{t-1}^k, \mathbf{H}_t^{k-1} \right] + \mathbf{B}_1^k \right)$$

$$\mathbf{C}_t^k = \mathbf{F}_t^k \odot \mathbf{C}_{t-1}^k + \mathbf{I}_t^k \odot \mathbf{G}_t^k$$

$$\begin{pmatrix} \mathbf{G}_t^{'k} \\ \mathbf{I}_t^{'k} \\ \mathbf{F}_t^{'k} \end{pmatrix} = \begin{pmatrix} \tanh \\ \sigma \\ \sigma \end{pmatrix} \left(\mathbf{W}_2^k * \left[\mathbf{M}_t^{k-1}, \mathbf{C}_t^k, \mathbf{H}_t^{k-1} \right] + \mathbf{B}_2^k \right) \tag{3-23}$$

$$\mathbf{M}_t^k = \mathbf{F}_t^{'k} \odot \tanh \left(\mathbf{W}_3^k * \mathbf{M}_t^{k-1} + \mathbf{B}_3^k \right) + \mathbf{I}_t^{'k} \odot \mathbf{G}_t^{'k}$$

$$\mathbf{O}_t^k = \sigma \left(\mathbf{W}_4^k * \left[\mathbf{H}_t^{k-1}, \mathbf{C}_t^k, \mathbf{M}_t^k \right] + \mathbf{B}_4^k \right)$$

$$\mathbf{H}_t^k = \mathbf{O}_t^k \odot \tanh \left(\mathbf{W}_5^k * \left[\mathbf{C}_t^k, \mathbf{M}_t^k \right] + \mathbf{B}_5^k \right)$$

式中，$\mathbf{H}_t^0 = \mathbf{X}_t$，$\mathbf{M}_t^0 = \mathbf{M}_{t-1}^K$；$*$ 为卷积操作。

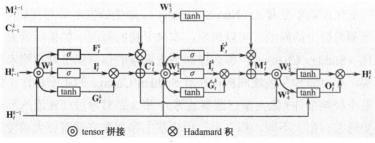

图 3-13　Casual-LSTM 单元的架构

3.4.3　GHU

如图 3-14 所示，GHU 层由多个 GHU 单元组成，它们负责提供一条误差信号传播的"高速通道"，防止误差在反向传播的过程中发生梯度消失。GHU 单元的结构如图 3-14 所示。其输入为 $\mathbf{Z}_{t-1}$，$\mathbf{X}_t$，输出为 $\mathbf{Z}_t$。$\mathbf{S}_t$ 相当于一个门控开关，第 t 个时间步的 GHU 单元计算公式如下：

$$\mathbf{P}_t = \tanh\left(\mathbf{W}_p * [\mathbf{X}_t, \mathbf{Z}_{t-1}] + \mathbf{B}_p\right)$$
$$\mathbf{S}_t = \sigma\left(\mathbf{W}_s * [\mathbf{X}_t, \mathbf{Z}_{t-1}] + \mathbf{B}_s\right) \qquad (3\text{-}24)$$
$$\mathbf{Z}_t = \mathbf{S}_t \odot \mathbf{P}_t + \left(1 - \mathbf{S}_t\right) \odot \mathbf{Z}_{t-1}$$

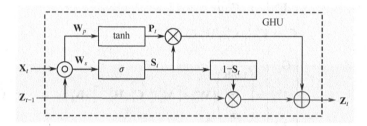

图 3-14　GHU 单元

3.5　MIM[29]

本节研究是在前两节研究的基础上进行进一步深化。研究发现，很多时空观测的变化都是不平稳的（Non-Stationary）。原始研究是针对视频（图像序列）的预测而提出的问题，可以想象，本来平稳的画面，如果场景突然发生了大变化（Sudden Change），那么根据历史场景的信息就很难预测未来的场景。其实，在交通预测领域同样存在着 Sudden Change 的不平稳性，如突然发生了某个极端事件（如大型交通事故等），那么必然导致交通流的形态与之前的历史形态有很大不同，那么基于历史状态预测未来就有很大难度。

平稳性在时间序列的建模过程中，得到了非常大的重视。简单地理解，平稳性就是时间序列的均值、方差和协方差这些本质特征不随时间而发生变化，也就是说未来时间序列的走势会沿着历史时间序列的"惯性"走下去，通过对历史时间序列的分析，可以很好地预测未来。这种平稳性的假设，是经典回归分析赖以实施的基本假设。依据克莱默分解定理：任何不平稳时间序列，都可通过差分变换的方法转换成为平稳序列。时间序列经典模型 ARIMA(p, d, q)中的参数 q 就代表了在原始时间序列上做差分的次数。

在这项研究中，研究者也试图将高阶的差分操作整合到时空的建模过程中，从而增加时空建模的平稳性。具体而言，所建立的时空建模网络架构如图 3-15 所示。可以看出，相对于 3.3 节建立的网络，其改变在于增加了斜线部分，同时，从第 2 层（$k = 2$）开始往后，每层的基本单元都从 ST-LSTM 变为 MIM。增加斜线的目的在于当前层（如 t 时刻的第 k 层）的时空建模过程是利用前一层（也就是 t 时刻的第 $k-1$ 层）输出的差分信号（$\mathbf{H}_t^{k-1} - \mathbf{H}_{t-1}^{k-1}$），而非直接利用前一层的输出（$\mathbf{H}_t^{k-1}$）。这里可以形象地将第 k 层（$\forall k = 1, \cdots, K$）

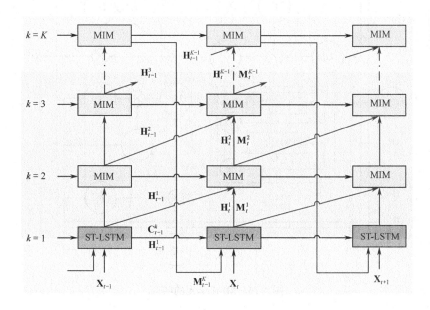

图 3-15　以 MIM 为基本单元的时空建模网络

在所有时刻的隐藏层输出（…,$\mathbf{H}_{t-1}^{k}$,$\mathbf{H}_{t}^{k}$,$\mathbf{H}_{t+1}^{k}$,…）作为第 k 个隐藏层输出状态的时间序列，下一个隐藏层（第 $k+1$ 层）在所有时刻的输出状态序列（…,$\mathbf{H}_{t-1}^{k+1}$,$\mathbf{H}_{t}^{k+1}$,$\mathbf{H}_{t+1}^{k+1}$,…）是以第 k 个隐藏层输出状态的时间序列为输入而生成的。这样，随着层数的增加，相当于不断地在对隐藏层状态时间序列做差分，也就是将不平稳的时空建模过程，经过高阶差分（多次差分）之后，转化为相对平稳的时空建模过程。

从图 3-15 中可以看出，第 1 层以 3.3 节所建立的 ST-LSTM 为基本单元进行构造，生成最开始的隐藏层状态时间序列，之后的每层都以 MIM 为基本单元进行构造，用来捕获差分信号。图 3-16 给出了 MIM 单元的结构。可以看出，在 3.3 节 ST-LSTM 单元的基础上，MIM 修改了水平方向传播记忆的"遗忘门"，图 3-16 中虚线框圈起来的复杂组件替代了原来简单的"遗忘

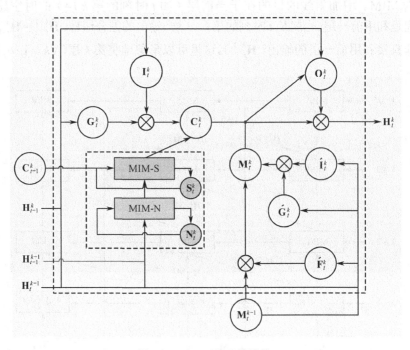

图 3-16　MIM 单元的结构

门"计算方法。这一复杂组件如图 3-17 所示，包含两个部分，分别是非平稳性捕获组件 MIM-N 和平稳性捕获组件 MIM-S。MIM-N 和 MIM-S 也采用了记忆的机制，相当于两个带有记忆的组件，这就是 MIM（Memory In Memory 名字的来源，在水平记忆元胞 **C** 中嵌入了另外两个记忆元胞）。MIM-N 和 MIM-S 采用级联结构，前者负责接收差分信号，捕获垂直方向前一层输出的时空状态序列的不平稳性，而后者结合这种不平稳性的捕获和水平方向传播来的记忆，生成水平方向新的记忆。可以想象，如果不平稳性捕获的输出 $\mathbf{N}_t^k$ 比较显著，那么新生成的水平记忆则整合了这种不平稳性带来的变化；如果 $\mathbf{N}_t^k$ 不显著，那么新生成的水平记忆仍按照水平方向上一层传播来的记忆生成，也就相当于前后的变化是较为平稳的。对应第 t 步第 k 层的 MIM 单元的计算公式如下：

$$
\begin{pmatrix} \mathbf{G}_t^k \\ \mathbf{I}_t^k \end{pmatrix} = \begin{pmatrix} \sigma \\ \sigma \end{pmatrix} \left(\mathbf{W}_1^k * \left[\mathbf{H}_{t-1}^k, \mathbf{H}_t^{k-1} \right] + \mathbf{B}_1^k \right)
$$

$$
\mathbf{D}_t^k = \text{MIM-N}\left(\mathbf{H}_t^{k-1}, \mathbf{H}_{t-1}^{k-1}, \mathbf{N}_{t-1}^k \right)
$$

$$
\mathbf{T}_t^k = \text{MIM-S}\left(\mathbf{D}_t^k, \mathbf{C}_{t-1}^k, \mathbf{S}_{t-1}^k \right)
$$

$$
\mathbf{C}_t^k = \mathbf{T}_t^k + \mathbf{I}_t^k \odot \mathbf{G}_t^k
$$

$$
\begin{pmatrix} \mathbf{G}_t'^k \\ \mathbf{I}_t'^k \\ \mathbf{F}_t'^k \end{pmatrix} = \begin{pmatrix} \tanh \\ \sigma \\ \sigma \end{pmatrix} \left(\mathbf{W}_2^k * \left[\mathbf{M}_t^{k-1}, \mathbf{H}_t^{k-1} \right] + \mathbf{B}_2^k \right) \tag{3-25}
$$

$$
\mathbf{M}_t^k = \mathbf{F}_t'^k \odot \mathbf{M}_t^{k-1} + \mathbf{I}_t'^k \odot \mathbf{G}_t'^k
$$

$$
\mathbf{O}_t^k = \sigma\left(\mathbf{W}_4^k * \left[\mathbf{H}_{t-1}^k, \mathbf{H}_t^{k-1}, \mathbf{C}_t^k, \mathbf{M}_t^k \right] + \mathbf{B}_4^k \right)
$$

$$
\mathbf{H}_t^k = \mathbf{O}_t^k \odot \tanh\left(\mathbf{W}_5^k * \left[\mathbf{C}_t^k, \mathbf{M}_t^k \right] + \mathbf{B}_5^k \right)
$$

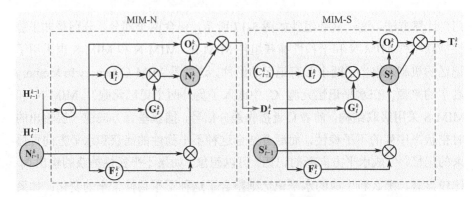

图 3-17　MIM-N 和 MIM-S 的结构

对应第 t 步第 k 层的 MIM-N 组件的计算公式如下：

$$
\begin{pmatrix} \mathbf{G}_t^k \\ \mathbf{I}_t^k \\ \mathbf{F}_t^k \end{pmatrix} = \begin{pmatrix} \tanh \\ \sigma \\ \sigma \end{pmatrix} \left(\mathbf{W}_1^k * \left[\left(\mathbf{H}_t^{k-1} - \mathbf{H}_{t-1}^{k-1} \right), \mathbf{N}_{t-1}^k \right] + \mathbf{B}_1^k \right)
$$

$$
\mathbf{N}_t^k = \mathbf{F}_t^k \odot \mathbf{N}_{t-1}^k + \mathbf{I}_t^k \odot \mathbf{G}_t^k
$$

$$
\mathbf{O}_t^k = \sigma \left(\mathbf{W}_2^k * \left[\left(\mathbf{H}_t^{k-1} - \mathbf{H}_{t-1}^{k-1} \right), \mathbf{N}_t^k \right] + \mathbf{B}_2^k \right) \tag{3-26}
$$

$$
\mathbf{D}_t^k = \mathbf{O}_t^k \odot \tanh \left(\mathbf{N}_t^k \right)
$$

对应第 t 步第 k 层的 MIM-S 组件的计算公式如下：

$$
\begin{pmatrix} \mathbf{G}_t^k \\ \mathbf{I}_t^k \\ \mathbf{F}_t^k \end{pmatrix} = \begin{pmatrix} \tanh \\ \sigma \\ \sigma \end{pmatrix} \left(\mathbf{W}_1^k * \left[\mathbf{C}_{t-1}^k, \mathbf{D}_t^k \right] + \mathbf{B}_1^k \right)
$$

$$
\mathbf{S}_t^k = \mathbf{F}_t^k \odot \mathbf{S}_{t-1}^k + \mathbf{I}_t^k \odot \mathbf{G}_t^k
$$

$$
\mathbf{O}_t^k = \sigma \left(\mathbf{W}_2^k * \left[\mathbf{D}_t^k, \mathbf{C}_{t-1}^k, \mathbf{S}_t^k \right] + \mathbf{B}_2^k \right) \tag{3-27}
$$

$$
\mathbf{T}_t^k = \mathbf{O}_t^k \odot \tanh \left(\mathbf{S}_t^k \right)
$$

3.6　SA-ConvLSTM[30]

这项研究并不是针对特定的道路交通状态时空序列预测问题开展的，而是针对一般性的时空序列预测问题中的时空相关性建模问题，提出了一个基于 Self-Attention 机制实现的 ConvLSTM 组件的一个变体，称为 SA-ConvLSTM。该组件能够很好地从时空序列中提取时空综合特征，从而为预测提供有效输入。

3.6.1　模型背景

ConvLSTM 是在原始 LSTM 基础上，通过卷积操作替代原始的线性操作，从而进行时空相关性的捕获。后期又产生了很多 ConvLSTM 的变体（见 3.3～3.5 节），在时空预测领域都取得了非常好的效果。当 ConvLSTM 及其变体在对每个时间步的特征切片（image）进行编码时，如果只用单层的 ConvLSTM 网络来捕获空间相关性，那么由于卷积核有限的受视野（Receptive Field），必将使得空间相关性的建模只能在小范围内进行（范围大小取决于卷积核的大小）。如果要考虑大范围，甚至是全局的空间相关性（Long-Range/Global Spatial Dependency），那么只有通过堆叠更多层的 ConvLSTM 才能够实现（随着 ConvLSTM 层数的增加，越上层的神经元越具有大的受视野，甚至全局受视野）。在每个时间步编码时采用多层卷积神经网络来获取大范围空间相关性固然可行，但根据 Luo 等人（2016）的研究结果显示：更高层的神经元所能够获得的受视野远比理论上所能获得的受视野要小得多。也就是说，理论上，我们期望堆叠多层的卷积层来获取更大的受视野，但实际效果却不佳。此外还有一个问题，为了捕获大范围的空间相关性，要堆叠多层的卷积层，那么势必造成网络训练时的前向传播和反向传播计算负荷更为繁重，这对网络训练的优化过程造成了更大的困难，也非常容易导致梯度消失的问题。因此，实际上，ConvLSTM 及其变体在捕获大范围/全局空间相关性方面能力十分受限。

正是在上述背景下，这项研究在 ConvLSTM 的基础上，引入了 Self-Attention 机制，使得在单层的卷积层中，就可以实现全局空间相关性的捕获。具体而言，是计算每个目标网格单元特征与其他所有网格单元（包括自身）特征之间的注意力分数，进而得到注意力系数，再按照注意力系数，加权整合所有其他网格单元的特征，作为该目标网格单元的新特征。这种做法实际上是将时间的 Self-Attention 机制拓展到空间上，实现了每个时间编码步切片 image 的全局空间相关性捕获。

3.6.2 模型构造

该研究提出的循环时空建模网络如图 3-18 所示，其基本循环单元为 SA-ConvLSTM，在该单元内部整合全局空间注意力机制，从而无须叠加更深的层，就能够捕获全局空间相关性。

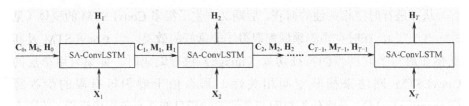

图 3-18 基于 SA-ConvLSTM 单元的循环时空建模网络

SA-ConvLSTM 单元的结构如图 3-19 所示。该单元拥有两个记忆元胞，分别是标准的记忆元胞 $\mathbf{C}$ 和全局空间记忆元胞 $\mathbf{M}$。其计算公式表达如下：

$$\begin{pmatrix} \mathbf{G}_t \\ \mathbf{I}_t \\ \mathbf{F}_t \\ \mathbf{O}_t \end{pmatrix} = \begin{pmatrix} \tanh \\ \sigma \\ \sigma \end{pmatrix} \begin{pmatrix} \begin{pmatrix} \mathbf{W}_g \\ \mathbf{W}_i \\ \mathbf{W}_f \\ \mathbf{W}_o \end{pmatrix} * \begin{bmatrix} \mathbf{H}_{t-1}, \mathbf{X}_t \end{bmatrix} + \begin{pmatrix} \mathbf{B}_g \\ \mathbf{B}_i \\ \mathbf{B}_f \\ \mathbf{B}_o \end{pmatrix} \end{pmatrix} \tag{3-28}$$

$$\mathbf{C}_t = \mathbf{F}_t \odot \mathbf{C}_{t-1} + \mathbf{I}_t \odot \mathbf{G}_t$$

$$\tilde{\mathbf{H}}_t = \mathbf{O}_t \odot \tanh(\mathbf{G}_t)$$

$$\mathbf{H}_t, \mathbf{M}_t = \mathrm{SAM}(\tilde{\mathbf{H}}_t, \mathbf{M}_{t-1})$$

SAM 组件的结构如图 3-20 所示。该组件通过自注意力机制，负责维护一个全局的空间记忆，其输入为 $\tilde{\mathbf{H}}_t$、$\mathbf{M}_{t-1}$。SAM 首先对 $\tilde{\mathbf{H}}_t$、$\mathbf{M}_{t-1}$ 分别进行基于全局自注意力机制的特征融合（相当于捕获了全局空间相关性）得到 $\mathbf{Z}_h$、$\mathbf{Z}_m$，之后将二者进一步融合为 $\mathbf{Z}$，再将 $\tilde{\mathbf{H}}_t$ 和 $\mathbf{Z}$ 作为输入，计算最终的输出 $\mathbf{H}_t$、$\mathbf{M}_t$。详细的计算步骤及公式如下。

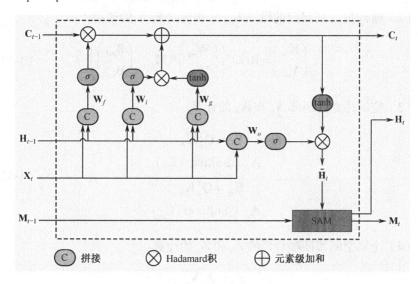

图 3-19　SA-ConvLSTM 单元的结构

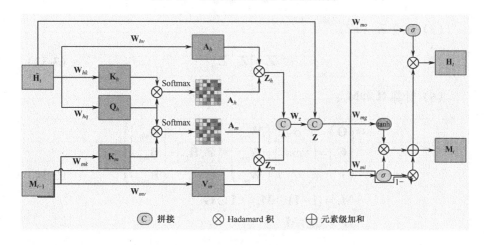

图 3-20　SAM 组件的结构

（1）输入 $\tilde{\mathbf{H}}_t$ 到对应的查询（$\mathbf{Q}_h$）、键（$\mathbf{K}_h$）和值（$\mathbf{V}_h$）的转换：

$$\begin{pmatrix} \mathbf{Q}_h \\ \mathbf{K}_h \\ \mathbf{V}_h \end{pmatrix} = \text{ReLU}\left(\begin{pmatrix} \mathbf{W}_{hq} \\ \mathbf{W}_{hk} \\ \mathbf{W}_{hv} \end{pmatrix} * \tilde{\mathbf{H}}_t + \begin{pmatrix} \mathbf{B}_{hq} \\ \mathbf{B}_{hk} \\ \mathbf{B}_{hv} \end{pmatrix}\right) \tag{3-29}$$

（2）输入 $\mathbf{M}_{t-1}$ 到对应的键（$\mathbf{K}_m$）和值（$\mathbf{V}_m$）的转换：

$$\begin{pmatrix} \mathbf{K}_m \\ \mathbf{V}_m \end{pmatrix} = \text{ReLU}\left(\begin{pmatrix} \mathbf{W}_{mk} \\ \mathbf{W}_{mv} \end{pmatrix} * \mathbf{M}_{t-1} + \begin{pmatrix} \mathbf{B}_{mk} \\ \mathbf{B}_{mv} \end{pmatrix}\right) \tag{3-30}$$

（3）空间注意力矩阵 $\mathbf{A}_h$ 和 $\mathbf{A}_m$ 的计算：

$$\begin{aligned} \mathbf{E}_h &= \mathbf{Q}_h^{\text{T}}\mathbf{K}_h \\ \mathbf{A}_h &= \text{Softmax}(\mathbf{E}_h) \\ \mathbf{E}_m &= \mathbf{Q}_h^{\text{T}}\mathbf{K}_m \\ \mathbf{A}_m &= \text{Softmax}(\mathbf{E}_m) \end{aligned} \tag{3-31}$$

（4）全局空间特征融合后的 $\mathbf{Z}_h$ 和 $\mathbf{Z}_m$ 的计算：

$$\begin{aligned} \mathbf{Z}_h &= \mathbf{A}_h\mathbf{V}_h^{\text{T}} \\ \mathbf{Z}_m &= \mathbf{A}_m\mathbf{V}_m^{\text{T}} \end{aligned} \tag{3-32}$$

（5）融合 $\mathbf{Z}_h$ 和 $\mathbf{Z}_m$：

$$\mathbf{Z} = [\mathbf{Z}_h, \mathbf{Z}_m] \tag{3-33}$$

（6）计算 $\mathbf{H}_t$ 和 $\mathbf{M}_t$：

$$\begin{pmatrix} \mathbf{O} \\ \mathbf{G} \\ \mathbf{I} \end{pmatrix} = \begin{pmatrix} \sigma \\ \tanh \\ \sigma \end{pmatrix}\left(\begin{pmatrix} \mathbf{W}_{mo} \\ \mathbf{W}_{mg} \\ \mathbf{W}_{mi} \end{pmatrix} * [\mathbf{Z}, \tilde{\mathbf{H}}_t] + \begin{pmatrix} \mathbf{B}_{mo} \\ \mathbf{B}_{mg} \\ \mathbf{B}_{mi} \end{pmatrix}\right)$$

$$\mathbf{M}_t = (1 - \mathbf{I}) \odot \mathbf{M}_{t-1} + \mathbf{I} \odot \mathbf{G}$$

$$\mathbf{H}_t = \mathbf{O} \odot \mathbf{M}_t \tag{3-34}$$

3.7　本章小结

　　本章介绍了 6 项有代表性的基于 2D 图卷积与循环神经网络相结合的时空相关性建模方法在道路交通短期交通状态预测中的应用。2D 图卷积与循环神经网络的结合本质上是空间相关性和时间相关性捕获的相互结合。在二者结合的方式上，有相互独立的结合（如 3.1 节）和融合为一体的结合两种方式（如 3.2～3.6 节）。此外，在二者结合时还可以适当引入注意力机制（Attention），从而实现全局空间相关性的捕获。

第 **4** 章

基于 3D 图卷积的
时空相关性建模

本章介绍一种将 3D 图卷积神经网络用于道路交通状态时空序列预测中的时空相关性建模的研究方法。这里只选取了一项有代表性的研究，来自北京交通大学万怀宇教授团队提出的 ST-3DNet[31]。

在第 2 章介绍的研究中，时空相关性建模是将交通状态切片序列 aggregate 成为一张大的 image，然后在其上施加一系列 2D 图卷积操作，最终提取到这个序列时空信息的综合表征。这种做法实际上是将时间维度转换成了图像的 channel，从而将时间和空间两个维度的特征提取转换为纯空间特征提取问题，这种操作本质上是以牺牲时间维度为代价的。这种将不同时段的切片序列当作地位等价的不同 channel 来对待的方法，显然无法有效区分不同时间的信息在预测中应该扮演不同角色这样一个基本事实。在实际中，不同历史时刻的信息对未来的影响，在本质上，地位不应该是等价的。而在第 3 章介绍的研究中，时空相关性两个维度的建模在本质上是独立的，即 2D 图卷积负责捕获空间相关性，循环神经网络则负责将融合了空间信息的编码，进一步在时间维度上进行综合编码，也就是捕获时间相关性。而在实际中，不同网格单元之间的交通状态的时空相关性是同步的，时间和空间并不能被完全割裂开，如临近网格单元的历史交通状态会影响目标网格单元未来的交通状态。

实际上，一个序列的交通状态切片，在计算机图像与视频处理领域，可以被视为"一段视频"，在它的每个离散时刻上，都是一个网格化交通状态切片 image，这个 image 的状态在时间维度上不断演变。在视频处理领域，研究者常用 3D 图卷积来提取特征，它在医学领域的 CT 影像数据分析、视频中的动作和行为检测，以及其他领域取得了非常好的效果。3D 图卷积相对于 2D 图卷积而言，最大的区别是多了一个 channel 维度的参数共享。卷积核的移动，2D 时只能在平面进行，到 3D 时，可以在 3D 空间中进行。本章主要介绍这种基于 3D 图卷积进行同步时空相关性建模的研究。

4.1　问题提出

研究范围被分割为 $I \times J$ 个网格单元，每个网格单元所观测的交通状态的维度为 C，任意时段 t 内，所有网格单元的交通观测状态（交通状态切片）定义为 $\mathbf{X}_t \in \mathbb{R}^{C \times I \times J}$。研究问题是：假定当前时刻为 t，给定近期历史交通状态切片序列 $\mathbf{X}_c$ 和周期历史交通状态切片序列 $\mathbf{X}_p$，预测下个时段的交通状态切片，即 $\hat{\mathbf{X}}_{t+1}$。其中，$\mathbf{X}_c$ 和 $\mathbf{X}_p$ 定义如下：

$$\mathbf{X}_c = (\mathbf{X}_{t-t_c+1}, \cdots, \mathbf{X}_t) \in \mathbb{R}^{t_c \times C \times I \times J}$$
$$\mathbf{X}_p = (\mathbf{X}_{t-t_p * d_p+1}, \cdots, \mathbf{X}_{t-d_p+1}) \in \mathbb{R}^{t_p \times C \times I \times J} \tag{4-1}$$

式中，t_c、t_p 分别表示近期和短期历史交通状态切片序列中的切片数目，d_p 表示一周中所包含的时段数目。

4.2　预测模型

本研究所提出的深度预测模型如图 4-1 所示。总体上，模型包括近期时空相关性捕获模块、短期时空相关性捕获模块、特征融合（Fusion）模块、预测（Prediction）模块 4 个组成模块及损失函数。

4.2.1 近期时空相关性捕获模块

该模块负责以近期历史序列 $\mathbf{X}_c$（closeness）为输入，提取其中蕴含的综合时空信息表征。从图 4-1 中可以看出，该模块由若干个 3D 图卷积模块（3D Conv）、残差连接单元（ResUnit）和一个再校准模块（RC）所构成。下面分别介绍这 3 个组件。

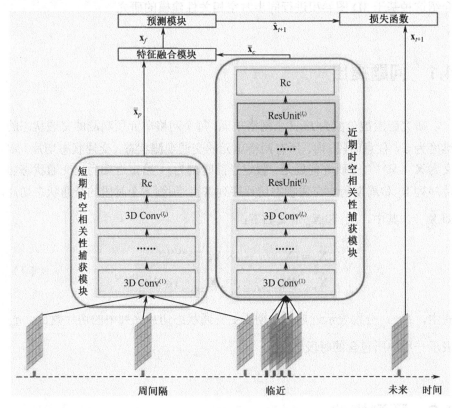

图 4-1 ST-3DNet 预测模型架构

1）3D Conv 组件

3D Conv 组件是本研究的核心，它能够同步从时间和空间两个维度提取历史交通状态序列中蕴含的特征信息。这里假定一共有 l_c 层 3D 图卷积层，其中每个 3D 卷积层的操作定义如下：

$$\mathbf{X}_c^{(l)} = f(\mathbf{W}_c^{(l)} * \mathbf{X}_c^{(l-1)} + \mathbf{B}_c^{(l)}), \ \forall l = 1, \cdots, l_c \qquad (4\text{-}2)$$

式中，$\mathbf{X}_c^{(l)} \in \mathbb{R}^{t_l \times C_l \times I \times J}$ 为第 l 个 3D 卷积层的输出，t_l 为特征切片个数，C_l 相当于每个特征切片的 channel 数目；$\mathbf{W}_c^{(l)} \in \mathbb{R}^{t_l \times L_l \times W_l \times H_l}$ 为第 l 个 3D 卷积层的卷积核，t_l 为 3D 卷积核的个数，$L_l \times W_l \times H_l$ 为每个 3D 卷积核的 size；$\mathbf{B}_c^{(l)} \in \mathbb{R}^{t_l \times C_l \times I \times J}$ 为第 l 个 3D 卷积层的偏置参数；$f(\cdot)$ 为激活函数，这里选择 ReLU。特别地，$\mathbf{X}_c^{(0)} = \mathbf{X}_c \in \mathbb{R}^{t_c \times C \times I \times J}$。

因此，该组件最后的输出为 $\mathbf{X}_c^{(l_c)} \in \mathbb{R}^{t_{l_c} \times C_{l_c} \times I \times J}$。

2）ResUnit 组件

这个组件在前面的研究中不止一次提到过。它的核心是 2D 图卷积与残差连接（Skip Connection）的组合。理论上不再赘述，但是读者可能感兴趣的问题是，为什么使用 3D 卷积同时提取了时空相关性综合特征之后，还要使用 2D 图卷积提取？在原始的研究中，作者并没有明确交代这么做的原因，但是可以大致推想一下，3D 图像卷积运算较为复杂，不适合堆叠很多层，这样会急剧增加参数量，在增加计算负荷的同时，容易导致模型过拟合。因此，经过少数几层 3D 图卷积已经基本捕获了时空相关性，更细致的建模由操作更为简单的 2D 图卷积来做也许更为适合。但是很难从理论上说用纯粹的 3D 卷积或 3D 卷积与 2D 卷积的结合这两种方式孰优孰劣，这也许就是深度学习建模过程中不够"精确"、有些"玄学"的地方，有时并没有严格的理论指引说一定要这么做，只要能够"自圆其说"，给出合理的解释，不妨一试，将更多可能的尝试都作为一种备择的假说，等待验证。

为了表述严谨，这里给出 ResUnit 组件操作的形式化表达。对于任意第 l 个残差连接层（对应近期时空相关性捕获模块的第 $l_c + l$ 层），其操作定义如下：

$$\mathbf{X}_c^{(l_c+l)} = \mathcal{F}\left(\mathbf{X}_c^{(l_c+l-1)}; \ \varTheta_c^{(l)}\right) + \mathbf{X}_c^{(l_c+l-1)}, \ l = 1, 2, \cdots, l_r \qquad (4\text{-}3)$$

式中，$\mathbf{X}_c^{(l_c+l)} \in \mathbb{R}^{C_{l_c+l} \times I \times J}$ 表示第 l 个残差层的输出特征切片，C_{l_c+l} 为其 channel 数目；$\mathcal{F}(\cdot)$ 为残差层的运算函数；$\varTheta_c^l$ 表示第 l 个残差层的参数集合。特别地，

$\mathbf{X}_c^{(l_c)} \in \mathbb{R}^{t_{l_c} C_{l_c} \times I \times J}$ 是经由 3D 卷积组件的输出 reshape 而得到的。

因此，该组件最后的输出为 $\mathbf{X}_c^{(l_c+l_r)} \in \mathbb{R}^{C_{l_c+l_r} \times I \times J}$，令 $\tilde{\mathbf{X}}_c = \mathbf{X}_c^{(l_c+l_r)}$。

3）再校准组件（RC）

按理说，得到最后的输出 $\tilde{\mathbf{X}}_c$ 即为反映近期时空相关性综合信息的表征，可以作为预测的输入，直接传递给 predictor，但在本研究中，还加入了一个 RC 模块。这个模块的设计，其实最重要的功能是进一步拓展模型的建模能力。按照原始研究的做法，定义一个维度与 $\tilde{\mathbf{X}}_c$ 相同的可学习权重 tensor $\mathbf{W}_c \in \mathbb{R}^{C_{l_c+l_r} \times I \times J}$，然后将 $\tilde{\mathbf{X}}_c$ 的每个通道加权后再加和，从而得到更为综合的表征如下：

$$\bar{\mathbf{X}}_c = \sum_{k=1}^{l_c+l_r} \mathbf{W}_c^k \odot \tilde{\mathbf{X}}_c^k \tag{4-4}$$

式中，$\tilde{\mathbf{X}}_c^k$、$\mathbf{W}_c^k \in \mathbb{R}^{I \times J}$ 为综合特征切片第 k 个通道的特征图；$\odot$ 为 Hadamard 积。

这种操作，相当于"重新校准"了 $\bar{\mathbf{X}}_c$ 的各个 channel 在最终影响预测结果作用中的权重。这种做法进一步表达了不同 channel 特征对预测结果的影响程度，加强了模型的时空特性捕获能力（最直接地反映是增加了可学习的参数 $\mathbf{W}_c \in \mathbb{R}^{C_{l_c+l_r} \times I \times J}$）。但这里有个小问题，按照 channel 加权后得到的综合表征 $\bar{\mathbf{X}}_c$ 是单 channel 的 image，这相当于描述每个网格单元的综合特征仅有一个维度，这种"过度压缩"的表征在一定程度上可能会造成模型建模能力的减弱，所以可以考虑不要直接对 channel 加权后的综合特征做 channel 维度的加和，而是采用常规的卷积操作，得到希望的特征维度，亦即

$$\bar{\mathbf{X}}_c = \mathrm{Conv}\left(\mathbf{W}_c^k \odot \tilde{\mathbf{X}}_c^k\right) \tag{4-5}$$

4.2.2　短期时空相关性捕获模块

该模块负责以短期历史序列 $\mathbf{X}_p$（Weekly Period）为输入，提取其中蕴含的综合时空信息表征。从图 4-1 中可以看出，该模块由 l_p 个 3D 图卷积模块

（3D Conv）和一个再校准模块（RC）构成。其 3D 卷积模块的输出为 $\mathbf{X}_p^{(l_p)} \in \mathbb{R}^{C_{l_p} \times I \times J}$，令 $\bar{\mathbf{X}}_p = \mathbf{X}_p^{(l_p)}$。再校准模块的计算为

$$\bar{\mathbf{X}}_p = \sum_{k=1}^{l_p} \mathbf{W}_p^k \odot \tilde{\mathbf{X}}_p^k \tag{4-6}$$

式中，$\mathbf{W}_p \in \mathbb{R}^{C_{l_p} \times I \times J}$ 为可学习的权重。

4.2.3 特征融合模块

当得到了两个历史交通状态切片序列的综合表征 $\bar{\mathbf{X}}_c$ 和 $\bar{\mathbf{X}}_p$ 之后，按照如下方式将二者融合起来：

$$\mathbf{X}_f = \bar{\mathbf{W}}_{fc}\bar{\mathbf{X}}_c + \bar{\mathbf{W}}_{fp}\bar{\mathbf{X}}_p \mathbf{X}_f \tag{4-7}$$

式中，$\bar{\mathbf{W}}_{fc}$、$\bar{\mathbf{W}}_{fp}$ 为可学习的参数化矩阵。

4.2.4 预测模块

在原始的研究中，该模块直接采用了一个激活函数 $f(\cdot)$，也就是：

$$\hat{\mathbf{X}}_{t+1} = f(\mathbf{X}_f) \tag{4-8}$$

但是，如果按照原始研究的做法，$\mathbf{X}_f$ 只是一个单通道的 image，如果直接这么预测，那么得到的未来每个网格单元的交通状态也只能是 1D 的，而对于要同时预测 inflow 和 outflow 的问题，则需要进行细微调整。这里建议读者参照前面的研究，设计一个小型全连接神经网络作为 predictor。

4.2.5 损失函数

采用均方误差（Mean Square Error）作为该预测模型的损失函数，表达如下：

$$L(\Psi) = \| \mathbf{X}_{t+1} - \hat{\mathbf{X}}_{t+1} \|_2^2 \tag{4-9}$$

式中，$\varPsi$ 为模型可学习的参数集合。

4.3 训练算法

算法 4-1 给出了 ST-3DNet 模型训练算法。其中，1～5 行为训练样本生成的代码，6～11 行为模型训练的代码。

算法 4-1　ST-3DNet 模型训练算法

输入：历史观测 $\mathbf{X}_1,\cdots,\mathbf{X}_n$；临近序列、周序列长度 t_c, t_p；一周中总时间间隔 d_p

输出：ST-3DNet 参数 $\varPsi$

1：$\mathcal{D} \leftarrow \varnothing$

2：for 所有时间间隔 $t\,(1\leqslant t\leqslant n)$ do

3：$\mathbf{X}_c = (\mathbf{X}_{t-t_c+1},\cdots,\mathbf{X}_t)$

4：$\mathbf{X}_p = (\mathbf{X}_{t-t_p*d_p+1},\cdots,\mathbf{X}_{t-d_p+1})$

5：将训练实例 $(\{\mathbf{X}_c,\mathbf{X}_p\},\mathbf{X}_{t+1})$ 放入集合 $\mathcal{D}$ 中

6：end for

7：初始化 ST-3DNet 中的所有待学习参数

8：repeat

9：从集合 $\mathcal{D}$ 中随机选择一批样本实例 $\mathcal{D}_b$

10：利用 $\mathcal{D}_b$ 最小化损失函数，找到参数 $\varPsi$

11：until 满足停止条件，终止循环

4.4 本章小结

本章仅介绍了一项有代表性的研究，它用 3D 卷积替代了 2D 卷积，从而将深度学习在计算机视频处理领域的理论借鉴到短期交通状态预测当中，将卷积的维度从 2D 拓展到 3D，从而提升了对时间维度信息的考察。

第 2 篇
基于深度学习的拓
扑化道路交通状态
时空序列预测

本篇以拓扑化方式组织的数据为基础，讨论基于深度学习的道路交通状态时空序列预测问题。按照对道路交通状态时空序列预测核心问题（亦即时空相关性建模）的主体建模方法的不同，本篇分为 4 章，第 5～7 章分别是基于 1D 图卷积与卷积图神经网络相结合的时空相关性建模、基于循环与卷积图神经网络相结合的时空相关性建模、基于 Self-Attention 与卷积图神经网络相结合的时空相关性建模，第 8 章是基于卷积图神经网络的时空相关性同步建模。

第 **5** 章

基于 1D 图卷积与卷积图神经网络相结合的时空相关性建模

基于 1D 图卷积与卷积图神经网络（Convolutional Graph Neural Network，ConvGNN）相结合的时空相关性建模，是在时间维度上采用 1D 卷积（1D Convolutional Neural Network，1D CNN）进行信息融合编码；在空间维度上，采用卷积图神经网络进行信息融合编码，进而将二者结合，从而完成时空相关性的集成建模。

5.1 STGCN[23]

这项研究是基于 1D 因果卷积（1D Causal Convolution）与 GCN 相结合来完成时空相关性的建模。

5.1.1 问题提出

假定研究区域的路网表示为无向拓扑图 $\mathcal{G} = (\mathcal{V}, \mathcal{E}, \mathbf{A}, \mathbf{D})$，其中，$\mathcal{V}, \mathcal{E}, \mathbf{A}, \mathbf{D}$ 分别表示拓扑图 $\mathcal{G}$ 的顶点集合、连接集合、邻接矩阵和顶点度对角矩阵。此外，定义 $\tilde{\mathbf{D}} = \mathbf{I} + \mathbf{D}$，$\tilde{\mathbf{A}} = \mathbf{I} + \mathbf{A}$。$\forall v \in \mathcal{V}$ 表示一条路段，它也是交通

状态的基本观测单元，$|\mathcal{V}| = n$ 为路网中路段的总数。假定每条路段观测的交通状态的特征维度为 C，那么任意时间段 t 对应的路网交通状态拓扑切片表示为 $\mathbf{X}_t \in \mathbb{R}^{n \times C}$。

问题定义：假定当前时段为 t，给定其历史的 M 个交通状态观测序列 $\mathcal{X}^{\text{hist}} = \{\mathbf{X}_{t-M+1}, \cdots, \mathbf{X}_t\}$，预测未来时段 $t+1$ 的交通状态拓扑切片 $\hat{\mathbf{X}}_{t+1}$，亦即寻找函数 $\mathcal{F}$，使

$$\hat{\mathbf{X}}_{t+1} = \mathcal{F}\left(\mathcal{X}^{\text{hist}}\right) \tag{5-1}$$

5.1.2　模型建立

STGCN 模型的架构如图 5-1（a）所示，由多个（原始研究中是 2 个）ST-Conv Block 组成，每个 ST-Conv Block 层负责提取历史交通状态序列的时空表征；特征变换器（Feature Transformer）负责将最后一个 ST-Conv Block 层输出的高阶时空表征序列转换为最终预测所需要的高阶时空表征切片；预测器（Predictor）负责根据输入的高阶时空表征切片对未来时段的交通状态做出最终预测。下面详细介绍每个组件。

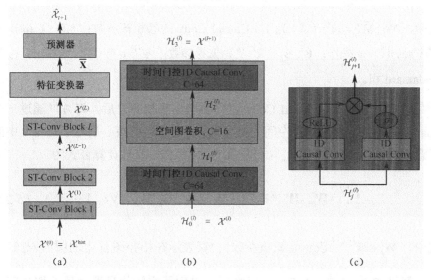

图 5-1　STGCN 模型：STGCN；ST-Conv Block；时间门控 1D Causal Conv

1. ST-Conv Block 组件

ST-Conv Block 组件结合了 1D Causal CNN 和 GCN 对历史交通状态序列的时空相关性进行捕获。关于 1D Causal CNN 和 GCN 的介绍请参照第 3 篇相关内容。

如图 5-1（b）所示，对于第 $l+1$ 个 ST-Conv Block 层，其输入为前一个 ST-Conv Block 层的输出，记为 $\mathcal{H}_0^{(l)} = \mathcal{X}^{(l)} \in \mathbb{R}^{\tau_0^l \times n \times C_0^l}$，其中，$\tau_0^l$ 表示输入特征切片序列的长度，C_0^l 表示输入特征切片每个顶点特征的维度。$\mathcal{H}_0^{(l)}$ 首先通过一个门控的 1D Causal Conv 层，对序列 $\mathcal{H}_0^{(l)}$ 进行时间维度的信息融合，卷积核个数设置为 64，即对时间维度信息融合后得到的输出 $\mathcal{H}_1^{(l)}$，其 channel 数目为 64。假定 1D 卷积核的大小为 K_1^l，在不对输入序列 $\mathcal{H}_0^{(l)}$ 做 padding 的情况下，长度为 τ_0^l 的序列 $\mathcal{H}_0^{(l)}$ 通过门控的 1D Causal Conv 层后得到的输出序列长度将变为 $\tau_1^l = \tau_0^l - K_1^l + 1$，其计算公式如下：

信息聚合： $\tilde{\mathcal{H}}_1^{(l)} = \text{ReLU}\left(\tilde{\mathbf{W}}_{1*\text{1D-Causal}}^l \mathcal{H}_0^{(l)} + \tilde{\mathbf{B}}_1^l\right)$

门控生成： $\bar{\mathcal{H}}_1^{(l)} = \sigma\left(\bar{\mathbf{W}}_{1*\text{1D-Causal}}^l \mathcal{H}_0^{(l)} + \bar{\mathbf{B}}_1^l\right)$

信息聚合输出： $\mathcal{H}_1^{(l)} = \tilde{\mathcal{H}}_1^{(l)} \odot \bar{\mathcal{H}}_1^{(l)}$

式中，$\tilde{\mathbf{W}}_1^l, \bar{\mathbf{W}}_1^l \in \mathbb{R}^{C_1^l \times K_1^l \times C_0^l}$ 为 1D Causal Conv 的卷积核参数；$*\text{1D-Causal}$ 为 1D Causal Conv 操作；$\tilde{\mathbf{B}}_1^l, \bar{\mathbf{B}}_1^l \in \mathbb{R}^{C_1^l \times n}$ 为偏置参数；$\mathcal{H}_1^{(l)} \in \mathbb{R}^{\tau_1^l \times n \times C_1^l}$ 为输出；$\odot$ 为 Hadamard 积。

经过第一个 1D Causal Conv 层得到输出序列 $\mathcal{H}_1^{(l)}$ 后，将 $\mathcal{H}_1^{(l)}$ 通过一个 Spatial Graph Conv 层进行空间的信息聚合。这一层的核心是对序列 $\mathcal{H}_1^{(l)}$ 中的任意分量 $\mathbf{H}_t^{(l)} \in \mathcal{H}_1^{(l)}, \forall t = 1, \cdots, \tau_1^l$ 施加 GCN 操作，具体计算公式为

$$\dot{\mathbf{H}}_t^{(l)} = \mathbf{W}_{2*\mathcal{G}}^l \mathbf{H}_t^{(l)} = \text{ReLU}\left(\tilde{\mathbf{D}}^{-\frac{1}{2}} \tilde{\mathbf{A}} \tilde{\mathbf{D}}^{-\frac{1}{2}} \mathbf{H}_t^{(l)} \mathbf{W}_2^l\right), \forall t = 1, \cdots, \tau_1^l \quad (5\text{-}2)$$

式中，$\mathbf{W}_2^l \in \mathbb{R}^{C_2^l \times C_1^l}$ 表示卷积核参数；$*\mathcal{G}$ 表示在拓扑图 $\mathcal{G}$ 上的图卷积操作。

经过 Spatial Graph Conv 层之后，得到了空间信息聚合后的切片序列

$\mathcal{H}_2^{(l)} = \left\{ \acute{\mathbf{H}}_t^{(l)} \right\}_{t=1}^{\tau_1^l}$。接下来，将 $\mathcal{H}_2^{(l)}$ 再通过一个 1D Causal Conv 层，进一步在时间维度聚合信息，从而得到更高阶的时空表征序列 $\mathcal{H}_3^{(l)}$，将它作为该 ST-Conv Block 层（第 $l+1$ 层）的输出，记为 $\mathcal{X}^{(l+1)} = \mathcal{H}_3^{(l)} \in \mathbb{R}^{\tau_3^l \times n \times C_3^l}$。

2. Feature Transformer 组件

历史交通状态序列经过 L 个 ST-Conv Block 层之后，输出的时空表征序列记为 $\mathcal{X}^{(L)} \in \mathbb{R}^{\tau_3^l \times n \times C_3^l}$。Feature Transformer 组件也是一个 1D Causal Conv 层，负责将这个时空表征序列融合为一个高阶时空表征切片，记为 $\bar{\mathbf{X}} \in \mathbb{R}^{n \times \bar{C}}$。为了做到这一点，需要恰当地指定该层 1D Causal Conv 核的大小 $\bar{K}$，使得 $\bar{K}$ 的大小刚好等于输入序列的长度 τ_3^l。

3. Predictor 组件

得到了融合后的高阶时空表征 $\bar{\mathbf{X}} \in \mathbb{R}^{n \times \bar{C}}$ 之后，就可以对每个顶点共享一个全连接层构成的预测器，从而对每个顶点未来的交通状态做出并行的预测。具体的计算公式为

$$\hat{\mathbf{X}}_{t+1}^i = \mathrm{ReLU}\left(\bar{\mathbf{X}}_i \mathbf{W}_p + \mathbf{b}_p \right), \forall i = 1, \cdots, n \tag{5-3}$$

式中，$\mathbf{W}_p \in \mathbb{R}^{\bar{C} \times C}$、$\mathbf{b}_p \in \mathbb{R}^C$ 为全连接层的参数，$\bar{\mathbf{X}} = \left\{ \bar{\mathbf{X}}_i \right\}_{i=1}^n$，$\hat{\mathbf{X}}_{t+1} = \left\{ \hat{\mathbf{X}}_{t+1}^i \right\}_{i=1}^n$。

5.2 TSSRGCN[32]

这项研究将 1D 膨胀卷积（1D Dilated Convolution，也称为空洞卷积）、谱域扩散卷积与空间域图卷积结合在一起进行时空相关性的建模。其中，1D 膨胀卷积用于实现不同周期（天、周、月等）历史序列的时间维度信息融合，谱域与空间域图卷积用于实现空间维度的信息融合。

研究的特色在于：

（1）在 1D 膨胀卷积中加入了可变形（deformable）操作，从而实现了对

周期性漂移（Period Shifting）的捕获（在 3.1 节中讨论了这个问题）。

（2）在空间信息聚合维度上，不仅考虑了每个顶点的特征值，而且考虑了顶点特征值之间的差异。

（3）在空间信息聚合的维度上，不仅考虑了顶点的特征信息，同时考虑了弧段的静态特征，如车道数、路段长度等。

5.2.1 问题提出

观测区域的路网表示为有向拓扑图 $\mathcal{G} = \left(\mathcal{V}, \mathcal{E}, \mathbf{A}^0, \mathbf{D}^1\right)$，其中，$\mathcal{V}, \mathcal{E}, \mathbf{A}^0, \mathbf{D}^1$ 分别表示拓扑图 $\mathcal{G}$ 的顶点集合、弧段集合、邻接矩阵和加权邻接矩阵。$\forall v \in \mathcal{V}$ 表示一个顶点，它也是交通状态的基本观测单元，$|\mathcal{V}| = N$ 为路网中顶点的总数。历史观测时段从 $t = 1$ 开始，假定当前时段为 $t = T$，所以共有 T 个历史时段的观测数据。每个时段每个顶点观测的交通状态特征数目为 F，因此，任意时段 t 的交通状态拓扑切片表示为 $\mathbf{X}_t \in \mathbb{R}^{N \times F}$，而全部的历史交通状态表示为 $\mathbf{X}^{\text{hist}} = \left(\mathbf{X}_1, \cdots, \mathbf{X}_T\right) \in \mathbb{R}^{T \times N \times F}$。

问题定义：给定历史交通状态观测序列 $\mathbf{X}^{\text{hist}}$，预测未来交通状态序列 $\hat{\mathbf{X}}^{\text{pred}} = \left(\hat{\mathbf{X}}_{T+1}, \cdots, \hat{\mathbf{X}}_{T+\tau}\right) \in \mathbb{R}^{\tau \times N \times F}$，亦即求解下面的优化问题，找到最优的预测函数 Ψ^*：

$$\Psi^* = \arg \min_{\Psi} \left\| \Psi\left(\mathbf{X}^{\text{hist}}\right) - \mathbf{X}^{\text{pred}} \right\|^2 \tag{5-4}$$

5.2.2 模型建立

研究所构建的模型 TSSRGCN（Temporal Spectral Spatial Retrieval Graph Convolution Network）如图 5-2 所示。其中，图 5-2（a）代表输入历史交通状态观测序列 $\mathbf{X}^{\text{hist}}$；接下来将 $\mathbf{X}^{\text{hist}}$ 通过 CBDDC 模块，进行时间维度的信息聚合；之后将 CBDDC 模块的输出作为输入通过 SSRGC 模块，进行空间维度

的信息聚合；最后将 SSRGC 输出的高阶时空表征作为 Prediction 模块的输入，从而获得最终对未来交通状态的预测。下面详细介绍每个模块的内部操作。

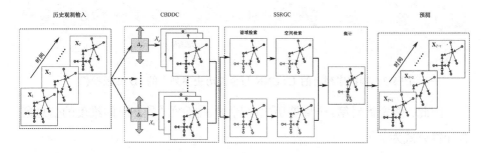

图 5-2　TSSRGCN 模型架构图

1. CBDDC 模块

该模块负责从时间维度融合多个周期历史交通状态序列的信息。在通常情况下，研究者认为待预测时段的交通状态与过去多个周期（如天、周、月等）相同时段的历史交通状态是相关的。假定这里考察 p 个周期的历史交通状态序列，任意第 i 个周期历史序列表示为

$$\mathcal{X}_i = \left\{ \mathbf{X}_{T-M_i \times K_i + 1}, \mathbf{X}_{T-M_i \times (K_i-1)+1}, \cdots, \mathbf{X}_{T-M_i+1} \right\}, \forall i = 1, \cdots, p \qquad (5\text{-}5)$$

式中，K_i、M_i 分别表示序列 $\mathcal{X}_i$ 的长度及第 i 个周期每相邻两个分量之间的时长。$\mathcal{X}_i$ 实际上是每隔 M_i 个时段从所有观测到的历史交通状态构成的序列 $\mathbf{X}^{\text{hist}}$ 中抽取一个时段的观测，一共抽取 K_i 次而得到的。因此，如果采用 1D CNN 对 $\mathcal{X}_i$ 时间维度上的信息进行聚合，那么相当于采用 1D CNN 对 $\mathbf{X}^{\text{hist}}$ 施行时间维度的膨胀卷积（Dilated Convolution），如图 5-3 所示。因此，对于不同周期历史序列在时间维度上的信息聚合，可以等价于在序列 $\mathbf{X}^{\text{hist}}$ 上施加不同膨胀因子（dilatation）的 1D 膨胀卷积，如考察邻近序列时，膨胀因子为 1；考察每天相同时段的序列时，膨胀因子等于一天当中时段的划分数目。

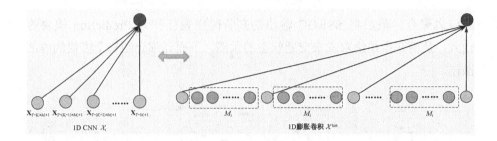

图 5-3　周期序列上的 1D CNN 与全部历史序列上的 1D 膨胀卷积

因此，假定针对第 i 个周期历史序列 $\mathcal{X}_i \in \mathbb{R}^{K_i \times N \times F}$ 的在时间维度的信息聚合计算公式为

$$\bar{\mathbf{X}}_i = \Theta_{i*M_i} \mathcal{X}^{\text{hist}} = \sum_{k=1}^{K_i} \theta_i^k \mathbf{X}_{T-k \times M_i+1} \qquad (5\text{-}6)$$

式中，$\bar{\mathbf{X}}_i \in \mathbb{R}^{N \times F'}$ 为第 i 个周期历史序列在时间维度上的综合表征，$\Theta_i \in \mathbb{R}^{F' \times K_i \times F}$ 是对应第 i 个周期历史序列的卷积核参数，F' 是经过卷积后生成的顶点新特征的维度；$*M_i$ 表示膨胀因子等于 M_i 的 1D 膨胀卷积操作；$\theta_i^k \in \mathbb{R}^{F' \times F}$ 是第 i 个周期历史序列第 k 个分量对应的卷积核参数。

但是正如 3.1 节研究中指出的一样，在一个周期序列中可能发生周期性漂移问题。例如，今天 17 时的交通状态实际上对应着历史天中 16 时 30 分的交通状态，而并非历史天中 17 时的交通状态。这种情况时有发生，城市某个区域的晚高峰往往并不一定发生在一天中的固定某个时段，而是在一个时段范围内波动。为了应对这种周期性漂移问题，研究在 1D 膨胀卷积的基础上，增加了可变形操作，从而实现了 1D 膨胀可变形卷积。具体计算公式为

$$\bar{\mathbf{X}}_i = \Theta'_{i*M_i, \Delta_i} \mathcal{X}^{\text{hist}} = \sum_{k=1}^{K_i} \theta_i^k \mathbf{X}_{T-k \times M_i+1+\Delta_i^k} \qquad (5\text{-}7)$$

式中，$\Theta'_i = \left\{ \Theta_i, \Theta_i^d \right\}$ 为卷积核参数，Θ_i 的意义与式（5-6）相同，为时间维度信息聚合的卷积核参数，Θ_i^d 为序列变形位移量 Δ_i 学习对应的卷积核参数；$*M_i, \Delta_i$ 表示 1D 膨胀可变形卷积操作。

这样，依据上面的公式计算，可以分别得到所考察的 p 个周期历史序列

在时间维度上的综合表征 $\bar{\mathbf{X}}_1,\cdots,\bar{\mathbf{X}}_p$，进一步将它们融合在一起（如拼接），从而得到多周期历史时空综合表征，记为 $\bar{\mathbf{X}}$。

2. SSRGC 模块

该模块负责对输入的历史交通状态综合表征 $\bar{\mathbf{X}}$ 进行空间维度上的信息聚合。该模块分为了两个部分，谱域信息聚合层（Spectral Retrieval Layer）和空间域信息聚合层（Spatial Retrieval Layer）。考虑对目标顶点的交通状态影响，其上游顶点和下游顶点的影响是不同的，在谱域信息聚合层和空间域信息聚合层都分为上游信息聚合和下游信息聚合两个部分。

1）谱域信息聚合层

这一层采用 Li 等人提出的扩散卷积（Diffusion Convolution）实现谱域的拓扑图空间信息聚合。为了下面的叙述，针对拓扑图 $\mathcal{G}$ 做出以下定义。

出度对角矩阵：$\mathbf{D}_d = \mathrm{Diag}\left(\mathbf{A}^0 \mathbf{1}\right)$

标准化出度邻接矩阵：$\mathbf{A}_d = \mathbf{D}_d^{-1} \mathbf{A}^0$

入度对角矩阵：$\mathbf{D}_u = \mathrm{Diag}\left((\mathbf{A}^0)^\mathrm{T} \mathbf{1}\right)$

标准化入度邻接矩阵：$\mathbf{A}_u = \mathbf{D}_u^{-1} \mathbf{A}^0$

实际操作中，空间信息聚合的层可以有多个，也就是叠加多个 SSRGC 模块，从而实现空间更大范围尺度上的信息相关性捕获。这里对于第 l 个 SSRGC 模块的谱域信息聚合层有：

$$
\begin{aligned}
\mathbf{H}_u^l &= \sigma\left(\Theta_u^l(\mathbf{A}_u + \mathbf{I})\mathbf{H}_u^{l-1}\right) \\
\mathbf{H}_d^l &= \sigma\left(\Theta_d^l(\mathbf{A}_d + \mathbf{I})\mathbf{H}_d^{l-1}\right)
\end{aligned}
\tag{5-8}
$$

式中，$\mathbf{H}_u^l$、$\mathbf{H}_d^l$ 分别表示上游信息和下游信息的聚合输出；Θ_u^l、Θ_d^l 分别表示上游信息和下游信息的聚合对应的参数；$\mathbf{H}_u^{l-1}$、$\mathbf{H}_d^{l-1}$ 分别表示第 $l-1$ 个 SSRGC 模块的输出；$\mathbf{H}_u^0 = \mathbf{H}_d^0 = \bar{\mathbf{X}}$。

2）空间域信息聚合层

谱域信息聚合层中，对于任意一个目标顶点而言，充分考虑了其上下游顶点交通状态特征值对其新特征值生成的影响，但是，没有考虑顶点之间连接弧段的特性及顶点之间特征值差异对其新特征值生成的影响。为此，研究又在谱域信息聚合层的后面设计了一个空间域信息聚合层，来整合上下游顶点与目标顶点特征值差异，以及连接弧段特性的信息。

针对任意的目标顶点 v_1，对于任意从它出去的弧段 $v_1 \to v_2$，第 l 个 SSRGC 模块的空间域信息聚合层的计算如下：

$$\mathbf{e}_{d,v_1 \to v_2}^l = f_{\Gamma_d^l}\left(\mathbf{H}_{d,v_1}^l, \mathbf{H}_{d,v_1}^l - \mathbf{H}_{d,v_2}^l, \mathbf{A}_{v_1 \to v_2}^l\right) \tag{5-9}$$

式中，$\mathbf{e}_{d,v_1 \to v_2}^l$ 为以 v_1 作为上游顶点的弧段 $v_1 \to v_2$ 的特征表征；$f_{\Gamma_d^l}(\cdot)$ 为出弧段特征表征函数，Γ_d^l 为对应的参数，它被所有的上游顶点所共享；$\mathbf{H}_{d,v_1}^l$、$\mathbf{H}_{d,v_1}^l - \mathbf{H}_{d,v_2}^l$ 分别表示以 v_1 作为上游顶点的谱域信息聚合层的输出和它与下游顶点谱域信息聚合层输出之差，通过这种差值作为参数的输入，使空间域信息聚合不仅考虑了相邻顶点交通状态的绝对值，还考虑了二者之间的差值；$\mathbf{A}_{v_1 \to v_2}^l$ 表示弧段 $v_1 \to v_2$ 的静态特征。

类似地，对于任意指向目标顶点 v_1 的弧段 $v_3 \to v_1$，第 l 个 SSRGC 模块的空间域信息聚合层的计算如下：

$$\mathbf{e}_{u,v_3 \to v_1}^l = f_{\Gamma_u^l}\left(\mathbf{H}_{u,v_1}^l, \mathbf{H}_{u,v_1}^l - \mathbf{H}_{u,v_3}^l, \mathbf{A}_{v_3 \to v_1}^1\right) \tag{5-10}$$

式中，$\mathbf{e}_{u,v_3 \to v_1}^l$ 为以 v_1 作为下游顶点的弧段 $v_3 \to v_1$ 的特征表征；$f_{\Gamma_d^l}(\cdot)$ 为入弧段特征表征函数，Γ_u^l 为对应的参数，它被所有的上游顶点所共享；$\mathbf{H}_{u,v_1}^l$、$\mathbf{H}_{u,v_1}^l - \mathbf{H}_{u,v_3}^l$ 分别表示以 v_1 作为下游顶点的谱域信息聚合层的输出和它与上游顶点谱域信息聚合层输出之差；$\mathbf{A}_{v_3 \to v_1}^1$ 表示弧段 $v_3 \to v_1$ 的静态特征。

为了降低计算的复杂度，函数 $f_{\Gamma_u^l}(\cdot)$ 和 $f_{\Gamma_d^l}(\cdot)$ 均直接采用无须参数的拼接操作。

3）Aggregation 层

当经过空间域信息聚合层之后，对于任意顶点 $v \in \mathcal{V}$，都得到了对应的出弧段表征 $\left\{\mathbf{e}_{d,v \to z}^{l}\right\}_{z \in \mathcal{N}_d(v)}$ 和入弧段表征 $\left\{\mathbf{e}_{u,z \to v}^{l}\right\}_{z \in \mathcal{N}_u(v)}$，其中 $\mathcal{N}_u(v)$、$\mathcal{N}_d(v)$ 分别表示顶点 v 上游和下游邻接顶点的集合。那么接下来，对于顶点 v 分别从出和入两个角度融合其邻域弧段的表征，计算如下：

$$
\begin{aligned}
\mathbf{H}_{d,v}^{l} &= \bigcup_{z \in \mathcal{N}_d(v)} \psi_1^l \mathbf{e}_{d,v \to z}^l + \bigcup_{z \in \mathcal{N}_u(v)} \psi_2^l \mathbf{e}_{d,z \to v}^l \\
\mathbf{H}_{u,v}^{l} &= \bigcup_{z \in \mathcal{N}_d(v)} \psi_1^l \mathbf{e}_{u,v \to z}^l + \bigcup_{z \in \mathcal{N}_u(v)} \psi_2^l \mathbf{e}_{u,z \to v}^l
\end{aligned}
\tag{5-11}
$$

式中，$\bigcup$ 表示聚合操作，可以是求最大值，也可以是求平均值；ψ 为聚合参数，可以通过学习得到。

进一步将 $\mathbf{H}_{d,v}^{l}$ 和 $\mathbf{H}_{u,v}^{l}$ 均拼接在一起构成 $\mathbf{H}_v^l$。假定有 L 个 SSRGC 模块，那么所有模块的输出表示为 $\left\{\mathbf{H}^l\right\}_{l=1,\cdots,L}$，进一步通过 Skip Connection 的方式将这些不同阶的时空表征进一步拼接为最终的用于预测的时空表征，即 $\mathbf{H} = \oplus_{l=1,\cdots,L}\left\{\mathbf{H}^l\right\}$（$\oplus$ 为拼接操作）。

4）Prediction 模块

该模块负责接收时空综合表征 $\mathbf{H}$ 作为输入，对未来的交通状态做出预测。首先，通过大小为 1×1、特征维度为 F_s 的图卷积核对 $\mathbf{H}$ 进行变换，得到 $N \times F_s$ 的 tensor。这一步的变换是因为 $\mathbf{H}$ 的特征维度可能非常大，不利于做最终的预测，而 F_s 是一个相对合适的大小。

对于预测而言，对每个顶点共享一个若干层全连接层构成的全连接神经网络，以特征维度变换后的时空表征为输入，预测未来若干个时段的交通状态。

5.3 Graph Wave Net[33]

这是一项 1D 因果膨胀卷积与图卷积相结合进行时空相关性建模的研究，其主要特色在于以下两点。

（1）采用 1D 因果膨胀卷积进行时间维度的信息聚合。这样可以通过很少的叠加层，捕获更长的交通状态序列。以往的研究中，捕获时间维度的相关性（本书中也称为时间维度的信息聚合）一般采用 RNN 类模型或者普通的 1D 因果卷积模型。前者在对较长的时间序列进行信息融合时，容易出现计算效率较低（串行、所需内存大等）及梯度消失的问题；而后者的问题是，神经元的视野是随着层数的上升而线性上升的，就需要叠加很多层才能使更高层的神经元拥有更大的视野（也就是更高层的神经元才可能捕获较长的时间序列全部的信息），但是 1D 因果膨胀卷积则不同，由于有了膨胀操作，它的神经元视野随着层数的增加可以成指数级增长，这样可以利用较少的层对较长的时间序列进行信息融合。

（2）引入了两个可学习的参数矩阵。以往图卷积只能在观测顶点原有的拓扑关系上捕获空间相关性，在此基础之上，扩展到可以进一步整合不依赖拓扑连接关系的潜在全局空间相关性，从而更为细致地进行空间相关性建模。

5.3.1 问题提出

给定一个考察的空间网络拓扑图（有向图）$\mathcal{G} = (\mathcal{V}, \mathcal{E}, \mathbf{A})$，$\mathcal{V}$ 为网络顶点集合，$\mathcal{E}$ 为弧段集合（$|\mathcal{V}| = N$），$\mathbf{A} \in \mathbb{R}^{N \times N}$ 为邻接矩阵。任意时段 t 的交通状态拓扑切片记为 $\mathbf{X}_t \in \mathbb{R}^{N \times D}$，其中 D 为每个顶点的交通状态观测特征维度。

问题定义：给定历史的交通状态观测序列 $\mathbf{X} = (\mathbf{X}_{t-S+1}, \cdots, \mathbf{X}_t) \in \mathbb{R}^{N \times D \times S}$，预测未来的 $\hat{\mathbf{X}} = (\hat{\mathbf{X}}_{t+1}, \cdots, \hat{\mathbf{X}}_{t+T}) \in \mathbb{R}^{N \times D \times T}$，亦即寻找函数 $\mathcal{F}$ 实现下面的映射关系。

$$\mathcal{F} : \mathbf{X} \rightarrow \hat{\mathbf{X}} \tag{5-12}$$

5.3.2　模型建立

图 5-4（a）给出了图波网络（Graph Wave Net）模型。其中，左侧部分为时空特征学习器（ST-Feature Learner），用于从历史交通状态序列中提取时空相关性的高阶表征；右侧为预测器（predictor），用于以高阶时空表征为输入，对未来交通状态做出预测。下面分别详细介绍模型的各个组件。

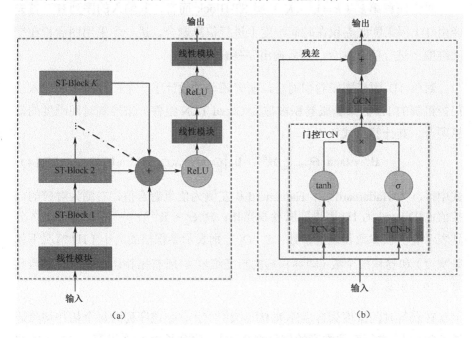

图 5-4　图波网络模型：（a）图波网络模型；（b）ST-Block

1. 时空特征学习器

该组件负责提取历史交通状态序列中的时空相关性高阶表征。输入的历史交通状态序列，首先通过一个全连接层，即图 5-4（a）中的线性模块，进行特征维度的变换，计算公式如下：

$$\dot{\mathbf{X}}(i,:,t) = \mathrm{ReLU}\left(\mathbf{W}_1\mathbf{X}(i,:,t) + \mathbf{b}_1\right), \forall i = 1,\cdots,N; t = 1,\cdots,S \qquad (5\text{-}13)$$

式中，$\mathbf{W}_1 \in \mathbb{R}^{D \times D'}$；$\mathbf{b}_1 \in \mathbb{R}^{D'}$ 是可学习参数；D' 为变换后的特征维度。

经过特征维度变换后得到的历史交通状态序列 $\dot{\mathbf{X}} \in \mathbb{R}^{N \times D' \times S}$ 被输入到多个时空特征提取模块（ST-Block）中，每个 ST-Block 的内部构造如图 5-4（b）所示。第 k（$k=1,\cdots,K$）层 ST-Block 的输入和输出分别记为 $\mathbf{H}^{k-1} \in \mathbb{R}^{N \times D_{k-1} \times L_{k-1}}$ 和 $\mathbf{H}^k \in \mathbb{R}^{N \times D_k \times L_k}$，其中，$D_k$、$L_k$ 分别表示第 k 层 ST-Block 输出的拓扑切片每个顶点的特征维度和拓扑切片序列的长度。此外，$\mathbf{H}^0 = \dot{\mathbf{X}}$。

对于任意第 k（$k=1,\cdots,K$）层 ST-Block 而言，其输入的序列 $\mathbf{H}^{k-1}$ 首先经由 1D 因果膨胀卷积在时间维度上进行信息融合，进一步采用图卷积在空间维度上进行信息融合，最后输出序列 $\mathbf{H}^k$。

对于 1D 因果膨胀卷积而言，研究还单独设计了一个门控机制（融入了门控机制的 1D 因果膨胀卷积被称为 Gated TCN 组件）来控制时间维度的信息融合，其计算公式如下：

$$\mathbf{H}_1^k = \tanh\left(\Theta_{1*\text{Dilated}}\mathbf{H}^{k-1} + \mathbf{b}_1\right) \odot \sigma\left(\Theta_{2*\text{Dilated}}\mathbf{H}^{k-1} + \mathbf{b}_2\right) \tag{5-14}$$

式中，$\odot$ 为 Hadamard 积；Hadamard 积左侧为信息融合值，右侧为对应的门控值；*Dilated 为 1D 因果膨胀卷积操作；$\Theta_1,\Theta_2 \in \mathbb{R}^{D'_k \times S_k \times D_{k-1}}$ 和 $\mathbf{b}_1,\mathbf{b}_2 \in \mathbb{R}^{D'_k}$ 分别表示卷积核参数和偏置参数；S_k, D'_k 分别表示卷积核的大小（1D 情况下就是宽度）和卷积核个数（即卷积后的特征维度），所有拓扑切片的所有顶点共享这些卷积核参数。

在获得时间维度聚合后序列 $\mathbf{H}_1^k \in \mathbb{R}^{N \times D'_k \times L_k}$，令该序列的每个拓扑切片通过 GCN 层，进行空间维度的信息聚合。注：序列长度 L_k 在没有 padding 的情况下，取决于膨胀因子的设定，膨胀因子越大，它的取值就越小。

时空相关性建模中，对于拓扑图上空间维度顶点信息的聚合而言，扩散卷积（Diffusion Convolution）（Li 等，2018）被认为是一种非常有效的图卷积方法，它可以针对有向拓扑图，从"出"和"入"两个方向对顶点的信息进行融合，针对本研究的特定问题，其计算公式表达如下：

$$\mathbf{H}_{2,t}^k = \sum_{m=0}^{M} \mathbf{P}_u^m \mathbf{H}_{1,t}^k \mathbf{W}_u^k + \sum_{m=0}^{M} \mathbf{P}_d^m \mathbf{H}_{1,t}^k \mathbf{W}_d^k, \forall t, 1, \cdots, L_k \tag{5-15}$$

式中，$\mathbf{H}_{2,t}^k \in \mathbb{R}^{N \times D_k}$ 为序列 $\mathbf{H}_1^k$ 的第 t 个分量 $\mathbf{H}_{1,t}^k$ 经过 GCN 层空间信息聚合后的输出；等式右端加号左侧和右侧分别为沿着"入"和"出"两个方向进行的信息聚合，其中 $\mathbf{P}_u^m = \left(\mathbf{D}_u^{-\frac{1}{2}} \mathbf{A}^{\mathrm{T}} \mathbf{D}_u^{-\frac{1}{2}} \right)^m$、$\mathbf{P}_d^m = \left(\mathbf{D}_d^{-\frac{1}{2}} \mathbf{A} \mathbf{D}_d^{-\frac{1}{2}} \right)^m$ 分别表示 m 阶"入"和"出"转移矩阵（Transition Matrix），$\mathbf{D}_u$、$\mathbf{D}_d$ 分别为入度和出度对角矩阵；$\mathbf{W}_u^k, \mathbf{W}_d^k \in \mathbb{R}^{D_k \times D_k}$ 分别为"入"和"出"两个方向扩散卷积核参数。

正如前面所分析的，这种基于扩散卷积的空间信息融合只考虑了原有的拓扑连接关系，但实际上顶点的空间相关性有时并不一定完全依赖固有的拓扑连接，有时没有连接的两个顶点信息可能高度相关，而有时有连接的两个顶点信息关联性却不大。为此，本研究引入了两个可学习的参数矩阵，相当于在所有顶点之间建立起了一种可学习的与原始拓扑连接无关的隐含空间关联矩阵。具体为：为每个顶点初始化一个 C 维的特征向量，从而得到所有顶点的特征矩阵，记为 $\mathbf{E}_1, \mathbf{E}_2 \in \mathbb{R}^{N \times C}$，基于该特征矩阵，按照下式计算一个隐含全局空间关联矩阵 $\mathbf{A}_{\mathrm{apt}} \in \mathbb{R}^{N \times N}$：

$$\mathbf{A}_{\mathrm{apt}} = \mathrm{Softmax}\left(\mathrm{ReLU}\left(\mathbf{E}_1 \mathbf{E}_2^{\mathrm{T}} \right) \right) \tag{5-16}$$

式中，Softmax 是对括号内矩阵每行元素所作的操作，保证 $\mathbf{A}_{\mathrm{apt}}$ 每行元素相加等于 1。

$\mathbf{A}_{\mathrm{apt}} \in \mathbb{R}^{N \times N}$ 相当于独立于原有拓扑关系以外的一个潜在的空间关联矩阵，它的值描述了某个顶点与另外一个顶点的连接情况，是一种特殊的邻接矩阵，因此接下来，在原有扩散卷积的基础上，进一步融合基于这种特殊邻接矩阵的空间信息融合，计算公式如下：

$$\mathbf{H}_{2,t}^k = \sum_{m=0}^M \mathbf{P}_u^m \mathbf{H}_{1,t}^k \mathbf{W}_u^k + \sum_{m=0}^M \mathbf{P}_d^m \mathbf{H}_{1,t}^k \mathbf{W}_d^k + \sum_{m=0}^M \left(\mathbf{A}_{\mathrm{apt}} \right)^m \mathbf{H}_{1,t}^k \mathbf{W}_{\mathrm{apt}}^k, \forall t = 1, \cdots, L_k \tag{5-17}$$

这样，就得到了第 k 层 ST-Block 中 GCN 组件的输出序列 $\mathbf{H}_2^k = \left(\mathbf{H}_{2,1}^k, \cdots, \mathbf{H}_{2,L_k}^k \right) \in \mathbb{R}^{N \times D_k \times L_k}$。进一步，通过 Skip Connection 操作，将 $\mathbf{H}_1^k$ 和 $\mathbf{H}_2^k$ 拼接在一起作为该层的最终输出 $\mathbf{H}^k$。

为了在更好地预测时整合高阶和低阶的时空特征，研究通过 Skip Connection 操作，将每层 ST-Block 的输出都拼接在一起共同作为预测器（predictor）的输入。当然，每层 ST-Block 的输出都是一个拓扑切片序列，在不同层的输出拼接之前，同一层的切片序列需要融合为一个切片。

2. Predictor

当得到了由低阶和高阶时空表征拼接之后形成的最终时空表征之后（将这个综合的时空表征记为 $\bar{\mathbf{H}} \in \mathbb{R}^{N \times D'}$），将其通过具有两层的全连接网络（predictor）对未来的交通状态做出预测。第一个全连接层可以被视为特征维度的变换，即将综合时空表征的特征维度变换到合适的维度上，第二个全连接层做出最终预测。

5.4 ASTGCN[34]

这项研究综合利用 1D CNN、图卷积与注意力机制实现对拓扑化数据的时空相关性建模。1D CNN 和图卷积分别从时间和空间维度进行高阶表征的提取，而注意力机制则分别融入这两者之中，进一步拓展这两者的信息表征能力。

5.4.1 问题提出

给定网络拓扑图（无向图）$\mathcal{G} = (\mathcal{V}, \mathcal{E}, \mathbf{A})$，$\mathcal{V}$ 为网络顶点集合，$\mathcal{E}$ 为弧段集合（$|\mathcal{V}| = N$），$\mathbf{A} \in \mathbb{R}^{N \times N}$ 为邻接矩阵。时段 t 对应的交通状态拓扑切片表示为 $\mathbf{X}_t \in \mathbb{R}^{N \times C}$，$C$ 为每个顶点的交通状态观测特征维度。

问题定义：对于当前时段 t_0，试图找到一个函数 $\mathcal{F}$，给定 t_0 及其之前 T_h 个时段的历史交通状态观测拓扑切片序列和路网拓扑结构，预测未来 T_p 个时段内的交通状态拓扑切片，数学表示如下：

$$\hat{\mathcal{X}} = \mathcal{F}\left(\mathcal{X}; \mathcal{G}\right) \tag{5-18}$$

式中，$\mathcal{X} = \left\{\mathbf{X}_t\right\}_{t=t_0-T_h+1}^{t_0} \in \mathbb{R}^{N \times C \times T_h}$，$\hat{\mathcal{X}} = \left\{\hat{\mathbf{X}}_t\right\}_{t=t_0+1}^{t_0+T_p} \in \mathbb{R}^{N \times C \times T_p}$。

5.4.2　模型建立

ASTGCN 模型整体架构如图 5-5 所示。研究假定未来的交通状态与过去 3 个周期历史交通状态序列有关，它们分别是与预测时段所处同一天的紧邻历史交通状态序列（Recent Series of Flow，记为 $\mathcal{X}_R$）、紧邻历史天中与预测时段相同时段的历史交通状态序列（Daily Periodic Series，记为 $\mathcal{X}_D$）和紧邻历史周中与预测时段同天同时段的历史交通状态序列（Weekly Periodic Series，记为 $\mathcal{X}_W$）。所以，所建立的深度学习模型整体上以这 3 股交通状态序列为输入，然后分别通过一系列的 ST-Block 模块，捕获每股交通流序列的时空相关性，

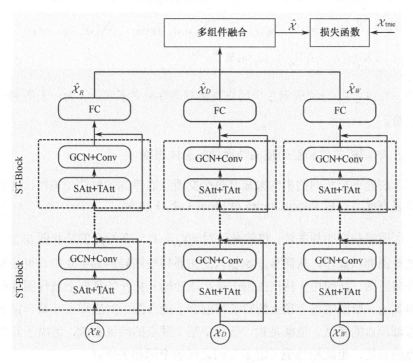

图 5-5　ASTGCN 模型整体架构

进而生成每股交通流的综合特征表达（高阶特征），最后，通过加权融合的方式，将这 3 股交通流序列的综合特征进行融合，最终基于融合后的特征做出对未来交通的预测。

1. 历史交通状态序列定义

Recent Series of Flow 表示为

$$\mathcal{X}_R = \left\{ \mathbf{X}_t \mid t = t_0 - T_R + 1, \cdots, t_0 \right\} \in \mathbb{R}^{N \times C \times T_R}$$

Daily Periodic Series 表示为

$$\mathcal{X}_D = \Big\{ \mathbf{X}_{t_0+1-T_D*q}, \cdots, \mathbf{X}_{t_0+T_p-T_D*q}, \mathbf{X}_{t_0+1-(T_D-1)*q}, \cdots, \mathbf{X}_{t_0+T_p-(T_D-1)*q}, \cdots,$$
$$\mathbf{X}_{t_0+1-q}, \cdots, \mathbf{X}_{t_0+T_p-q} \Big\} \in \mathbb{R}^{N \times C \times T_D}$$

Weekly Periodic Series 表示为

$$\mathcal{X}_W = \Big\{ \mathbf{X}_{t_0+1-T_W*7*q}, \cdots, \mathbf{X}_{t_0+T_p-T_W*7*q}, \mathbf{X}_{t_0+1-(T_W-1)*7*q}, \cdots, \mathbf{X}_{t_0+T_p-(T_W-1)*7*q}, \cdots,$$
$$\mathbf{X}_{t_0+1-7*q}, \cdots, \mathbf{X}_{t_0+T_p-7*q} \Big\} \in \mathbb{R}^{N \times C \times T_W}$$

式中，T_R、T_D、T_W 分别表示 3 个历史交通状态序列的长度，q 为一天所划分的时段数。

2. 时间相关性和空间相关性建模的总体思路

本研究采用相同的机制来捕获每个交通状态序列的时空相关性，这里为了阐述方便，仅以 Recent Series of Flow（$\mathcal{X}_R$）为例。

所谓捕获空间相关性，也就是针对 $\forall \mathbf{X}_t \in \mathcal{X}_R$，在给定的拓扑图 $\mathcal{G}$ 上，对其进行图卷积操作，从而将原始输入的拓扑特征图转换为更高阶、更抽象的拓扑特征图。新的拓扑特征图由于是在原始输入拓扑特征图上施行图卷积操作得到的，新图中每个顶点的特征都融合了输入图中对应顶点及其一定范围内邻域顶点的特征。也就是说，新图中某个顶点的特征生成，考虑了其邻域顶点的特征，也就相当于考虑了它们之间的空间相关性。

所谓捕获时间相关性，通常情况下对于一个时间序列而言，大多采用基于 RNN 及其变体（如 LSTM、GRU 等）的循环神经网络对时间序列的每个分量依次进行编码。这种方式固然可行，但是 RNN 的串行计算方式决定了其计算效率较低，而且容易出现梯度消失的问题。因此，这里考虑用沿着时间维度的 1D 卷积操作替代 RNN，卷积操作的计算效率远高于 RNN。需要注意的是，这里采用的 1D 卷积是标准的卷积操作，而非和本章前面几节的研究那样采用了因果卷积。严格意义上讲，采用标准 1D 卷积而非 1D 因果卷积是有问题的，因为一个特定时刻的交通状态信息只与它之前的交通状态信息相关，而并不受以后的交通状态影响，因此严格来说应该使用 1D 因果卷积。

本研究中，在进行空间图卷积时采用的是 GCN。由于在原始的 GCN 中，针对某个顶点的图卷积操作，其邻域顶点的特征聚合时权重大小是一样的，也就是所有邻域顶点的地位平等，这就极大地限制了模型的解释能力，因为在现实中，不同邻域顶点对目标顶点的影响不可能相同。为此，在 GCN 中整合了空间注意力机制，目的是卷积操作时，为不同邻域顶点分配不同的权重，后面会详细介绍。

此外，在时间维度上，同样采用了 Self-Attention 的机制，对 $\mathcal{X}_R$ 在时间维度上进行编码，从而将 $\mathcal{X}_R$ 中每个时间分量切片信息与其他时间分量切片信息融合，生成该时间分量的新切片。然后，在新的拓扑切片序列上再施加 1D 卷积，最终形成时间维度的综合表征。可以将 Self-Attention 的编码理解为全时间序列的编码，因为它考察了整个输入序列的全部信息，而 1D 卷积则是局部时间序列的编码。

3. 空间注意力和时间注意力（SAtt+TAtt）

1）空间注意力

对于任意一层（如第 r 层）ST-Block 模块而言，它的输入是上一层（也就是第 $r-1$ 层）的输出，即 $\mathcal{X}_R^{(r-1)} \in \mathbb{R}^{N \times C_{r-1} \times T_{r-1}}$。其中，$C_{r-1}$、$T_{r-1}$ 分别为上一个 ST-Block 层输出拓扑特征图的通道数（也就是特征维度）和序列长度。特别地，$C_0 = C, T_0 = T_R, \mathcal{X}_R^{(0)} = \mathcal{X}_R$。

在第 r 层 ST-Block 模块接收到输入 $\mathcal{X}_R^{(r-1)}$ 时，首先计算每个顶点与它邻域顶点的注意力系数。按照注意力系数的计算惯例，需要以每个顶点的特征（相当于 Query）和其邻域顶点的特征（相当于 Value）共同作为输入。而注意到在序列 $\mathcal{X}_R^{(r-1)} = \left\{ \mathbf{X}_{R,1}^{(r-1)}, \cdots, \mathbf{X}_{R,T_{r-1}}^{(r-1)} \right\}$ 中，对于任意一个顶点，每个时刻分量的拓扑特征图中都存在着它对应的特征和邻域顶点对应的特征，是不是对每个顶点都要计算 T_p 组注意力系数呢？当然可以。但是，原始研究中作者并没有这样做，而是综合了全部时刻的信息，计算一组空间注意力系数。同时，原则上对任何一个顶点，只需要计算与它相邻的顶点之间的注意力系数，但原文在这里计算了它与其他全部顶点（含自身）之间的注意力系数（相当于全局空间注意力），这样计算得到的注意力系数矩阵的大小为 $N \times N$，具体计算公式如下（这里对原文的计算公式进行了少量修改）：

注意力分数矩阵：$\mathbf{S} = \left(\mathcal{X}_R^{(r-1)} \mathbf{W}_R^1 \right) \mathbf{W}_R^2 \left(\mathcal{X}_R^{(r-1)} \mathbf{W}_R^3 \right)^{\mathrm{T}}$

注意力系数矩阵：$\alpha_{ij} = \dfrac{\exp(\mathbf{S}_{ij})}{\displaystyle\sum_{k=1}^{N} \exp(\mathbf{S}_{ik})}, \forall i, j = 1, \cdots, N$

式中，$\mathbf{S}, \alpha \in \mathbb{R}^{N \times N}$，$\mathbf{W}_R^1, \mathbf{W}_R^3 \in \mathbb{R}^{T_{r-1}}$、$\mathbf{W}_R^2 \in \mathbb{R}^{C_{r-1} \times C_{r-1}}$ 均为可学习参数。$\mathcal{X}_R^{(r-1)} \mathbf{W}_R^1, \mathcal{X}_R^{(r-1)} \mathbf{W}_R^3$ 这两项可以理解为：将 3D tensor $\mathcal{X}_R^{(r-1)}$ 在时间维度上赋予不同时间分量切片以不同的权重，然后加权融合，最终去掉时间维度。在后面，会介绍如何将这个空间注意力系数矩阵 α 融合到图卷积中。

2）时间注意力

前面提到，这个时间注意力的计算与 Self-Attention 的计算原理相同。对于输入的时间序列 $\mathcal{X}_R^{(r-1)} = \left\{ \mathbf{X}_{R,1}^{(r-1)}, \cdots, \mathbf{X}_{R,T_{r-1}}^{(r-1)} \right\}$，将任意时刻分量的切片作为 Query，其他时刻（含自身）切片作为 Value，计算时间注意力系数如下：

注意力分数矩阵：$\mathbf{E} = \left(\mathcal{X}_R^{(r-1)} \mathbf{U}_R^1 \right) \mathbf{U}_R^2 \left(\mathcal{X}_R^{(r-1)} \mathbf{U}_R^3 \right)^{\mathrm{T}}$

注意力系数矩阵：$\beta_{ij} = \dfrac{\exp(\mathbf{E}_{ij})}{\displaystyle\sum_{k=1}^{N} \exp(\mathbf{E}_{ik})}, \forall i, j = 1, \cdots, T_{r-1}$

式中，$\mathbf{E}, \boldsymbol{\beta} \in \mathbb{R}^{T_{r-1} \times T_{r-1}}$，$\mathbf{U}_R^1, \mathbf{U}_R^3 \in \mathbb{R}^N$、$\mathbf{U}_R^2 \in \mathbb{R}^{C_{r-1} \times C_{r-1}}$ 均为可学习参数。$\mathcal{X}_R^{(r-1)} \mathbf{U}_R^1$，$\mathcal{X}_R^{(r-1)} \mathbf{U}_R^3$ 这两项可以理解为：将 3D tensor $\mathcal{X}_R^{(r-1)}$ 在空间维度上赋予不同顶点分量切片以不同的权重，然后融合，最终去掉空间维度。

有了时间注意力矩阵 $\boldsymbol{\beta}$ 之后，直接将其作用在输入时间序列 $\mathcal{X}_R^{(r-1)} = \left\{ \mathbf{X}_{R,1}^{(r-1)}, \cdots, \mathbf{X}_{R,T_{r-1}}^{(r-1)} \right\}$ 之上，产生新的输入时间序列，即

$$\hat{\mathcal{X}}_R^{(r-1)} = \left\{ \hat{\mathbf{X}}_{R,1}^{(r-1)}, \cdots, \hat{\mathbf{X}}_{R,T_{r-1}}^{(r-1)} \right\} \tag{5-19}$$

式中，$\hat{\mathbf{X}}_{R,t}^{(r-1)} = \sum_{\tau=1}^{T_{r-1}} \left(\mathbf{X}_{R,\tau}^{(r-1)} \cdot \boldsymbol{\beta}_{t\tau} \right), \forall t = 1, \cdots, T_{r-1}$。

4. 时空信息图卷积（ST-Block）

ASTGCN 时空信息融合示意图如图 5-6 所示。

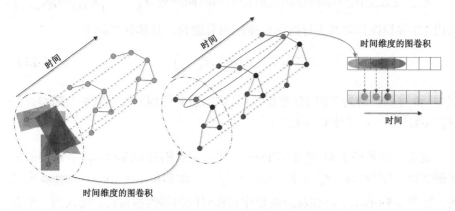

图 5-6　ASTGCN 时空信息融合示意图

1）空间图卷积

针对经过时间注意力模块处理的输入时间序列 $\hat{\mathcal{X}}_R^{(r-1)} = \left\{ \hat{\mathbf{X}}_{R,1}^{(r-1)}, \cdots, \hat{\mathbf{X}}_{R,T_{r-1}}^{(r-1)} \right\}$ 中的任何一个时间分量切片 $\hat{\mathbf{X}}_{R,t}^{(r-1)}, \forall t = 1, \cdots, T_{r-1}$，施加图卷积操作，从而融合每个顶点及其邻域顶点的空间特征。这里，采用的是 Kipf 和 Welling（2017）提出的逐层图卷积方法（详见第 3 篇相关内容）。

$$\tilde{\mathbf{X}}_{R,t}^{(k)} = \text{ReLU}\left(\tilde{\mathbf{D}}^{-\frac{1}{2}} \left(\tilde{\mathbf{A}} \odot \boldsymbol{\alpha} \right) \tilde{\mathbf{D}}^{-\frac{1}{2}} \tilde{\mathbf{X}}_{R,t}^{(k-1)} \mathbf{W}_{R,\text{GCN}}^{(k-1)} \right), \forall k = 1, \cdots, K \qquad (5\text{-}20)$$

式中，K 为 GCN 的层数（也就是每个顶点能够融合 K 阶邻域范围内的顶点特征信息），$\tilde{\mathbf{X}}_{R,t}^{(0)} = \hat{\mathbf{X}}_{R,t}^{(r-1)}$，$\tilde{\mathbf{A}} \odot \boldsymbol{\alpha}$ 表示融合了空间注意力的邻接矩阵。作者认为这里有个问题，尽管这种表达使得每个顶点按照注意力系数的大小，不同程度地整合其邻域顶点的特征信息，但是按照 $\boldsymbol{\alpha}$ 的计算方式，每个顶点与其邻域顶点（含自身）的注意力系数加和不等于 1，而是与所有其他顶点（包括邻域顶点和非邻域顶点的全部顶点）的注意力系数加和才等于 1，这在某种程度上并不合理。$\mathbf{W}_{R,\text{GCN}}^{(k-1)} \in \mathbb{R}^{C_{r-1}^{k-1} \times C_{r-1}^{k}}$ 表示第 $k-1$ 层的多个卷积核。

2）时间 1D 卷积

对于经过空间图卷积模块之后得到的时间序列 $\tilde{\mathcal{X}}_R^{(r-1)} = \left\{ \tilde{\mathbf{X}}_{R,1}^{(K)}, \cdots, \tilde{\mathbf{X}}_{R,T_{r-1}}^{(K)} \right\}$，采用 1D 卷积操作对其进行时间维度的信息融合，具体计算如下：

$$\mathcal{X}_R^{(r)} = \text{ReLU}\left(\boldsymbol{\Phi} * \tilde{\mathcal{X}}_R^{(r-1)} \right) \qquad (5\text{-}21)$$

式中，$\boldsymbol{\Phi}$ 可以理解为多层 1D 卷积核，具体的层数等均为可以调整的超参数；$\mathcal{X}_R^{(r)} \in \mathbb{R}^{N \times C_r \times T_r}$，其中 $C_r = C_{r-1}^K$。

设定一共堆叠了 M 层 ST-Block 模块，那么临近交通状态序列最终的高阶融合特征序列为：$\mathcal{X}_R^{(1)} + \mathcal{X}_R^{(2)} +, \cdots, + \mathcal{X}_R^{(M)}$（连加是由 Skip Connection 实现的，如图 5-5 所示）。将该高阶表征序列在时间的维度拼接后，输入到一个全连接神经网络（FC）中，从而保证其输出与要预测的目标 tensor 的 shape 是一致的，即

$$\hat{\mathcal{X}}_R = \text{FC}\left(\mathcal{X}_R^{(1)} + \mathcal{X}_R^{(2)} +, \cdots, + \mathcal{X}_R^{(M)} \right) \qquad (5\text{-}22)$$

式中，FC 为序列中每个切片的每个顶点所共享。

5. 组件融合

上面讲解了对临近交通状态序列 $\mathcal{X}_R$ 的建模过程，对天周期交通状态序

列 $\mathcal{X}_D$ 和周周期交通状态序列 $\mathcal{X}_W$ 的建模方式是一样的。由此，针对当前时刻 t_0 以前的 3 个历史交通状态序列输入，可以分别得到 3 个分量预测，即 $\hat{\mathcal{X}}_R, \hat{\mathcal{X}}_D, \hat{\mathcal{X}}_W$。这里，采用加权融合的方式，将这 3 个预测分量进行融合，从而得到最终的预测 $\hat{\mathbf{Y}}$：

$$\hat{\mathcal{X}} = \mathbf{W}_{R,\text{fusion}} \odot \hat{\mathcal{X}}_R + \mathbf{W}_{D,\text{fusion}} \odot \hat{\mathcal{X}}_D + \mathbf{W}_{W,\text{fusion}} \odot \hat{\mathcal{X}}_W \qquad （5\text{-}23）$$

式中，$\mathbf{W}_{R,\text{fusion}}$、$\mathbf{W}_{D,\text{fusion}}$、$\mathbf{W}_{W,\text{fusion}}$ 均为可学习参数化矩阵。

5.5　本章小结

　　本章介绍了几项有代表性的基于 1D 图卷积与卷积图神经网络相结合的拓扑化时空交通状态预测深度学习模型的研究。1D 图卷积，尤其是 1D 因果图卷积能够实现对一个序列数据的时间维度信息融合，而且由于卷积计算的并行本质，因此其计算效率相对同样用于时间维度信息融合的循环类神经网络更加高效。尤其是膨胀操作、变形操作等的引入，使 1D 因果卷积更加强大，能够更高效地捕获更大范围的空间相关性和相应的时间维度的周期性漂移。

第**6**章

基于循环与卷积图神经网络
相结合的时空相关性建模

　　既然在拓扑化数据上进行深度预测模型建立的核心是从历史的拓扑切片序列中提取时空相关性高阶表征，那么针对序列，不管是拓扑化的切片序列还是网格化的切片序列，时间维度的信息表征提取自然想到的就是循环神经网络。只不过在空间维度信息表征提取上，网格化数据采用主要是 CNN，而拓扑化数据则主要使用各种图卷积（ConvGNN）。本章介绍若干有代表性的循环神经网络与 ConvGNN 相结合的拓扑化数据时空相关性建模相关研究，关于这种建模方式的研究有很多，因为循环与图卷积相结合的建模方式是研究者在针对时空相关性建模中首先想到的思路。

6.1　AGC–Seq2Seq[35]

　　这项研究是基于深度学习模型的交通速度预测。研究整合了门控循环单元（GRU）与图卷积进行时空相关性建模，整体上的预测模型采用了 Encoder-Decoder 架构，并融合了注意力机制。

6.1.1　问题提出

1. 变量定义

给定路网拓扑图（无向图）$\mathcal{G} = (\mathcal{V}, \mathcal{E}, \mathbf{A})$，$\mathcal{V}$ 为路网交通速度观测顶点集合，令 $|\mathcal{V}| = N$，$\mathcal{E}$ 为速度观测顶点之间的弧段集合，$\mathbf{A}$ 为邻接矩阵，定义如下：

$$\mathbf{A}_{ij} = \begin{cases} 1, & i \text{ 与 } j \text{ 相连} \\ 0, & \text{其他} \end{cases}, \quad \forall i, j \in \mathcal{V} \tag{6-1}$$

v_t^i 表示 t 时段内，观测顶点 i 的交通速度；t 时段内，全部观测顶点的交通速度向量表示为 $\mathbf{v}_t = \left\{ v_t^i \mid i = 1, \cdots, N \right\} \in \mathbb{R}^N$。

S_t 表示当前时段 t 在全天时段中的序号，如 $t = [00:00, 00:05]$，则 $S_t = 1$；$t = [07:00, 00:05]$，则 $S_t = 12 \times 7 + 1 = 85$。

P_t 为哑变量，当 t 时段所在天为工作日时为 1，否则为 0。

令向量 $\mathbf{e}_t = [S_t, P_t]^{\mathrm{T}}$ 表示时间外部信息。

向量 $\mathbf{hs}_t^i = \left[v_{t,\text{average}}^i, v_{t,\text{median}}^i, v_{t,\text{max}}^i, v_{t,\text{min}}^i, v_{t,\text{deviation}}^i \right]^{\mathrm{T}}$ 表示历史天中，t 时段顶点 i 处交通速度的统计信息，其中，$v_{t,\text{average}}^i$、$v_{t,\text{median}}^i$、$v_{t,\text{max}}^i$、$v_{t,\text{min}}^i$、$v_{t,\text{deviation}}^i$ 分别表示历史天中，t 时段顶点 i 处交通速度的平均速度、速度中位数、速度最大值、速度最小值、速度标准差。

2. 问题定义

找到一个函数 $\mathcal{F}$，根据给定的历史交通速度序列和路网拓扑结构，预测未来时段内的交通速度，数学表示如下：

$$\hat{\mathbf{v}}_{t+\kappa} = \mathcal{F}\left(\{ \mathbf{v}_{t-\tau} \mid \tau = 0, \cdots, m-1 \}; \mathcal{G} \right), \kappa = 1, \cdots, n \tag{6-2}$$

6.1.2　模型建立

AGC-Seq2Seq 模型如图 6-1 所示。模型整体流程为：首先将历史交通速度拓扑切片序列（记为 $\mathbf{V} = (\mathbf{v}_{t-m+1}, \cdots, \mathbf{v}_t) \in \mathbb{R}^{N \times 1 \times m}$）的 m 个分量依次通过图卷积层（GCL）进行空间信息聚合，从而得到序列 $\tilde{\mathbf{V}} = (\tilde{\mathbf{V}}_{t-m+1}, \cdots, \tilde{\mathbf{V}}_t) \in \mathbb{R}^{N \times C \times m}$；接下来，融合序列 $\tilde{\mathbf{V}}$ 与外部时间信息序列 $\mathbf{E} = (\mathbf{e}_{t-m+1}, \cdots, \mathbf{e}_t) \in \mathbb{R}^{2 \times m}$，输入基于 GRU 为循环单元设计的 Encoder-Decoder 模型，对任意观测顶点 $i \in \mathcal{V}$ 未来的多步交通状态进行预测，在 Decoder 解码的过程中，引入了注意力机制，动态地获取每个解码步输入的综合时空表征。

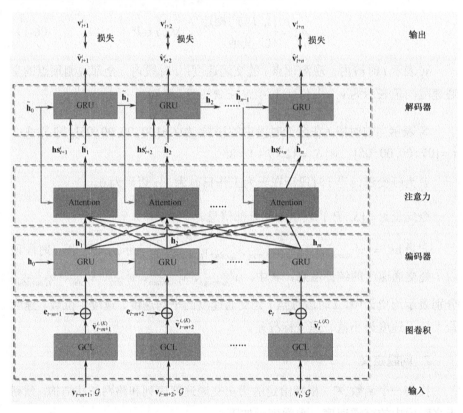

图 6-1　AGC-Seq2Seq 模型（针对任意观测顶点 $i \in \mathcal{V}$ 的未来交通速度预测）

1. 图卷积层（GCL）

图卷积层由多个 GCL 模块组成，负责捕获任意时段内交通速度观测数据的空间相关性（Spatial Dependency）。任意第 $\tau\,(\tau = t - m + 1, \cdots, t)$ 个 GCL 模块实现对 $\mathbf{v}_\tau$ 的空间信息聚合，即

$$\mathrm{GCL}:(\mathbf{v}_\tau,\mathcal{G})\to\tilde{\mathbf{V}}_\tau^{(K)} \tag{6-3}$$

式中，$\tilde{\mathbf{V}}_\tau^{(K)}=\left\{\tilde{\mathbf{v}}_\tau^{i,(K)}\mid i=1,2,\cdots,N\right\}$，$\tilde{\mathbf{v}}_\tau^{i,(K)}$ 表示 τ 时段顶点 i 经由 K 阶邻域内顶点特征信息加权聚合后产生的该顶点新的特征向量。

GCL 模块对任意 τ 时段的 K 阶邻域图卷积实现如下：

$$\tilde{\mathbf{V}}_\tau^{(K)}=\left(\mathbf{W}_{\mathrm{GC}}^{(K)}\odot\mathbf{A}_{\mathrm{GC}}^{(K)}\right)\mathbf{v}_\tau(\mathbf{w}_F)^{\mathrm{T}} \tag{6-4}$$

式中，$\odot$ 代表 Hadamard 积；$\mathbf{W}_{\mathrm{GC}}^{(K)}\in\mathbb{R}^{N\times N}$ 是一个可学习参数矩阵；$\mathbf{w}_F\in\mathbb{R}^{1\times C}$ 为图卷积核；$\mathbf{A}_{\mathrm{GC}}^{(K)}$ 为 K 阶邻域矩阵，其计算公式如下：

$$\mathbf{A}_{\mathrm{GC}}^{(K)}=\mathrm{clip}\left((\mathbf{A}+\mathbf{I})^K\right) \tag{6-5}$$

式中，$\mathrm{clip}(\cdot)=\begin{cases}1,&\cdot>0\\0,&\text{其他}\end{cases}$；$\mathbf{A}_{\mathrm{GC}}^{(K)}$ 中若任意第 i 行，第 j 列为 1，则表示顶点 i 最多经过 K 跳可以到达顶点 j。

式（6-4）中 $\left(\mathbf{W}_{\mathrm{GC}}^{(K)}\odot\mathbf{A}_{\mathrm{GC}}^{(K)}\right)\mathbf{v}_\tau$ 相当于针对每个顶点，其 K 阶邻域顶点在向其信息聚合时赋予了不同的权重，而 $\mathbf{w}_F$ 相当于对聚合后的信息进行特征增强。

由此可以推导出针对特定顶点 i 的 K 阶邻域图卷积计算公式为

$$\tilde{\mathbf{v}}_\tau^{i,(K)}=\left(\mathbf{W}_{\mathrm{GC}}^{i,(K)}\odot\mathbf{A}_{\mathrm{GC}}^{i,(K)}\right)\mathbf{v}_\tau(\mathbf{w}_F)^{\mathrm{T}} \tag{6-6}$$

式中，$\mathbf{W}_{\mathrm{GC}}^{i,(K)}$ 是 $\mathbf{W}_{\mathrm{GC}}^{(K)}$ 的第 i 行向量；$\mathbf{A}_{\mathrm{GC}}^{i,(K)}$ 是 $\mathbf{A}_{\mathrm{GC}}^{(K)}$ 的第 i 行向量。

由此，针对任意顶点 i（$i\in\mathcal{V}$），经过 GCL 层处理后获得的历史交通速度序列为 $\left\{\tilde{\mathbf{v}}_\tau^{i,(K)}\mid\tau=t-m+1,\cdots,t\right\}$，进一步将 $\tilde{\mathbf{v}}_\tau^{i,(K)}$ 与外部时间信息 $\mathbf{e}_\tau$ 拼接在一起，也就是

$$\overline{\mathbf{v}}_\tau^i=\tilde{\mathbf{v}}_\tau^{i,(K)}\oplus\mathbf{e}_\tau \tag{6-7}$$

式中，$\oplus$ 表示向量拼接操作。

至此，获得了经过图卷积空间信息融合，任意顶点 i（$i\in\mathcal{V}$）的输入特

征时间序列，记为 $\bar{\mathbf{V}}^i = \left(\bar{\mathbf{v}}^i_\tau\right)^t_{\tau=t-m+1}$，它将输入到编码器（Encoder）中进行编码，从而为未来针对顶点 i 的预测提供高阶时空表征。

2. 编码器（Encoder）

编码器（Encoder）部分负责对输入特征序列 $\bar{\mathbf{V}}^i$ 进行循环编码，生成预测未来时段路段交通速度的高阶特征表示。Encoder 部分采用多层 GRU 模型（关于 GRU 模型参照第 3 篇的相关知识）。Encoder 的数学表示为

$$\text{Encoder}:\left\{\left[\bar{\mathbf{v}}^i_\tau; \mathbf{h}_{\tau-1}\right] \Big| \tau = t-m,\cdots,t\right\} \to \left\{\mathbf{h}_\tau \mid \tau = 1,\cdots,m\right\} \tag{6-8}$$

3. 解码器（Decoder）

这里采用了带有注意力机制的解码器（Decoder）。解码器也是基于多层的 GRU，每一步解码时，通过注意力机制，为 Encoder 的隐藏层输出序列 $\left\{\mathbf{h}_\tau \mid \tau = 1,\cdots,m\right\}$ 的每个分量分配不同的权重，然后得到一个综合的 Context Vector：$\left\{\hat{\mathbf{h}}_\kappa \mid \kappa = 1,\cdots,n\right\}$，进而作为每一步解码的输入。

以第 $\kappa\{\forall\kappa=1,\cdots,n\}$ 步解码为例，Encoder 的隐藏层输出序列 $\left\{\mathbf{h}_\tau \mid \tau = 1,\cdots,m\right\}$ 各个分量的权重计算步骤如下：

（1）计算注意力分数：$s_{\kappa\tau} = \mathbf{q}^T\tanh\left(\mathbf{W}\left[\tilde{\mathbf{h}}_{\kappa-1}; \mathbf{h}_\tau\right]\right), \forall\tau=1,\cdots,m$，（其中，$\mathbf{q}$、$\mathbf{W}$ 均为可学习参数）。

（2）计算注意力权重：$\alpha_{\kappa\tau} = \dfrac{s_{\kappa\tau}}{\sum\limits_{j=1}^m s_{\kappa j}}, \forall\tau=1,\cdots,m$。

（3）Context Vector 计算：$\hat{\mathbf{h}}_\kappa = \sum\limits_{\tau=1}^m \alpha_{\kappa\tau}\mathbf{h}_\tau$。

由此，Decoder 的解码过程为

$$\text{Decoder}:\left[\hat{\mathbf{h}}_\kappa; \tilde{\mathbf{h}}_{\kappa-1}\right] \to \tilde{\mathbf{h}}_\kappa, \forall\kappa=1,\cdots,n \tag{6-9}$$

式中，$\left\{\tilde{\mathbf{h}}_\kappa \mid \kappa = 1,\cdots,n\right\}$ 为解码器的输出序列。

将每一步解码输出 $\tilde{\mathbf{h}}_\kappa$ 作为输入，传入一个小型的全连接神经网络（相当于 predictor），对这一步的交通速度做出预测，其计算如下：

$$\mathbf{v}^i_{t+\kappa} = g\left(\tilde{\mathbf{h}}_\kappa\right), \forall \kappa = 1, \cdots, n \qquad (6\text{-}10)$$

式中，函数 $g(\cdot)$ 为一个小型全连接神经网络。

4. 引入历史静态信息

在一般情况下，针对 Encoder-Decoder 模型的训练过程，分为 Free-Running Mode 和 Teacher-Forcing Mode 两种（详见第 3 篇相关内容）。Teacher-Forcing Mode 在每一步解码时，都输入上一步的真实值（Ground Truth），但是在测试阶段有办法得到 Ground Truth，因此只能用上一步的解码输出（也就是预测值），这可能会导致训练和测试阶段的解码器输入分布不一致，从而导致模型性能不佳。尽管 Curriculum Learning（详见第 3 篇相关内容）的方式能够通过 Schedule Sampling 的方式来解决，但是需要增加很多计算量。为此，此处增加每个解码步历史的静态信息 $\mathbf{hs}^i_\kappa, \forall \kappa = 1, \cdots, n$ 作为解码器的输入，该输入在训练阶段和测试阶段均是可以得到的，所以不存在分布不一致的情况，此外，这种历史的静态信息对于提高模型预测性能有较大帮助。因此解码过程修改为

$$\text{Decoder}: \left[\hat{\mathbf{h}}_\kappa; \tilde{\mathbf{h}}_{\kappa\text{-}1}; \mathbf{hs}^i_\kappa\right] \rightarrow \tilde{\mathbf{h}}_\kappa, \forall \kappa = 1, \cdots, n \qquad (6\text{-}11)$$

5. 成本函数

模型的成本函数定义如下：

$$J_i = \frac{1}{n} \sum_{\kappa=1}^n \left(\hat{\mathbf{v}}^i_{t+\kappa} - \mathbf{v}^i_{t+\kappa}\right)^2, \forall i \in \mathcal{V} \qquad (6\text{-}12)$$

6.2　DCGRU[36]

这项研究提出了一种谱域的图卷积方法，称为扩散卷积（Diffusion

Convolution）。在此基础上，将扩散卷积与 GRU 相结合构建了 DCGRU 单元，并基于该单元构建了基于 Encoder-Decoder 架构的交通状态深度预测模型。

6.2.1　问题提出

给定路网拓扑图（有向图）$\mathcal{G}=(\mathcal{V},\mathcal{E},\mathbf{A})$，$\mathcal{V}$ 为路网交通速度观测顶点集合，令 $|\mathcal{V}|=N$，$\mathcal{E}$ 为速度观测顶点之间的弧段集合，$\mathbf{A}\in\mathbb{R}^{N\times N}$ 为带权重邻接矩阵，定义如下：

$$\mathbf{A}_{ij}=\begin{cases}>0, & i\text{与}j\text{相连}\\0, & \text{其他}\end{cases}, \quad \forall i,j\in\mathcal{V} \tag{6-13}$$

式中，权重代表顶点之间的关联强度。

$\mathbf{X}_t\in\mathbb{R}^{N\times P}$ 表示 t 时段内交通状态拓扑切片，其中，P 为交通状态观测特征的维度。

研究所要解决的问题是：假定当前时段为 t，试图找到一个函数 $\mathcal{F}$，给定 t 及其之前时段的历史交通状态观测序列和路网拓扑结构，预测未来时段内的交通状态序列，数学表示如下：

$$\mathcal{F}:\left\{\mathbf{X}_{t-T+1},\cdots,\mathbf{X}_t;\mathcal{G}\right\}\to\left\{\hat{\mathbf{X}}_{t+1},\cdots,\hat{\mathbf{X}}_{t+T'}\right\} \tag{6-14}$$

令 $\mathbf{X}=\left(\mathbf{X}_{t-T+1},\cdots,\mathbf{X}_t\right)\in\mathbb{R}^{N\times P\times T}$，$\hat{\mathbf{X}}=\left(\hat{\mathbf{X}}_{t+1},\cdots,\hat{\mathbf{X}}_{t+T'}\right)\in\mathbb{R}^{N\times P\times T'}$。

6.2.2　模型建立

1. 扩散卷积（Diffusion Convolution，DC）

对任意交通状态拓扑切片施行的扩散卷积定义如下：

$$\mathbf{H}_t=\varTheta *_{\mathcal{G}}^K \mathbf{X}_t=\sum_{k=0}^{K-1}\left(\mathbf{D}_{\mathrm{O}}^{-1}\mathbf{A}\right)^k\mathbf{X}_t\varTheta_{\mathrm{O}}^k+\sum_{k=0}^{K-1}\left(\mathbf{D}_{\mathrm{I}}^{-1}\mathbf{A}^{\mathrm{T}}\right)^k\mathbf{X}_t\varTheta_{\mathrm{I}}^k \tag{6-15}$$

式中，$\mathbf{H}_t\in\mathbb{R}^{N\times Q}$ 为基于扩散卷积空间信息聚合后的新拓扑切片，其中 Q 为新拓扑切片的特征维度；$\Theta \in \mathbb{R}^{Q \times P \times K \times 2}$ 为扩散卷积的卷积核；$*_{\mathcal{G}}^{K}$ 表示 K 阶扩散卷积操作；$\mathbf{D}_{\mathrm{O}} = \mathrm{diag}(\mathbf{A1})$、$\mathbf{D}_{\mathrm{I}} = \mathrm{diag}(\mathbf{A}^{\mathrm{T}}\mathbf{1})$ 分别表示出度对角矩阵和入度对角矩阵，其中，$\mathbf{1} \in \mathbb{R}^{N}$ 为元素都为 1 的 N 维向量；$\tilde{\mathbf{A}}_{\mathrm{O}} = \mathbf{D}_{\mathrm{O}}^{-1}\mathbf{A}$，$\tilde{\mathbf{A}}_{\mathrm{I}} = \mathbf{D}_{\mathrm{I}}^{-1}\mathbf{A}^{\mathrm{T}}$ 分别为标准化的邻出矩阵和邻入矩阵，它们每行元素的和等于 1；$\left(\mathbf{D}_{\mathrm{O}}^{-1}\mathbf{A}\right)^{k}$、$\left(\mathbf{D}_{\mathrm{I}}^{-1}\mathbf{A}^{\mathrm{T}}\right)^{k}$ 分别为 k 阶邻出矩阵和邻入矩阵，它们的物理含义是从某个顶点出发，经过 k 跳（hop），与任意其他顶点的连接强度。当 $k = 0$ 时，二者均退化为单位矩阵，表明此时顶点只与其自身连接；$\Theta_{\mathrm{O}}^{k}, \Theta_{\mathrm{I}}^{k} \in \mathbb{R}^{Q \times P}$ 分别表示 k 阶邻出和邻入对应的卷积核 $\Theta = \left\{\Theta_{\mathrm{O}}^{k}, \Theta_{\mathrm{I}}^{k}\right\}_{k=0}^{K-1}$。

K 阶扩散卷积的物理意义是：对任意顶点，在对其进行空间信息聚合时，融合了 0 到 $K - 1$ 跳邻域（分别包括邻入和邻出）内顶点的信息。

2. 基于 DC 和 GRU 的 DCGRU 单元

有了用于空间信息融合的扩散卷积后，进一步结合 GRU，定义一个能够同时捕获时空相关性的 DCGRU 单元，其本质是在 GRU 的计算基础上，将原来以向量为输入的全连接计算层，转换为以拓扑切片 tensor 为输入的扩散卷积计算层。DCGRU 单元具体计算公式如下：

重置门计算：$\mathbf{R}_t = \sigma\left(\Theta_{\mathrm{R}} *_{\mathcal{G}}^{K} [\mathbf{X}_t, \mathbf{H}_{t-1}] + \mathbf{B}_{\mathrm{R}}\right)$

更新门计算：$\mathbf{U}_t = \sigma\left(\Theta_{\mathrm{U}} *_{\mathcal{G}}^{K} [\mathbf{X}_t, \mathbf{H}_{t-1}] + \mathbf{B}_{\mathrm{U}}\right)$

当前记忆计算：$\mathbf{C}_t = \tanh\left(\Theta_{\mathrm{C}} *_{\mathcal{G}}^{K} [\mathbf{X}_t, (\mathbf{R}_t \odot \mathbf{H}_{t-1})] + \mathbf{B}_{\mathrm{C}}\right)$

输出计算：$\mathbf{H}_t = \mathbf{U}_t \odot \mathbf{H}_{t-1} + (1 - \mathbf{U}_t) \odot \mathbf{C}_t$

3. 基于 DCGRU 单元和 Encoder-Decoder 架构的交通状态预测模型（DCRNN）

DCRNN 模型如图 6-2 所示，模型的编码器（Encoder）和解码器（Decoder）均由多层的 DCGRU 单元构成。模型训练时采用了 Schedule Sampling 策略（详见第 3 篇相关内容）。

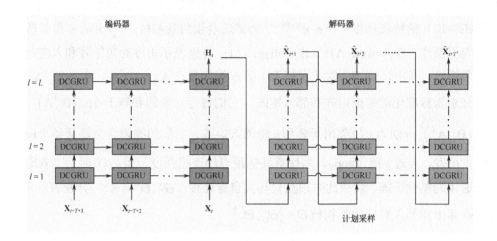

编码器　　　　　　　　　　　　　　　　　解码器

图 6-2　DCRNN 模型

6.3　T–MGCN[37]

这项研究最重要的贡献是在空间信息融合方面提出了多图卷积方法。通常的图卷积是基于静态网络拓扑关系开展的，这种方式要么仅考虑了顶点之间的连接性（connectivity），要么同时考虑了连接性和临近性（proximity），但是顶点之间的空间相关性不仅反映在连接性和临近性上，有时还体现在历史交通状态的相似性及顶点小范围内区域的功能相似性方面。为此，研究希望从不同角度的相关性出发，构建反映各种相关性的多种拓扑连接图，并在各个拓扑连接图上进行空间信息融合，最终将各种拓扑图上的空间信息融合结果整合在一起作为最终空间信息融合的结果。

6.3.1　问题提出

给定路网拓扑图（无向图）$\mathcal{G} = (\mathcal{V}, \mathcal{E}, \mathbf{A})$，$\mathcal{V}$ 为路网交通速度观测顶点集合，令 $|\mathcal{V}| = N$，$\mathcal{E}$ 为速度观测顶点之间的弧段集合，$\mathbf{A} \in \mathbb{R}^{N \times N}$ 为带权重邻接矩阵，定义如下：

$$\mathbf{A}_{ij} = \begin{cases} >0, & i \text{ 与 } j \text{ 相连} \\ 0, & \text{其他} \end{cases}, \forall i, j \in \mathcal{V} \qquad (6\text{-}16)$$

式中，权重代表了顶点之间的关联强度，权重越大，相关性越强。$\mathbf{X}_t \in \mathbb{R}^{N \times C}$ 表示 t 时段内交通状态拓扑切片，其中 C 为交通状态观测特征的维度。t 及其之前 T 个时段的历史交通状态观测序列记为 $\mathrm{In}_t = \left(\mathbf{X}_{t-T+1}, \cdots, \mathbf{X}_t \right) \in \mathbb{R}^{T \times N \times C}$，$t$ 的下一个时段（未来时段）交通状态记为 $\mathrm{Out}_t = \mathbf{X}_{t+1}$。

问题定义： 假定当前时段为 t，试图找到一个函数 $\mathcal{F}$，给定 t 及其之前时段的历史交通状态观测序列和路网拓扑结构，预测未来时段内的交通状态，数学表示如下：

$$\mathcal{F} : \left\{ \mathrm{In}_t; \mathcal{G} \right\} \to \mathrm{Out}_t \qquad (6\text{-}17)$$

$\mathbf{S}_t = \left\{ \mathrm{In}_t, \mathrm{Out}_t \right\}$ 记为 t 时段的样本。

6.3.2　模型建立

T-MGCN 模型构建流程如图 6-3 所示，其详细结构如图 6-4 所示。

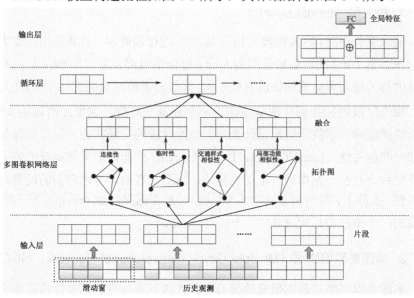

图 6-3　T-MGCN 模型构建流程

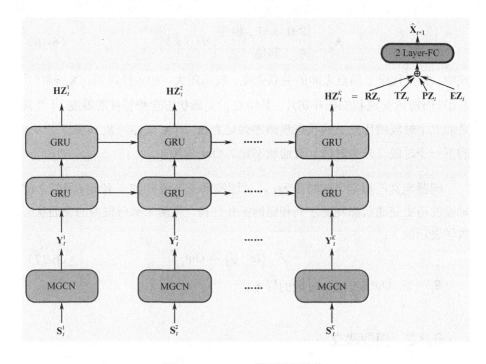

图 6-4 T-MGCN 模型详细结构

1. 输入层（Input Layer）

输入层负责对 t 时段的输入 $\text{In}_t \in \mathbb{R}^{T \times N \times C}$ 进行预处理，将其采用固定大小（w）和步长（d）的滑动窗分割为 K 份，每份记为 $\mathbf{S}_t^k \in \mathbb{R}^{N \times wC}$，$\forall k = 1, \cdots, K$。这样做与其他同类研究的做法有些不同，其他同类研究直接把 In_t 序列作为输入，每个时段的拓扑切片都单独作为一个分量来对待。这里之所以这么做，可以这样理解：多数研究都已经表明，临近时段的交通状态之间存在很强的局部时间相关性（Local Temporal Dependency），因此，如果将局部的若干个拓扑切片合并在一起作为一个切片整体，则更加有助于考虑它们的局部时间相关性。实际上，每份 $\mathbf{S}_t^k \in \mathbb{R}^{N \times wC}$，$\forall k = 1, \cdots, K$ 在这里经过 reshape，变为维度更高的一个拓扑切片 $\mathbf{S}_t^k \in \mathbb{R}^{N \times wC}$，$\forall k = 1, \cdots, K$。

2. 多图卷积网络层（Multiple Graph Convolutional Network，MGCN）

多图卷积网络层是本研究的核心，负责从不同角度的相关性构建多个拓扑关系图，从而在其上进行空间信息聚合，从而实现空间相关性的捕获。以下分别介绍从连接相关性（connectivity）、临近相关性（proximity）、历史交通样式相似性（Traffic Pattern Similarity）和局部功能相似性（Local Function Similarity）4 个角度分别构建各自拓扑连接图的方法。

1）连接相关性拓扑图

连接相关性拓扑图记为 $\mathcal{G}_c = (\mathcal{V}, \mathcal{E}, \mathbf{A}_c)$，其中邻接矩阵 $\mathbf{A}_c$ 的任意元素 $\mathbf{A}_c[i,j], \forall i,j \in \mathcal{V}$ 的取值，是在原始的静态拓扑图 $\mathcal{G} = (\mathcal{V}, \mathcal{E}, \mathbf{A})$ 上，从顶点 i 到顶点 j 至少要经过的跳数（Bumber of Hops）的倒数。显然，两个顶点之间最小跳数越小，其邻接权值取值越大，相关性越强。

2）临近相关性拓扑图

临近相关性拓扑图记为 $\mathcal{G}_p = (\mathcal{V}, \mathcal{E}, \mathbf{A}_p)$，其中邻接矩阵 $\mathbf{A}_p$ 的任意元素 $\mathbf{A}_p[i,j], \forall i,j \in \mathcal{V}$ 的取值，是在原始的静态拓扑图 $\mathcal{G} = (\mathcal{V}, \mathcal{E}, \mathbf{A})$ 上，从顶点 i 到顶点 j 最短路径长度的倒数。显然，两个顶点之间最短路径越短，其邻接权值取值越大，相关性越强。

3）历史交通样式相似性拓扑图

历史交通样式相似性拓扑图记为 $\mathcal{G}_h = (\mathcal{V}, \mathcal{E}, \mathbf{A}_h)$，其中邻接矩阵 $\mathbf{A}_h$ 的任意元素 $\mathbf{A}_h[i,j], \forall i,j \in \mathcal{V}$ 的取值计算步骤如下：

步骤 1　针对任意顶点 $i \in \mathcal{V}$，以周为周期，统计一段历史时期内（如前一个月内）每周各个时段内的交通状态平均值，记为向量 $\mathbf{sv}_i$，其任意第 m 个元素，即 $\mathbf{sv}_i[m]$ 代表一周中第 m 个时段在历史时期内交通状态的平均值。

步骤 2　采用动态时间归准（Dynamic Time Wrapping，DTW）方法计算任意两个顶点 $\forall i,j \in \mathcal{V}$ 历史交通状态均值 $\mathbf{sv}_i, \mathbf{sv}_j$ 之间的距离，记为 $\mathrm{DTW}(i,j)$。

步骤 3　$\mathbf{A}_h[i,j] = \mathrm{e}^{-\alpha \times \mathrm{DTW}(i,j)}$，其中，$\alpha$ 为大于 0 的可调参数，取值越大，任意两个顶点之间的历史交通样式相关性随着其历史交通状态距离的增加而衰减得越快。

4）局部功能相似性拓扑图

局部功能相似性拓扑图中的顶点是交通状态观测的基本单元。它可以对应现实世界中的一条路段、一个小区域或者一个观测站点，这取决于数据采集和统计的方式。在本研究中，假定任意顶点对应的是一条现实的道路路段。地理位置功能的相似性，在很大程度上可以由它的 POI 分布情况来决定，如以住宅为主的区域，功能自然在更大程度上是居住区；而以娱乐、购物为主的区域，功能在很大程度上就可以视为商业区。本研究中，就是通过统计每个观测顶点所在局部区域的 POI 分布情况，来计算顶点之间的功能相似性。

局部功能相似性拓扑图记为 $\mathcal{G}_f = (\mathcal{V}, \mathcal{E}, \mathbf{A}_f)$。其中，邻接矩阵 $\mathbf{A}_f$ 的任意元素 $\mathbf{A}_f[i,j], \forall i,j \in \mathcal{V}$ 的取值计算步骤如下：

步骤 1 针对任意顶点（路段）$i \in \mathcal{V}$，统计其局部范围内 8 种类型 POI 的数目，从而构成该顶点的功能描述向量，记为 $\mathbf{pv}_i \in \mathbb{Z}^8(\mathbb{Z})$，$\mathbf{pv}_i[z]$ 代表其局部范围内第 z 类 POI 数目。8 类 POI 分别是：住宅、工作、商业、饭店、学校、交通站点、娱乐和景点。

步骤 2 $\mathbf{pv}_i[z] = \dfrac{m_z^i}{m^i} \times \log \dfrac{M}{M_z}$，其中，$m_z^i, m^i$ 分别表示顶点 i 局部范围内第 z 类 POI 数目和全部 POI 数目；M, M_z 分别表示全部顶点范围内全部 POI 数目和第 z 类 POI 数目。

步骤 3 $\mathbf{A}_f[i,j] = \dfrac{\langle \mathbf{pv}_i, \mathbf{pv}_j \rangle}{\|\mathbf{pv}_i\|\|\mathbf{pv}_j\|}$，其中，$\langle \cdot, \cdot \rangle$ 为向量内积；$\|\cdot\|$ 为向量的模。

至此，获得了 4 种拓扑关系图 $\mathcal{G}_c$、$\mathcal{G}_p$、$\mathcal{G}_h$、$\mathcal{G}_f$。下面针对输入的任意时段分量 $\mathbf{S}_t^k \in \mathbb{R}^{N \times wC}, k = 1, \cdots, K$，基于 GCN（Kipf 和 Welling，2017），分别在上述 4 类拓扑图上进行空间信息聚合。在 4 个拓扑图上的任意一个进行空间信息聚合，其计算过程和方法是一样的，这里以 $\mathcal{G}_c$ 上的计算为例：

$$\mathbf{Y}_{c,t}^{k} = \sigma\left(\tilde{\mathbf{D}}_{c}^{-\frac{1}{2}} \tilde{\mathbf{A}}_{c} \tilde{\mathbf{D}}_{c}^{-\frac{1}{2}} \mathbf{S}_{t}^{k} \mathbf{W}_{c} \right) \tag{6-18}$$

式中，$\tilde{\mathbf{A}}_{c} = \mathbf{A}_{c} + \mathbf{I}$；$\tilde{\mathbf{D}}_{c} = \mathbf{D}_{c} + \mathbf{I}$ 为顶点度对角矩阵；$\mathbf{W}_{c}$ 为卷积核参数。

由此，对于 $\mathbf{S}_{t}^{k} \in \mathbb{R}^{N \times wC}$，$\forall k = 1, \cdots, K$，可以得到 4 个空间信息聚合的结果，分别是 $\mathbf{Y}_{c,t}^{k}$、$\mathbf{Y}_{p,t}^{k}$、$\mathbf{Y}_{h,t}^{k}$、$\mathbf{Y}_{f,t}^{k}$。按照下面的方式，将它们融合在一起：

$$\mathbf{Y}_{t}^{k} = \tilde{\mathbf{W}}_{\text{fusion}}^{c} \odot \mathbf{Y}_{c,t}^{k} + \tilde{\mathbf{W}}_{\text{fusion}}^{p} \odot \mathbf{Y}_{p,t}^{k} + \tilde{\mathbf{W}}_{\text{fusion}}^{h} \odot \mathbf{Y}_{h,t}^{k} + $$
$$\tilde{\mathbf{W}}_{\text{fusion}}^{f} \odot \mathbf{Y}_{f,t}^{k}, \forall k = 1, \cdots, K$$
$$\tilde{\mathbf{W}}_{\text{fusion}}^{c}, \tilde{\mathbf{W}}_{\text{fusion}}^{p}, \tilde{\mathbf{W}}_{\text{fusion}}^{h}, \tilde{\mathbf{W}}_{\text{fusion}}^{f} = \text{Softmax}\left(\mathbf{W}_{\text{fusion}}^{c}, \mathbf{W}_{\text{fusion}}^{p}, \mathbf{W}_{\text{fusion}}^{h}, \mathbf{W}_{\text{fusion}}^{f} \right)$$

$$\tag{6-19}$$

式中，$\mathbf{W}_{\text{fusion}}^{c}$、$\mathbf{W}_{\text{fusion}}^{p}$、$\mathbf{W}_{\text{fusion}}^{h}$、$\mathbf{W}_{\text{fusion}}^{f}$ 均为可学习的参数矩阵。

通过 M-GCN 层，可以得到 $\mathbf{Y}_{t}^{k}$，$\forall k = 1, \cdots, K$。

3. 循环层（Recurret Layer）

这项研究采用 2 层的 GRU 构建循环层模型，用于捕获历史交通状态拓扑切片序列的时间相关性。其输入为 $\left\{ \mathbf{Y}_{t}^{k} \right\}_{k=1}^{K}$，输出为 $\left\{ \mathbf{HZ}_{t}^{k} \right\}_{k=1}^{K}$。关于 GRU 可以参考第 3 篇相关内容，这里不做赘述。

4. 输出层（Output Layer）

经过循环层得到了 $\left\{ \mathbf{HZ}_{t}^{k} \right\}_{k=1}^{K}$ 之后，就可以将 $\mathbf{HZ}_{t}^{k}$ 作为最终的时空综合表征，输入到预测模型进行对未来交通状态的预测。为了叙述方便，令 $\mathbf{HZ}_{t}^{K} = \mathbf{RZ}_{t}$。$\mathbf{RZ}_{t}$ 中包含历史交通状态的信息，但是对未来的预测还受到很多全局特征信息（Global Feature）的影响，如时间和事件等。

（1）时间特征。研究采用 Time-of-Day、Day-of-Week 和 Holiday-or-Not 3 个向量的拼接来描述时间的特征，每个向量都用 One-Hot Encoding 进行编码，拼接后的向量，通过一个小型的特征提取全连接神经网络，最终获得时间特征嵌入表征（Embedding Representation），记为 $\mathbf{TZ}_{t}$。

（2）周期性特征。研究表明，交通状态具有很强的周期性，如每天的交通状态高峰期大致发生在一个相对确定的时间范围内。前面的循环层仅仅考虑了短期时间相关性，对于交通状态的长期周期特征希望被整合到模型当中。对于 t 时段而言，选择前一天和前一周相同时段的交通状态（$\mathbf{X}_{t-l_d}$ 和 $\mathbf{X}_{t-l_w}$，l_d, l_w 分别表示一天和一周的时段总数）来代表其周期特性。由于交通状态的周期特性存在一定的漂移特征（Periodical Shifting，如每天晚高峰并不一定发生在相同的时段，而有可能在一个很小的时段范围内波动），为此，研究在实际操作中，分别选择以 $\mathbf{X}_{t-l_d}$ 和 $\mathbf{X}_{t-l_w}$ 为中心的各自一小段时间范围内拓扑切片来代表周期性，记为 $\mathbf{S}_{t-l_d} = \left(\mathbf{X}_{t-l_d-\frac{Q}{2}}, \cdots, \mathbf{X}_{t-l_d}, \cdots, \mathbf{X}_{t-l_d+\frac{Q}{2}} \right)$ 和 $\mathbf{S}_{t-l_w} = \left(\mathbf{X}_{t-l_w-\frac{Q}{2}}, \cdots, \mathbf{X}_{t-l_w}, \cdots, \mathbf{X}_{t-l_w+\frac{Q}{2}} \right)$，其中，$Q$ 为小范围的时段数目。令 $\mathbf{PZ}_t = \mathbf{S}_{t-l_d} \oplus \mathbf{S}_{t-l_w}$。

（3）事件特征。实际上，外部事件对于交通状态的影响是很大的。但是这部分信息在实践中并不容易获取，另外，事件常常是偶发的，在样本中存在的规模较小，针对它的整合是否能够提高深度模型的预测能力，要结合具体的样本规模慎重对待。本研究中，利用一些事件发布网站公布的事件地点和时间信息，将 $[t-T+1, t]$ 时间范围内的事件文本信息收集起来，构成一个文本文件，然后采用 TextCNN 提取任意观测顶点 $i \in \mathcal{V}$ 的特征向量，最终形成所有顶点关于事件特征的表征，记为 $\mathbf{EZ}_t$。

有了上述 3 个全局特征之后，将它们与历史交通状态时空综合表征进行拼接，即 $\mathbf{Z}_t = \mathbf{RZ}_t \oplus \mathbf{TZ}_t \oplus \mathbf{PZ}_t \oplus \mathbf{EZ}_t$，将 $\mathbf{Z}_t$ 输入一个 2 层的全连接神经网络中，对未来交通状态做出预测。

6.4　GGRU[38]

这项研究最重要的贡献是在 GAT 的基础上引入了门控机制，从而控制不同 head 在空间信息融合中的重要性。在研究者看来，图卷积网络的有效性直接根植于图聚合器（Graph Aggregator）的设计，因为图神经网络是图聚合器的多层叠加，因此后者设计是否合理直接决定了前者在空间相关性捕获方面是否有效。GAT 作为一种有效的图聚合器，它能够动态地根据中心顶点和相邻顶点的特征，为相邻顶点特征向中心顶点聚合时分配不同的权重，并且 GAT 不仅考察了任意相邻顶点与中心顶点之间的相关性，同时由于 Softmax 函数的应用，相邻顶点之间的相关性也得以考察。但是，这项研究的作者提出，在 GAT 中，采用的 Multi-Head Attention 机制虽然有效，但是每个 head 在特定的空间信息聚合情况下所具有的权重不应该相同，也就是对中心顶点特征生成具有不同的重要性。为此，本研究在 GAT 的基础上（注：这里并非是原始的 GAT，但是基本原理是一样的），进一步引入了门控机制，为每个 head 分配一个 0～1 的门控值，控制其在信息聚合时的权重，从而形成了一种新的图聚合器 GaAN（Gated Attention Network）。进一步，研究在 GaAN 基础上，融合一种类似 GRU 的循环单元，共同构建 GGRU 循环单元，并以它为基本单元构建了基于 Encoder-Decoder 结构的交通状态预测网络。

6.4.1　符号定义

为了叙述的方便，下面先进行一些基本符号的定义。

（1）带有非线性激活函数 $\alpha(\cdot)$ 的全连接层定义为：$\mathrm{FC}_\theta^\alpha(\mathbf{x}) = \alpha(\mathbf{W}\mathbf{x} + \mathbf{b})$，其中 $\theta = \{\mathbf{W}, \mathbf{b}\}$。

（2）$h(\cdot)$ 表示 Leaky ReLU 激活函数，$\sigma(\cdot)$ 表示 σ 激活函数。

（3）$\mathrm{FC}_\theta(\mathbf{x})$ 表示没有激活函数的全连接层。

（4）$\oplus$ 表示拼接操作；$\odot$ 表示 Hadamard 积。

（5）$\big\|_{k=1}^{K}\{\mathbf{x}_k\}$ 表示 $\mathbf{x}_1$ 到 $\mathbf{x}_K$ 依次拼接。

（6）$\langle\cdot\rangle$ 表示向量的内积。

（7）$\mathbf{X}_t \in \mathbb{R}^{N\times F}$ 表示时段 t 的交通观测拓扑切片。

6.4.2　GaAN 聚合器

首先介绍基本的 GAT 聚合器，然后在此基础上引入 GaAN 聚合器。

1. GAT 聚合器

对于中心顶点 i，其 GAT 聚合器计算表达如下：

$$\tilde{\mathbf{x}}_i = \text{FC}_{\theta_0}\left(\mathbf{x}_i \oplus \Big\|_{k=1}^{K} \sum_{j \in \mathcal{N}_i} w_{i,j}^k \text{FC}_{\theta_1^k}^h\left(\mathbf{x}_j\right)\right) \tag{6-20}$$

式中，$\tilde{\mathbf{x}}_i$ 表示中心顶点 i 聚合后得到的特征；$\mathcal{N}_i$ 表示中心顶点 i 的相邻顶点集合；$w_{i,j}^k$ 表示第 k 个 head 的注意力分配给其相邻顶点 j 的权重，它的计算公式如下：

$$w_{i,j}^k = \frac{\exp\left(s_{i,j}^k\right)}{\sum\limits_{m \in \mathcal{N}_i} \exp\left(s_{i,m}^k\right)} \tag{6-21}$$

式中，$s_{i,j}^k$ 表示第 k 个 head 的注意力子空间内，顶点 i 与其相邻顶点 j 之间的注意力分数，其计算公式如下：

$$s_{i,j}^k = \left\langle \text{FC}_{\theta_2^k}\left(\mathbf{x}_i\right), \text{FC}_{\theta_3^k}\left(\mathbf{x}_j\right)\right\rangle \tag{6-22}$$

2. GaAN 聚合器

在 GAT 聚合器中，每个 head 的信息聚合结果都被平等地拼接在一起，见式（6-20）。这里希望进一步实现每个 head 的信息聚合结果在中心顶点 i 的最终信息聚合结果中的重要性不同，因此在 GAT 聚合器的基础上做出了改进，得到了 GaAN 聚合器，其公式如下：

$$\tilde{\mathbf{x}}_i = \text{FC}_{\theta_0}\left(\mathbf{x}_i \oplus \Big\|_{k=1}^{K} g_i^k \sum_{j \in \mathcal{N}_i} w_{i,j}^k \text{FC}_{\theta_1^k}^h\left(\mathbf{x}_j\right)\right) \tag{6-23}$$

式中，$\mathbf{g}_i = \left(g_i^1, \cdots, g_i^K\right) \in \mathbb{R}^K$ 代表 K head 注意力对应的 K 个门控值。它的计算

公式如下：

$$\mathbf{g}_i = \mathrm{FC}_{\theta_4}^{\sigma}\left(\mathbf{x}_i \oplus \mathrm{maxpooling}\left(\left\{\mathrm{FC}_{\theta_5}\left(\mathbf{x}_j\right)\right\}_{j \in \mathcal{N}_i}\right) \oplus \mathrm{averagepooling}\left(\left\{\mathbf{x}_j\right\}_{j \in \mathcal{N}_i}\right)\right) \quad (6\text{-}24)$$

从门控值的计算公式可以看出，其涉及的计算方法较为简单，不会因为门控值的引入增加太多的计算量而影响计算效率。

6.4.3　GGRU 循环单元

为捕获时空相关性，本节将 6.4.2 节建立的 GaAN 聚合器与 GRU 类似的循环单元（与标准的 GRU 单元有一些计算上的不同）进行整合，从而得到可以对拓扑化数据进行时空相关性建模的图门控循环单元（GGRU）。其本质是将标准 GRU 单元中的门控计算从全连接层转换为基于 GaAN 聚合器的卷积层。这里为简便起见，基于 GaAN 聚合器对时段 t 的交通观测拓扑切片 $\mathbf{X}_t$ 的空间信息聚合表示为 $\Gamma_\theta\left(\mathbf{X}_t, \mathbf{X}_t; \mathcal{G}\right)$，其中，$\theta$ 为聚合器参数，它被所有顶点共享；聚合函数中第一个 $\mathbf{X}_t$ 负责产生中心顶点的特征，第二个 $\mathbf{X}_t$ 负责产生中心顶点对应的邻居顶点的特征。

GGRU 的计算公式如下：

更新门：$\mathbf{U}_t = \sigma\left(\Gamma_{xu}\left(\mathbf{X}_t, \mathbf{X}_t; \mathcal{G}\right) + \Gamma_{hu}\left(\mathbf{X}_t \oplus \mathbf{H}_{t-1}, \mathbf{H}_{t-1}; \mathcal{G}\right)\right)$

重置门：$\mathbf{R}_t = \sigma\left(\Gamma_{xr}\left(\mathbf{X}_t, \mathbf{X}_t; \mathcal{G}\right) + \Gamma_{hr}\left(\mathbf{X}_t \oplus \mathbf{H}_{t-1}, \mathbf{H}_{t-1}; \mathcal{G}\right)\right)$

当前记忆：$\tilde{\mathbf{H}}_t = h\left(\Gamma_{xh}\left(\mathbf{X}_t, \mathbf{X}_t; \mathcal{G}\right) + \mathbf{R}_t \odot \Gamma_{hh}\left(\mathbf{X}_t \oplus \mathbf{H}_{t-1}, \mathbf{H}_{t-1}; \mathcal{G}\right)\right)$

输出：$\mathbf{H}_t = \mathbf{U}_t \odot \mathbf{H}_{t-1} + \left(1 - \mathbf{U}_t\right) \odot \tilde{\mathbf{H}}_t$

6.4.4　基于 Encoder-Decoder 架构和 GGRU 的交通状态时空预测网络

基于所构造的 GGRU 单元，研究搭建了基于 Encoder-Decoder 架构的多步交通状态预测模型，如图 6-5 所示。模型采用了 2 层的 GGRU 来构造 Encoder 和 Decoder，当然，读者也可以设计更深的网络。在 training 的过程中，Decoder 的第一层 GGRU 输入采用了 Schedule Sampling 策略（详细内容参考第 3 篇相关部分），在预测值和真实值之间进行取舍。

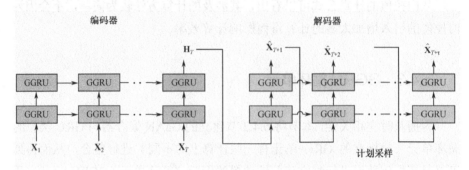

图 6-5　基于 Encoder-Decoder 架构和 GGRU 的多步交通状态预测网络

6.5　ST–MetaNet[39]

该研究是针对时空异质性的非常有代表性的研究。在本章前面介绍的研究中，针对拓扑切片中的所有顶点进行时间和空间维度的信息聚合时，空间聚合器（图卷积中共享的卷积核）和时间聚合器（如 GRU 单元）通常在所有顶点之间都是共享的，也就是每个顶点所用的时间和空间聚合器的参数是相同的，这很好地实现了参数共享，但同时造成了另外一个问题，就是缺乏对空间异质性的考察。

所谓时空异质性包括空间异质性和时间异质性两个方面。空间异质性是指不同的顶点，它的功能（如居住区和商业区）、特点（路网密度等）是不同的，不同对的顶点之间的连接由于距离、车道数、道路等级等的不同也不是同质的。因此，在进行空间维度的信息聚合时，需要针对中心顶点及其邻居顶点，以及二者之间的连接特点的不同，设置不同的空间聚合方式。时间异质性是指不同的顶点，由于其功能、特点的不同，随着时间的推移其交通状态的变化趋势也不尽相同，因此，在对其进行时间相关性捕获时，要考虑不同顶点的这种异质性。

为了整合时空异质性建模，本研究提出了一种基于深度元学习（Deep Neta Learning）的未来交通状态预测模型。

6.5.1　问题提出

空间网络拓扑图（无向图）$\mathcal{G} = (\mathcal{V}, \mathcal{E}, \mathbf{A})$，$\mathcal{V}$ 为网络顶点集合，令 $|\mathcal{V}| = N$，$\mathcal{E}$ 为弧段集合，$\mathbf{A} \in \mathbb{R}^{N \times N}$ 为邻接矩阵，定义如下：

$$\mathbf{A}_{ij} = \begin{cases} 1, & i \text{ 与 } j \text{ 相邻} \\ 0, & \text{其他} \end{cases}, \forall i, j \in \mathcal{V} \tag{6-25}$$

$\mathbf{X}_t \in \mathbb{R}^{N \times C}$ 为时段 t 交通状态拓扑切片，C 为每个顶点的交通状态观测特征维度。

问题定义：给定历史的交通状态观测序列 $\mathbf{X} = \left(\mathbf{X}_{t-\tau_{\text{in}}+1}, \cdots, \mathbf{X}_t \right) \in \mathbb{R}^{\tau_{\text{in}} \times N \times C}$ 和路网拓扑结构 $\mathcal{G} = (\mathcal{V}, \mathcal{E}, \mathbf{A})$，预测未来的交通状态序列 $\hat{\mathbf{X}} = \left(\mathbf{X}_{t+1}, \cdots, \mathbf{X}_{t+\tau_{\text{out}}} \right) \in \mathbb{R}^{\tau_{\text{out}} \times N \times C}$，亦即寻找函数 $\mathcal{F} : (\mathbf{X}; \mathcal{G}) \to \hat{\mathbf{X}}$。

6.5.2　模型建立

图 6-6（a）给出了所建立的 ST-MetaNet 模型，整体上该模型是基于 Encoder-Decoder 架构建立的。Encoder 负责对历史交通状态进行编码，Decoder 负责以 Encoder 输出的时空高阶表征 $\{\mathbf{H}_{\text{RNN}}, \mathbf{H}_{\text{Meta-RNN}}\}$ 为初始输入，依次对未来时段交通状态进行预测。Encoder 和 Decoder 的结构组成是一样的，都包含 4 个组件：RNN、Meta Knowledge Learner、Meta-GAT 和 Meta-RNN。下面以 Decoder 为例，详细介绍这 4 个组件。

1. RNN 组件

该组件负责接收历史交通状态拓扑切片序列 $\mathbf{X} = \left(\mathbf{X}_{t-\tau_{\text{in}}+1}, \cdots, \mathbf{X}_t \right)$，对其

进行初步的特征嵌入，该组件采用 GRU 作为基本循环单元，对应任意第 τ 个时段（$\forall \tau = t - \tau_{\text{in}} + 1, \cdots, t$）对应的 GRU 单元，其输入为 $\{\mathbf{H}_{\tau-1}, \mathbf{X}_{\tau}\}$，对应的计算公式为

更新门：$\mathbf{u}_{\tau}^{(i)} = \sigma\left(\mathbf{W}_u\left[\mathbf{H}_{\tau-1}^{(i)}, \mathbf{X}_{\tau}^{(i)}\right] + \mathbf{b}_u\right), \forall i \in \mathcal{V}$

重置门：$\mathbf{r}_{\tau}^{(i)} = \sigma\left(\mathbf{W}_r\left[\mathbf{H}_{\tau-1}^{(i)}, \mathbf{X}_{\tau}^{(i)}\right] + \mathbf{b}_r\right), \forall i \in \mathcal{V}$

当前记忆：$\tilde{\mathbf{H}}_{\tau}^{(i)} = \tanh\left(\mathbf{W}_h\left[\mathbf{r}_{\tau}^{(i)} \odot \mathbf{H}_{\tau-1}^{(i)}, \mathbf{X}_{\tau}^{(i)}\right] + \mathbf{b}_h\right), \forall i \in \mathcal{V}$

输出：$\mathbf{H}_{\tau}^{(i)} = \left(1 - \mathbf{u}_{\tau}^{(i)}\right)\mathbf{H}_{\tau-1}^{(i)} + \mathbf{u}_{\tau}^{(i)}\tilde{\mathbf{H}}_{\tau}^{(i)}, \forall i \in \mathcal{V}$

式中，$\mathbf{W}_u$、$\mathbf{W}_r$、$\mathbf{W}_h$ 和 $\mathbf{b}_u$、$\mathbf{b}_r$、$\mathbf{b}_h$ 均为可学习参数，$[\cdot, \cdot]$ 表示两个向量的拼接。

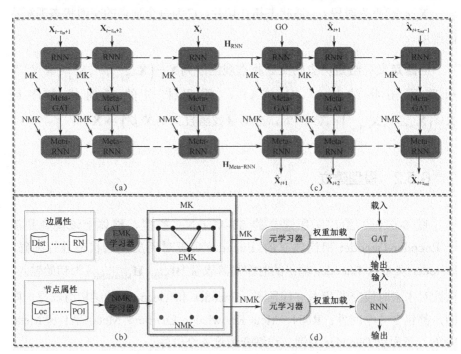

图 6-6　ST-MetaNet 模型：（a）ST-MetaNet；（b）元知识学习器；

（c）Meta-GAT；（d）Meta-RNN

为了表述的方便，将上述一系列公式压缩表示为

$$\mathbf{H}_{\tau}^{(i)} = \mathrm{GRU}\left(\mathbf{H}_{\tau-1}^{(i)}, \mathbf{X}_{\tau}^{(i)} \mid \mathbf{W}_{\Omega}, \mathbf{b}_{\Omega}\right), \forall i \in \mathcal{V} \tag{6-26}$$

式中，$\Omega = \{u, r, h\}$。

2. Meta Knowledge Learner 组件

该组件负责对每个顶点 $\forall i \in \mathcal{V}$ 和每条边 $\forall (i, j) \in \mathcal{E}$ 的特征进行编码嵌入（embedding），以便后期针对每个顶点和每条边特有的属性进行空间和时间信息的聚合，从而整合本节开头所说的空间异质性。

$\forall i \in \mathcal{V}$ 的特征可以由 POI 等来描述，收集的关于顶点的特征数据向量记为 $\mathbf{v}_i, \forall i \in \mathcal{V}$；$\forall (i, j) \in \mathcal{E}$ 的特征可以用距离、车道数、道路等级等来描述，收集的关于边的特征数据向量记为 $\mathbf{e}_{ij}, \forall (i, j) \in \mathcal{E}$。

分别建立针对顶点和边的特征嵌入学习器：NMK 学习器和 EMK 学习器。NMK 学习器和 EMK 学习器均采用两层全连接神经网络架构，实现对顶点和边特征的嵌入，对应的计算公式为

$$
\begin{aligned}
\mathbf{NMK}_i &= \mathrm{FC}_{\mathrm{N}}^1\left(\mathrm{FC}_{\mathrm{N}}^2(\mathbf{v}_i)\right), \forall i \in \mathcal{V} \\
\mathbf{EMK}_{ij} &= \mathrm{FC}_{\mathrm{E}}^1\left(\mathrm{FC}_{\mathrm{E}}^2(\mathbf{e}_{i,j})\right), \forall (i, j) \in \mathcal{E}
\end{aligned}
\tag{6-27}
$$

式中，$\mathbf{NMK}_i$ 代表顶点 i 的特征嵌入；$\mathbf{EMK}_{ij}$ 代表边 (i, j) 的特征嵌入。特征嵌入即为本研究中所说的元知识（Meta Knowledge）。

3. Meta-GAT 组件

该模块负责对信息进行空间维度的聚合（亦即捕获空间相关性）。其所采用的空间聚合器本质上与 GAT 是相同的，但是存在两点差别：这里仅采用了 Single-Head 的注意力，而没有像 GAT 一样采用多头注意力；这里充分考虑了每个顶点的异质性，在计算任意顶点对之间的注意力分数时，结合了两个顶点及它们之间连接的元知识。也就是说，在 GAT 中，每对顶点之间的注意力分数计算都是共享同一组参数的小型全连接网络（这里假定注意力分数计

算采用的是小型全连接神经网络），而在本研究中，Meta-GAT 组件在计算任意一对顶点之间的注意力分数时，基于顶点及其连接的元知识，单独为它们的注意力分数计算神经网络生成一组特定的参数，从而实现每对顶点之间的注意力分数计算的异质性。图 6-7 所示是 Meta-GAT 组件工作原理。

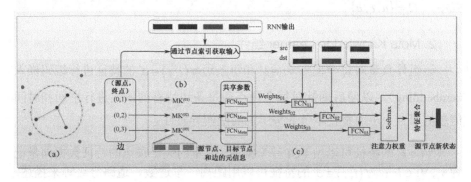

图 6-7　Meta-GAT 组件工作原理：（a）空间关联性；（b）元学习器；
（c）图注意力网络

对于 $\forall i \in \mathcal{V}$，$\forall j \in \mathcal{N}_i$（$\mathcal{N}_i$ 表示顶点 i 的一阶邻域顶点集合），定义与它们二者相关的元知识如下：

$$\mathbf{MK}_{ij} = \mathbf{NMK}_i \,\|\, \mathbf{EMK}_{ij} \,\|\, \mathbf{NMK}_j \tag{6-28}$$

式中，$\|$ 表示向量拼接操作。

二者之间的注意力分数计算如下：

$$s_{ij} = \mathrm{LeakyReLU}\left(\mathbf{W}_{ij}^2\left[\mathbf{H}_\tau^i, \mathbf{H}_\tau^j\right] + \mathbf{b}_{ij}^2\right), \forall \tau = t - \tau_{\mathrm{in}} + 1, \cdots, t \tag{6-29}$$

式中，s_{ij} 表示顶点 i 与其邻域顶点 j 之间的注意力分数；$[\cdot, \cdot]$ 表示两个向量的拼接；$\mathbf{H}_\tau^i, \mathbf{H}_\tau^j$ 为 RNN 层的输出；$\mathbf{W}_{ij}^2, \mathbf{b}_{ij}^2$ 均为基于元知识 $\mathbf{MK}_{ij}$ 生成的一组特定参数，其计算方式如下：

$$\begin{aligned} \mathbf{W}_{ij}^2 &= \mathrm{gw}\left(\mathbf{MK}_{ij}\right) \\ \mathbf{b}_{ij}^2 &= \mathrm{gb}\left(\mathbf{MK}_{ij}\right) \end{aligned} \tag{6-30}$$

式中，$\mathrm{gw}(\cdot), \mathrm{gb}(\cdot)$ 均表示两个小型的全连接网络，用于根据元知识生成特定的参数。

进一步，依据注意力分数计算 i 与 j 二者之间的注意力系数：

$$\alpha_{ij} = \frac{\exp\left(s_{ij}\right)}{\displaystyle\sum_{j \in \mathcal{N}_i} \exp\left(s^{ij}\right)} \tag{6-31}$$

接下来，对顶点 i 进行空间信息融合：

$$\tilde{\mathbf{H}}_\tau^i = \left(1 - \lambda_i\right)\mathbf{H}_\tau^i + \lambda_i \mathrm{ReLU}\left(\sum_{j \in \mathcal{N}_i} \alpha_{ij}\mathbf{H}_\tau^j\right), \forall \tau = t - \tau_{\mathrm{in}} + 1, \cdots, t \tag{6-32}$$

式中，$\lambda_i \in [0,1]$，是一个可学习的参数。

4. Meta-RNN 组件

该组件负责对信息进行时间维度的循环编码。该组件的基本单元仍旧采用 GRU，但是针对不同的顶点，其循环编码的 GRU 所使用的参数是依据其元知识生成的，从而为不同顶点采用不同的时间聚合器，实现时间异质性的建模。

对于 $\forall \tau = t - \tau_{\mathrm{in}} + 1, \cdots, t$ 步的编码计算公式如下：

$$\bar{\mathbf{H}}_\tau^{(i)} = \mathrm{GRU}\left(\bar{\mathbf{H}}_{\tau-1}^{(i)}, \tilde{\mathbf{H}}_\tau^{(i)} \mid \mathbf{W}_\Omega^{(i)}, \mathbf{b}_\Omega^{(i)}\right), \forall i \in \mathcal{V} \tag{6-33}$$

式中，$\bar{\mathbf{H}}_\tau^{(i)}$ 为第 τ 步 Meta-RNN 的输出；$\mathbf{W}_\Omega^{(i)}$、$\mathbf{b}_\Omega^{(i)}$ 为依据顶点 i 的元知识 $\mathbf{NMK}_i$ 生成的特定参数，其计算公式如下：

$$\begin{aligned}
\mathbf{W}_\Omega^{(i)} &= \mathrm{gw}_\Omega(\mathbf{NMK}_i), \forall i \in \mathcal{V} \\
\mathbf{b}_\Omega^{(i)} &= \mathrm{gb}_\Omega(\mathbf{NMK}_i), \forall i \in \mathcal{V}
\end{aligned} \tag{6-34}$$

6.6　本章小结

本章选取了有代表性的 5 篇研究文献，对短时交通状态预测中，基于循环和图卷积神经网络相结合的时空相关性建模进行了阐述。在时间相关性建模方面，深度学习领域最容易让人想到的就是循环神经网络，将它与图卷积神经网络结合进行时空相关性建模是非常自然的思路。从代表性的研究中发现，基于循环神经网络与图卷积神经网络的建模思路非常倾向于搭配 Encoder-Decoder 的深度模型架构。此外，循环神经网络与图卷积神经网络可以分别独立捕获时间相关性和空间相关性，也可以与 6.4 节类似，将二者融为一体，构成一个基本的时空相关性捕获单元。

第 7 章

基于 Self-Attention 与卷积图
神经网络相结合的时空相关性建模

自从 Self-Attention 机制被提出以来，它就在深度学习领域取得了巨大的成功，今天大家所熟知的"巨无霸式"的明星模型，如 OpenAI 的 GPT-3、谷歌的 Bert，以及谷歌新近提出的 Switch Transformer，其背后无不以 Self-Attention 机制为基本组件。Self-Attention 以其高效的并行计算及时序特征提取能力，很快就在 NLP 领域替代了原来的 RNN 系列组件，称为 NLP 模型的标配，以至于有的学者发出这样的感慨：RNN "人老珠黄"，已经基本完成它的历史使命，将来会逐步退出历史舞台，"新欢" Transformer 明显会很快成为 NLP 里担当大任的最主流的特征抽取器。这里的 Transformer 模型最为主要的组件就是 Self-Attention。

正因为如此，在对时间维度的相关性提取建模方面，研究者自然也开始尝试采用 Self-Attention 机制来替代循环神经网络和 1D CNN，并且取得了非常好的效果。在空间维度上，研究者也引入了 Self-Attention 机制，从而解决了为相同邻域范围内的顶点在向中心顶点信息聚合时动态分配不同权重的问题，GAT 就是其中最典型的代表。本章将介绍几篇基于 Self-Attention 机制的时空相关性建模研究。

7.1 GMAN[40]

这项研究在空间相关性建模和时间相关性建模上均采用了多头自注意力机制（Multi-Head Attention，MHA），并基于 MHA 机制构建了用于交通状态预测的 Encoder-Decoder 模型。

7.1.1 问题提出

空间网络拓扑图（有向图）$\mathcal{G}=(\mathcal{V},\varepsilon,\mathbf{A})$，$\mathcal{V}$ 为网络顶点集合，ε 为弧段集合，令 $|\mathcal{V}|=N$，$\mathbf{A}=\mathbb{R}^{N\times N}$ 为邻接矩阵，定义如下：

$$\mathbf{A}_{ij}=\begin{cases}1, i \text{与} j \text{相邻}\\0, \text{其他}\end{cases},\forall i,\ j\in\mathcal{V} \tag{7-1}$$

$\mathbf{X}_t=\mathbb{R}^{N\times C}$ 为时段 t 交通状态拓扑切片，C 为每个顶点的交通状态观测特征维度。

问题定义：给定历史的交通状态观测序列 $\mathbf{X}=(\mathbf{X}_{t_1},\cdots,\mathbf{X}_{t_P})\in\mathbb{R}^{P\times N\times C}$，预测未来的交通状态序列 $\hat{\mathbf{X}}=(\hat{\mathbf{X}}_{t_{P+1}},\cdots,\hat{\mathbf{X}}_{t_{P+Q}})\in\mathbb{R}^{Q\times N\times C}$，亦即寻找函数 $\mathcal{F}:\mathbf{X}\to\hat{\mathbf{X}}$。

7.1.2 模型建立

GMAN 模型如图 7-1（a）所示。整体上，该模型采用了 Encoder-Decoder 的架构，编码和解码的核心都是带有 Skip Connection 的多层时空注意力模块（STAtt Block）。STAtt Block 完全基于 MHA 机制捕获序列数据中的时间和空间相关性。下面详细介绍 GMAN 中每个模块的操作。

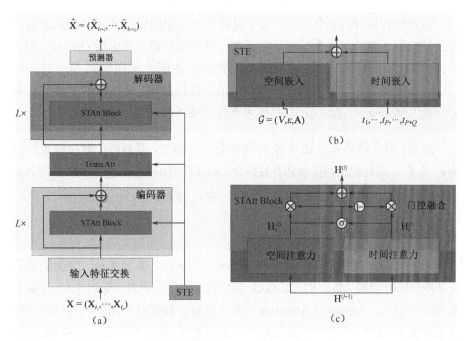

图 7-1　GMAN 模型：（a）GMAN 架构；（b）时空编码（STE）；（c）STAtt Block

1. 输入特征变换模块（Input Embedding）

该模块主要是特征增强，将每个顶点的特征维度从 C 转换为 D，具体为

$$\tilde{\mathbf{X}}_t(v_i,:) = \mathrm{Re}\,\mathrm{LU}(\mathbf{X}_t(v_i,:)\mathbf{W}_{\mathrm{Input}} + \mathbf{b}_{\mathrm{Input}}), \ \forall t = t_1,\cdots,t_p, \forall v_i \in \mathcal{V} \qquad (7\text{-}2)$$

式中，$\mathbf{W}_{\mathrm{Input}} \in \mathbb{R}^{C \times D}$，$\mathbf{b}_{\mathrm{Input}} \in \mathbb{R}^D$ 为可学习参数。

2. 时空位置编码模块（STE）

如图 7-1（b）所示，STE 模块负责对顶点的空间位置和时段的时间位置进行编码。这是因为在后面的时空相关性建模模块 STAtt Block 中，时间和空间维度均采用了 MHA 机制，缺少位置的信息，因此，需要单独一个模块对顶点和时段的位置进行编码。

采用 Node2vec 的方式对每个顶点的空间位置进行编码，表示为 $\mathbf{e}^S_{v_i} \in \mathbb{R}^{F_S}, \forall v_i \in \mathcal{V}$，其中，$F_s$ 为空间位置特征维度。

假定每天划分为 τ 个时段，每个时段在一天中的位置采用 One-Hot 的方式进行编码（$\mathbb{R}^{\tau}$），每个时段所在天在一周中的位置同样采用 One-Hot 的方式进行编码（$\mathbb{R}^{7}$），最终该时段的位置由上述两个编码拼接在一起构成（$\mathbb{R}^{\tau+7}$）。进而将这个编码通过一个 2 层的全连接网络，最终输出 F_t 维的向量 $\mathbf{e}_{v_i}^{T} \in \mathbb{R}^{F_T}, \forall t_j = t_1, \cdots, t_P, \cdots, t_{P+Q}$，作为该时段最终的时间位置编码。

进而，对于任意拓扑切片 $\tilde{\mathbf{X}}_t$ 中任意顶点 v_i 而言，其对应的时空位置编码为 $\mathbf{e}_{v_i}^{S} \oplus \mathbf{e}_t^{T}$，因此经过特征增强并且整合了时空位置编码的历史拓扑切片序列表示为 $\overline{\mathbf{X}} = \{\overline{\mathbf{X}}t\}_{t=t_1}^{t_P}$，其中，$\overline{\mathbf{X}}_t(v_i,:) = \tilde{\mathbf{X}}_t(v_i,:) \oplus \mathbf{e}_{v_i}^{S} \oplus \mathbf{e}_t^{T}$，$\forall t = t_1, \cdots, t_P, \forall v_i \in \mathcal{V}$。

3. 时空注意力模块（STAtt Block）

STAtt Block 是构建 Encoder 和 Decoder 的核心，负责捕获一个交通状态拓扑序列的时空相关性。STAtt Block 模块包含空间注意力（Spatial Attention）和时间注意力（Temporal Attention）两个部分，分别从空间和时间维度进行信息的聚合，最终再将二者融合为时空综合表征。由于在 Encoder 和 Decoder 部分都设置了 L 个 STAtt Block 层，现对于任意第 $l(\forall l = 1, \cdots, L)$ 层讨论 STAtt Block 的计算。假定第 l 层 STAtt Block 的输入为 $\mathbf{H}^{(l-1)}$（也就是第 $l-1$ 层 STAtt Block 的输出），输出为 $\mathbf{H}^{(l)}$，特别地，对于 Encoder 而言，$\mathbf{H}^{(0)} = \overline{\mathbf{X}}$。

1）空间注意力（Spatial Attention）

如图 7-2 所示，任何一个顶点的新特征的生成，均采用 MHA 机制，融合了拓扑图中其他所有顶点的输入特征。图 7-2 中不同时段，信息聚合的线段线型不同，表示聚合的权重是动态的。对于任意顶点 $v_i(\forall v_i \in \mathcal{V})$ 在任意 t_j 时段（对于 Encoder 而言，$\forall t_j = t_1, \cdots, t_P$），采用 K 头注意力对其进行空间信息聚合，任意第 $k(k = 1, \cdots, K)$ 头注意力的计算公式如下：

注意力分数计算：$s_{v_i,v}^{(k)} = \dfrac{\left\langle \mathrm{FC}_S^{1,(k)}\left(\mathbf{H}_{v_i,t_j}^{(l-1)}\right), \mathrm{FC}_S^{2,(k)}\left(\mathbf{H}_{v,t_j}^{(l-1)}\right) \right\rangle}{\sqrt{d}}, \quad \forall v \in \mathcal{V}$

注意力系数计算：$\alpha_{v_i,v}^{(k)} = \dfrac{\exp\left(s_{v_i,v}^{(k)}\right)}{\displaystyle\sum_{v_r \in \mathcal{V}} \exp s_{v_i,v_r}^{(k)}}, \quad \forall v \in \mathcal{V}$

单头注意力信息聚合：$\mathbf{HS}_{v_i,t_j}^{(l),(k)} = \sum_{v \in \mathcal{V}} \alpha_{v_i,v}^{(k)} \mathrm{FC}_S^{3,(k)} \left(\mathbf{H}_{v,t_j}^{(l-1)} \right)$

多头注意力信息聚合：$\mathbf{HS}_{v_i,t_j}^{(l)} = \left\|_{k=1}^{K} \mathbf{HS}_{v_i,t_j}^{(l),(k)}\right.$

式中，FC(·) 代表了全连接层，用于特征变换，其中 $\mathrm{FC}_S^{1,(k)}(\cdot)$、$\mathrm{FC}_S^{2,(k)}(\cdot)$、$\mathrm{FC}_S^{3,(k)}(\cdot)$ 分别对应 Query、Key 和 Value 的变换；d 为每个顶点 Query 和 Key 特征变换后的特征维度；$\|$ 表示向量拼接操作。

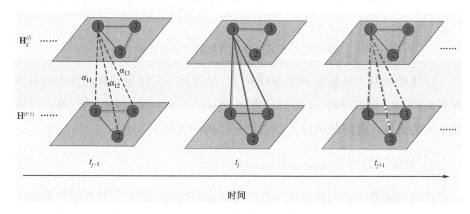

图 7-2   基于多头空间注意力的信息融合

上述的计算方法，对于任意时段所有顶点的信息聚合需要计算 N^2 个注意力系数（需要计算每个顶点与其他 N 个顶点之间的注意力系数），如果网络规模较大，那么这种计算负荷就会非常大。因此，此处预先将原始拓扑网络划分为 G 个小的子网络，每个网络中拥有 $M = N / G$ 个顶点。空间注意力的计算分解为组内注意力（Intra-Group Attention）和组间注意力（Inter-Group Attention），如图 7-3 所示。

组内注意力的计算方式，仍旧按照上面前面公式来计算，从而获得组内每个顶点的局部表征。然后，针对每组所有顶点的局部表征，通过 Max Pooling 操作生成一个代表向量，在所有组的代表向量之间同样利用前面的公式来计算每组的全局表征。最终，每个顶点的表征等于局部表征与全局表征之和。

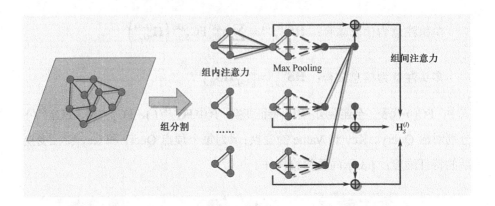

图 7-3　基于预先顶点分组的注意力计算

原始的注意力计算复杂度为 $O(N^2)$，经过预先分组后计算注意力的复杂度变为 $O(NM + (N/M)^2)$，可以计算当 $M = \sqrt[3]{2N}$ 时，预先分组的注意力计算复杂度为最低，此时复杂度为 $O(2^{-1/3}N^{4/3}) << O(N^2)$。

2）时间注意力（Temporal Attention）

在时间维度上，同样采用 MHA 机制进行信息的聚合。需要注意的是，每个时段上，只能聚合该时段之前时段的信息，也就是说，在时间维度上采用的 MHA 相当于是 Masked-MHA。图 7-4 给出了时间注意力的示例。对于任意顶点 $v_i(\forall v_i \in \mathcal{V})$，在任意 t_j 时段（对于 Encoder 而言，$\forall t_j = t_1, \cdots, t_P$），采用 K 头的注意力，对其进行时间信息聚合，任意第 $k(k = 1, \cdots, K)$ 头注意力的计算公式为

注意力分数计算：$s_{t_j,t_r}^{(k)} = \dfrac{\left\langle \mathrm{FC}_T^{1,(k)}\left(\mathbf{H}_{v_i,t_j}^{(l-1)}\right), \mathrm{FC}_T^{2,(k)}\left(\mathbf{H}_{v_i,t_r}^{(l-1)}\right) \right\rangle}{\sqrt{d}}, \quad \forall t_r \in \mathcal{T}_{t_j}$

注意力系数计算：$\beta_{t_j,t_r}^{(k)} = \dfrac{\exp\left(s_{t_j,t_r}^{(k)}\right)}{\sum\limits_{t \in \mathcal{T}_{t_j}} \exp\left(s_{t_j,t_r}^{(k)}\right)}, \quad \forall t_r \in \mathcal{T}_{t_j}$

单头注意力信息融合：$\mathbf{HT}_{v_i,t_j}^{(l),(k)} = \sum\limits_{t \in \mathcal{T}_{t_j}} \beta_{t_j,t_r}^{(k)} \mathrm{FC}_T^{3,(k)}\left(\mathbf{H}_{v_i,t_j}^{(l-1)}\right)$

多头注意力信息融合：$\mathbf{HT}_{v_i,t_j}^{(l)} = \left\| {}_{k=1}^{K} \mathbf{HT}_{v_i,t_j}^{(l),(k)} \right.$

式中，$\mathcal{T}_{t_j} = \{t_1, t_2, \cdots, t_j\}$，表示 t_j 及其之前的时段集合；$\mathrm{FC}_T^{1,(k)}(\cdot)$、$\mathrm{FC}_T^{2,(k)}(\cdot)$、$\mathrm{FC}_T^{3,(k)}(\cdot)$ 分别对应的是 Query、Key 和 Value 的变换。

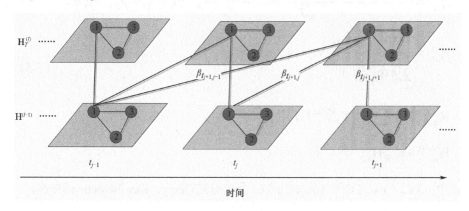

图 7-4　基于多头时间注意力的信息融合

3）门控融合

经过了空间注意力和时间注意力，分别得到了任意 t_j 时段，任意顶点 $v_i(\forall v_i \in \mathcal{V})$，在空间和时间维度的聚合向量 $\mathbf{HS}_{v_i,t_j}^{(l)}$ 和 $\mathbf{HT}_{v_i,t_j}^{(l)}$，进一步采用门控机制融合这两个向量，具体计算如下：

$$\mathbf{H}_{v_i,t_j}^{(l)} = \mathbf{HS}_{v_i,t_j}^{(l)} \odot z + \mathbf{HT}_{v_i,t_j}^{(l)} \odot (1-z) \qquad (7\text{-}3)$$

式中，门控值 z 的计算如下：

$$z = \sigma\left(\mathbf{W}_z(\mathbf{HS}_{v_i,t_j}^{(l)} \parallel \mathbf{HT}_{v_i,t_j}^{(l)}) + \mathbf{b}_z\right) \qquad (7\text{-}4)$$

式中，$\mathbf{W}_z$、$\mathbf{b}_z$ 均为可学习参数。

4. 转换注意力模块（Transform Attention）

在经过 Encoder 的 L 个时空编码层后，得到的时空拓扑序列为 $\mathbf{H}^{(L)}$，该序列的长度为 P，为了将其输入到同样基于 MHA 机制的 Decoder 之中，需要将长度为 P 的 $\mathbf{H}^{(L)}$ 序列变换为长度为 Q 的 $\mathbf{H}^{(L+1)}$ 序列。对于任意待预测时

段 $t_j (\forall t_j = t_{P+1}, \cdots, t_{P+Q})$，Decoder 的输入特征切片信息融合如图 7-5 所示，其计算公式如下：

$$s_{t_j,t_r}^{(k)} = \frac{\left\langle \mathrm{FC}_{T_r}^{1,(k)}\left(\left[\mathbf{e}_{v_i}^S, \mathbf{e}_{t_j}^T\right]\right), \mathrm{FC}_{T_r}^{2,(k)}\left(\left[\mathbf{e}_{v_i}^S, \mathbf{e}_{t_j}^T\right]\right)\right\rangle}{\sqrt{d}}, \quad \forall t_r = t_1, \cdots, t_P, \; \forall v_i \in \mathcal{V}$$

$$\gamma_{t_j,t_r}^{(k)} = \frac{\exp\left(s_{t_j,t_r}^{(k)}\right)}{\sum_{t=t_1}^{t_P} \exp\left(s_{t_j,t}^{(k)}\right)}, \quad \forall t_r = t_1, \cdots, t_P \tag{7-5}$$

$$\mathbf{H}_{v_i,t_j}^{(L+1),(k)} = \sum_{t_r=t_1}^{t_P} \gamma_{t_j,t_r}^{(k)} \mathrm{FC}_{T_r}^{3,(k)}\left(\mathbf{H}_{v_i,t_j}^{(L)}\right)$$

$$\mathbf{H}_{v_i,t_j}^{(L+1)} = \Big\|_{k=1}^{K} \mathbf{H}_{v_i,t_j}^{(L+1),(k)}$$

式中，$\mathrm{FC}_{T_r}^{1,(k)}(\cdot)$、$\mathrm{FC}_{T_r}^{2,(k)}(\cdot)$、$\mathrm{FC}_{T_r}^{3,(k)}(\cdot)$ 分别对应 Query、Key 和 Value 的变换。

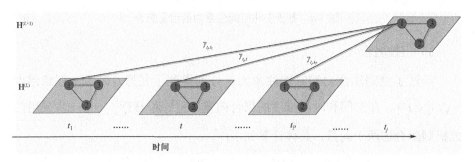

图 7-5 转换注意力层信息融合

这样，经过转换注意力层信息融合后得到了 Decoder 的输入序列 $\mathbf{H}^{(L+1)}$，然后将其通过为 L 个时空注意力层（STAtt Block），最后得到用于预测未来交通状态的高阶表征序列 $\mathbf{H}^{(2L+1)}$。

5. 预测器（Predictor）

预测器将得到的高阶时空表征序列 $\mathbf{H}^{(2L+1)}$ 输入到一个全连接层，实现对未来交通状态的预测。

$$\hat{\mathbf{X}}_t(v_i,:) = \mathrm{ReLU}\left(\mathbf{H}_t^{(2L+1)}(v_i,:)\mathbf{W}_t^{\mathrm{output}} + \mathbf{b}_t^{\mathrm{output}}\right), \quad \forall t = t_{P+1}, \cdots, t_{P+Q}, \forall v_i \in \mathcal{V} \tag{7-6}$$

式中，$\mathbf{W}_t^{\text{output}}$ 和 $\mathbf{b}_t^{\text{output}}$ 均为可学习参数。

6. 损失函数（Loss Function）

损失函数如下：

$$\text{Loss}\left(\mathbf{X}_{t_{P+1}\to t_{P+Q}}, \hat{\mathbf{X}}_{t_{P+1}\to t_{P+Q}}\right) = |\mathbf{X}_{t_{P+1}\to t_{P+Q}} - \hat{\mathbf{X}}_{t_{P+1}\to t_{P+Q}}| \tag{7-7}$$

7.2　ST–GRAT[41]

这项研究所建立的交通状态预测模型（ST-GRAT）可以归结为 Transformer 的变体（关于 Transformer 请参考第 3 篇的相关内容）。Transformer 以向量序列为输入进行编码，然后顺序进行解码输出向量序列。ST-GRAT 则是以拓扑切片序列为输入进行编码，然后顺序进行解码输出未来的要预测时段的拓扑切片。这使 ST-GRAT 相较于 Transformer，除了要考虑时间维度的信息聚合，还要考虑空间维度的信息聚合。当然，各种谱域、空间域图卷积均可以对每个时段的拓扑切片进行空间信息聚合，尤其是基于多头注意力机制的 GAT 模型，能够为中心顶点的邻居顶点动态分配不同的权重。然而，这项研究指出：GAT 模型在进行空间信息聚合时，仅仅考虑了中心顶点及其邻域顶点之间的邻接性信息（即是否邻接），而没有考虑到顶点之间弧段所代表的临近性（proximity）信息和顶点之间弧段的方向（邻入还是邻出），因此 GAT 所利用的拓扑信息是不完全的，需要在 GAT 的基础上研究提出新的空间聚合器，从而全面利用网络的拓扑信息，这是这项研究最大的特色。此外，研究的另外一个特色是引入了空间哨兵向量（Spatial Sentinel Vector，SSV），通过引入 SSV，可以弹性地决定，在空间信息聚合时，中心顶点更多地关注自身特征，还是更多地关注邻域顶点特征。

7.2.1　问题提出

空间网络拓扑图（有向图）$\mathcal{G} = (\mathcal{V}, \varepsilon, \mathbf{A})$，$\mathcal{V}$ 为网络顶点集合，ε 为弧段

集合，令$|\mathcal{V}|=N$，$\mathbf{A}=\mathbb{R}^{N\times N}$为加权邻接矩阵，权重越大，代表两个顶点之间的临近性（proximity）越大，定义如下：

$$\mathbf{A}_{ij}=\begin{cases}1, i 与 j 相邻\\0, 其他\end{cases}, \forall i,\ j \in \mathcal{V} \tag{7-8}$$

$\mathbf{X}_t=\mathbb{R}^{N\times C}$为时段$t$交通状态拓扑切片，$C$为每个顶点的交通状态观测特征维度。

问题定义：给定历史的交通状态观测序列$\mathbf{X}=(\mathbf{X}_{t-T+1},\cdots,\mathbf{X}_t)\in\mathbb{R}^{T\times N\times C}$，预测未来的交通状态序列$\hat{\mathbf{X}}=(\hat{\mathbf{X}}_{t+1},\hat{\mathbf{X}}_{t+2},\cdots)$，亦即寻找函数$\mathcal{F}:\mathbf{X}\to\hat{\mathbf{X}}$。

7.2.2 模型建立

ST-GRAT 模型的整体结构如图 7-6 所示。可以在 Transformer 的基础上，理解 ST-GRAT 模型的各个组成部分。与 Transformer 一致，左侧部分为 Encoder，右侧部分为 Decoder。Encoder 的输入是历史交通状态拓扑切片序列，即$\mathbf{X}=(\mathbf{X}_{t-T+1},\cdots,\mathbf{X}_t)$，Decoder 负责依次对未来交通状态，即$(\hat{\mathbf{X}}_{t+1},\hat{\mathbf{X}}_{t+2})$，进行预测。ST-GRAT 与 Transformer 在时空位置编码（Positional Encoding）和空间注意力（Spatial Attention）层有所不同，下面着重介绍时空位置编码和层，其余模块可以参照 Transformer。

1. 时空位置编码（Positional Encoding）

在 Transformer 中，需要对每个时刻输入的向量位置进行编码，这仅是在时间维度的位置编码。但是，在 ST-GRAT 之中，不仅需要对每个时段的拓扑切片进行时间位置编码，同时由于空间信息聚合也同样采用了 Self-Attention，同样缺少位置信息，因此，还需要在空间维度对位置进行编码。当得到了任意顶点在任意时段的时间和空间位置编码之后，将位置编码与其特征进行融合，从而得到含有时空位置信息和交通状态的新特征。

本研究采用了 LINE 模型，在空间维度上，对每个观测顶点进行编码。本质上，LINE 用一个向量来描述每个顶点，并且这个描述向量能够很好地反映顶点之间的拓扑连接关系，是一种 Node2vec 的无监督学习方法。

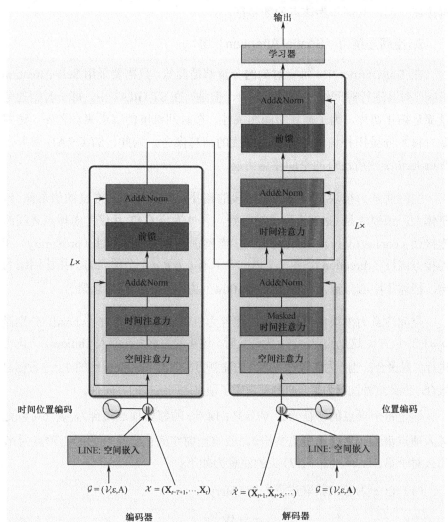

图 7-6　ST-GRAT 模型

在时间维度上，对位置的编码与 Transformer 中采用的方法相同。其本质是对每个拓扑切片所处的时段在时间维度的位置进行编码，详见第 3 篇关于 Transformer 的内容。

在得到了任意顶点的空间位置编码和任意时段的时间位置编码之后，针对任意时段中的任意顶点，将上述两个位置编码和顶点的交通状态描述特征拼接在一起，共同作为该点的新特征。

2. 空间注意力（Spatial Attention）层

在 Transformer 中，每一时刻的分量都是向量，只需要采用 Self-Attention 机制，对其进行时间维度的信息融合。但是，在 ST-GRAT 中，每一时刻的分量都是拓扑切片，为了捕获空间相关性，在时间维度的信息聚合之外，还需要对每个分量拓扑切片进行空间维度的信息聚合，为此，ST-GRAT 引入了 Transformer 中所没有的空间注意力层。

空间注意力模块负责对任意时段的拓扑切片进行空间维度的信息聚合。整体上，该模块是 GAT 模型改进得到，具体为将 GAT 从仅考虑顶点之间的连接性（connectivity），拓展到进一步考察顶点之间的临近性（proximity）和连接方向性（direction）。图 7-7 以一个只有 a,b,c,d 4 个顶点的小拓扑网络为例，描述了中心顶点 a，在邻入（inflow）方向上的空间信息聚合。

空间注意力模块仍旧采用多头注意力机制，假定共有 H 个 head，分别是 $h=1,2,\cdots,H$。这里约定，当 h 为奇数时，该头的注意力在邻入（inflow）方向上进行信息聚合；当 h 为偶数时，该头的注意力在邻出（outflow）方向上进行信息聚合，因此这种注意力聚合机制就考虑了顶点之间连接的方向性。

假定每个顶点的特征为 $z_i, \forall i \in \mathcal{V}$；顶点 i 的邻居顶点集合为 $\mathcal{N}_i$（可以是邻入顶点集合或者邻出顶点集合）。假定当前空间信息聚合的中心顶点为 i，那么对于第 $h(\forall h=1,2,\cdots,H)$ 头的注意力如下。

（1）以 z_i 为基础获取注意力的 Query：

$$\mathbf{q}_i = \mathbf{W}^{Q_N} \mathbf{z}_i \qquad (7\text{-}9)$$

式中，$\mathbf{W}^{Q_N}$ 为参数矩阵。

（2）以 $\mathbf{z}_j (\forall j \in \{\mathcal{N}_i, i\}$ 为基础生成注意力的 Key 和 Value：

$$\begin{aligned}
\mathbf{k}_j &= \mathbf{W}^{K_N} \mathbf{z}_j, \forall j \in \{\mathcal{N}_i, i\} \\
\mathbf{v}_j &= \mathbf{W}^{V_N} \mathbf{z}_j, \forall j \in \{\mathcal{N}_i, i\}
\end{aligned} \qquad (7\text{-}10)$$

式中，$\mathbf{W}^{K_N}, \mathbf{W}^{V_N}$ 为参数矩阵。

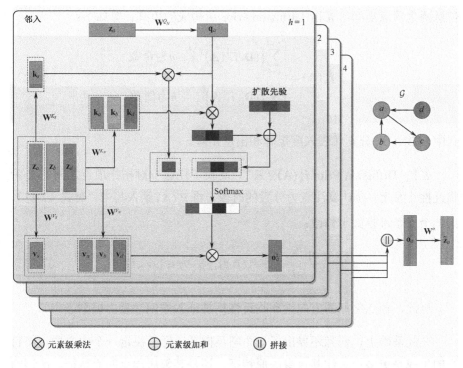

图 7-7　空间注意力模块计算示例

　　如果这里采用 GAT 模型，那么依据上述生成的 Query、Key 和 Value 则可以计算该头注意力的分数，进而通过 Softmax 层计算各自的注意力系数，具体为

$$s_{i,j} = \frac{\langle \mathbf{q}_i, \mathbf{k}_j \rangle}{\sqrt{d}}, \ \forall j \in \{\mathcal{N}_i, i\}$$

$$\alpha_{i,j} = \frac{\exp(s_{i,j})}{\sum\limits_{r \in \{\mathcal{N}_i, i\}} \exp(s_{i,r})}, \ \forall j \in \{\mathcal{N}_i, i\} \tag{7-11}$$

式中，$< \cdot, \cdot >$ 表示向量的内积；d 为 Query、Key 和 Value 向量的维度。

　　然后再按照注意力系数加权融合顶点为 i 及其邻域顶点的特征信息，就可以作为顶点 i 的新特征。但是，考虑顶点之间的临近性（proximity），研究在注意力分数 $s_{i,j}, \forall j \in \{\mathcal{N}_i, i\}$ 中增加了一个 Diffusion Prior 向量。具体而言，任意两个顶点之间的 K 阶 Diffusion Prior 所构成的矩阵计算如下：

$$P_h(\mathbf{A}) = \begin{cases} \sum_{k=0}^{K-1} \left((\mathbf{D}_\mathrm{I})^{-1}(\mathbf{A})^\mathrm{T} \right)^k, & h\text{为奇数} \\ \sum_{k=0}^{K-1} \left((\mathbf{D}_\mathrm{O})^{-1}\mathbf{A} \right)^k, & h\text{为偶数} \end{cases} \tag{7-12}$$

式中，$\mathbf{D}_\mathrm{I}$、$\mathbf{D}_\mathrm{O}$ 分别代表入度矩阵和出度矩阵。

K 阶 Diffusion Prior $P_h(\mathbf{A}) \in \mathbb{R}^{N \times N}$ 反映了任意一对拓扑顶点之间的 K 阶临近性。因此，在计算注意力分数的时候，将 $P_h(\mathbf{A})$ 纳入其中，对式（7-11）第一个式子进行如下修改：

$$s_{i,j} = \frac{<\mathbf{q}_i, \mathbf{k}_j>}{\sqrt{d}} + P_h(\mathbf{A})(i,j), \ \forall j \in \{\mathcal{N}_i, i\} \tag{7-13}$$

至此，顶点之间的方向性和临近性均被纳入空间注意力模型当中。

在此基础上，研究还提出了一个哨兵向量，用于决定一个中心顶点新特征的生成是更多地关注其自身的原特征，还是其邻居顶点的原特征。所谓哨兵向量，是对中心顶点 i 单独采用一套线性变换获取它的 Key 和 Value，其计算公式如下：

$$\begin{aligned} \mathbf{k}_s &= \mathbf{W}^{K_s} \mathbf{z}_i \\ \mathbf{v}_s &= \mathbf{W}^{V_s} \mathbf{z}_i \end{aligned} \tag{7-14}$$

式中，$\mathbf{W}^{K_s}, \mathbf{W}^{V_s}$ 为参数矩阵。

进而计算 Query 向量 $\mathbf{q}_i$ 与 $\mathbf{k}_s, \mathbf{v}_s$ 之间的注意力分数，即

$$s_{i,s} = \frac{<\mathbf{q}_i, \mathbf{k}_s>}{\sqrt{d}} \tag{7-15}$$

此时，在 $\{s_{i,j}\}_{\forall j \in \{\mathcal{N}_i, i\}}$ 和 $s_{i,s}$ 全部注意力分数上施加 Softmax 操作，从而计算得到注意力系数 $\{\alpha_{i,j}\}_{\forall j \in \{\mathcal{N}_i, i\}}$ 和 $\alpha_{i,s}$，因此 $\sum_{\forall j \in \{\mathcal{N}_i, i\}} \alpha_{i,j} + \alpha_{i,s} = 1$。对于第 h 头注意力，顶点 i 的新特征为

$$\mathbf{o}_i^h = \sum_{\forall j \in \{\mathcal{N}_i, i\}} \alpha_{i,j} \mathbf{v}_j + \alpha_{i,s} \mathbf{v}_s \tag{7-16}$$

对于所有头注意力的输出进行进一步的拼接融合，从而得到顶点 i 最终的全部头注意力输出为

$$\mathbf{o}_i = \Big\|_{h=1,\cdots,H} \mathbf{o}_i^h \tag{7-17}$$

进一步再通过线性变换，将 $\mathbf{o}_i$ 变换到适当的维度，从而作为顶点 i 的新特征，即

$$\tilde{\mathbf{z}}_i = \mathbf{W}^o \mathbf{o}_i \tag{7-18}$$

7.3　STTN[42]

这项研究基于时间多头注意力机制构建了 Temporal Transformer，同时基于空间多头注意力机制构建了 Spatial Transformer，并在融合二者的基础上，构建历史交通状态的时空特征学习器（Spatial-Temporal Learner）。这项研究相对之前基于时空注意力机制预测模型的特色在于：在 Spatial Transformer 模块，整合了基于切比雪夫多项式（Chebyshev Polgnomial）卷积核的谱域图卷积与基于 Self-Attention 机制的空间信息聚合器，从而既考察了按照静态拓扑关系的空间信息融合，又考察了按照动态拓扑关系的空间信息融合；在时空位置编码部分，采用了可学习参数，而非按照某种方式对时空位置进行预先编码。

7.3.1　问题提出

空间网络拓扑图（无向图）$\mathcal{G} = (\mathcal{V}, \varepsilon, \mathbf{A})$，$\mathcal{V}$ 为网络顶点集合，ε 为弧段集合，令 $|\mathcal{V}| = N$，$\mathbf{A} = \mathbb{R}^{N \times N}$ 为邻接矩阵，定义如下：

$$\mathbf{A}_{ij} = \begin{cases} 1, i \text{ 与 } j \text{ 相邻} \\ 0, \text{ 其他} \end{cases}, \forall i, \ j \in \mathcal{V} \tag{7-19}$$

$\mathbf{X}_t = \mathbb{R}^{N \times C}$ 为时段 t 交通状态拓扑切片，C 为每个顶点的交通状态观测特征维度。

问题定义：给定历史的交通状态观测序列 $\mathbf{X} = (\mathbf{X}_{t-T'+1}, \cdots, \mathbf{X}_t) \in \mathbb{R}^{T' \times N \times C}$ 和拓扑网络 $\mathcal{G}$，预测未来的交通状态序列 $\hat{\mathbf{X}} = (\hat{\mathbf{X}}_{t+1}, \cdots, \hat{\mathbf{X}}_{t+T})$，亦即寻找函数 $\mathcal{F} : (\mathbf{X}, \mathcal{G}) \to \hat{\mathbf{X}}$。

7.3.2 模型建立

STTN 模型如图 7-8（a）所示。首先，输入的历史拓扑切片序列 $\mathbf{X} = (\mathbf{X}_{t-T'+1}, \cdots, \mathbf{X}_t)$ 通过 1×1 的卷积层进行特征变换，将每个顶点的特征维度进行升维，进而将其输入到 L 个时空特征学习模块（ST-Feature Learner），每个 ST-Feature Learner 内部都包含两个子模块：Spatial Transformer［见图 7-8（b）］和 Temporal Transformer［见图 7-8（c）］。不同层的 ST-Feature Learner 之间及单层 ST-Feature Learner 内部的 Spatial Transformer 和 Temporal Transformer 之间均存在着残差连接。经过 L 层 ST-Feature Learner 之后，提取了关于历史交通状态的高阶时空表征序列，进一步将该序列通过 Series Transform 层，根据要预测时段的个数将序列长度进行变换，最后连续通过两个 1×1 的卷积层构成的 predictor 对未来多步的交通状态进行一次性同步预测。

1. Feature Transform 层

这一层的目的是对顶点的特征进行增强。具体计算为

$$\tilde{\mathbf{X}} = \Theta *_{1 \times 1} \mathbf{X} \tag{7-20}$$

式中，$\tilde{\mathbf{X}} \in \mathbb{R}^{T' \times N \times C'}$ 为增强后的特征；$\Theta \in \mathbb{R}^{C' \times C}$ 为卷积核参数。

2. 任意第 $l (\forall l = 1, \cdots, L)$ 个 ST-Feature Learner 层

任意第 l 个 ST-Feature Learner 层的输入为第 $l-1$ 个 ST-Feature Learner 层的输出，记为 $\mathbf{H}^{(l-1)}$，而其输出则记为 $\mathbf{H}^{(l)} \in \mathbb{R}^{T' \times N \times C_l}$。每个 ST-Feature Learner 层都包含了两个组件：Spatial Attention 和 Temporal Attention。

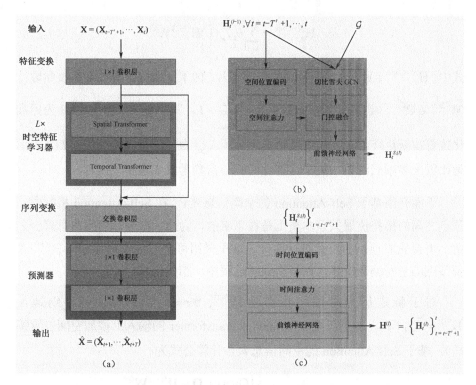

图 7-8　STTN 模型及其关键组件：（a）STTN；（b）Spatial Transformer；

（c）Temporal Transformer

1）Spatial Attention

该组件负责针对输入拓扑切片序列的每个分量拓扑切片进行空间维度的信息聚合，也就是空间相关性的捕获。在这个组件中，用了两个空间信息聚合模型，分别是依赖静态拓扑连接关系的基于切比雪夫多项式卷积核的谱域图卷积和不依赖静态拓扑连接关系的基于 Self-Attention 机制的空间信息聚合器。采用门控机制，将两种空间信息聚合模型得到的聚合结果进行融合，最后再通过一个全连接层进行特征变换，从而输出。

对于特定历史时段拓扑切片 $\mathbf{H}_\tau^{(l-1)}$，$\forall \tau = t - T' + 1, \cdots, t$ （特别地，$\mathbf{H}_\tau^{(0)} = \tilde{\mathbf{X}}_\tau$），基于 K 阶切比雪夫多项式卷积核的谱域图卷积的空间信息聚合计算公式为

$$\mathbf{H}_\tau^{K-\mathrm{Chev}} = \sum_{k=0}^{K} \theta_k T_k(\tilde{\mathbf{L}})\mathbf{H}_\tau^{(l-1)}\mathbf{W}^{\mathrm{Chev}} \tag{7-21}$$

式中，$\mathbf{H}_\tau^{K-\mathrm{Chev}} \in \mathbb{R}^{N \times C_l}$ 为聚合后的拓扑切片；$\{\theta_k\}_{k=0}^{K}$ 为切比雪夫卷积核参数；$\mathbf{W}^{\mathrm{Chev}} \in \mathbb{R}^{C_{l-1} \times C_l}$ 也是卷积核参数；$\tilde{\mathbf{L}} = \dfrac{2\mathbf{L}}{\lambda_{\max}} - \mathbf{I}$，其中 $\mathbf{L} = \mathbf{I} - \mathbf{D}^{-\frac{1}{2}}\mathbf{A}\mathbf{D}^{-\frac{1}{2}}$ 为标准化拉普拉斯矩阵，$\mathbf{D}$ 为顶点度对角矩阵，$\lambda_{\max}$ 为 $\mathbf{L}$ 的最大特征值；$T(\cdot)$ 表示切比雪夫多项式函数（关于这部分的细节请参考第 3 篇相关内容）。

下面介绍基于 Self-Attention 的空间信息聚合。在 Self-Attention 机制中，顶点之间的拓扑位置关系本质上是被忽略的，为此，在进行空间信息聚合之前，需要先对顶点的位置进行编码。这里采用可学习参数矩阵 $\mathbf{SP} \in \mathbb{R}^{N \times N}$ 表征顶点的空间编码矩阵，在模型训练过程中，初始化 $\mathbf{SP} = \mathbf{A}$。

对于特定历史时段拓扑切片 $\mathbf{H}_\tau^{(l-1)}$，$\forall \tau = t - T' + 1, \cdots, t$（特别地，$\mathbf{H}_\tau^{(0)} = \tilde{\mathbf{X}}_\tau \| \mathbf{SP}$，即只在第一个 Spatial Transformer 的输入上添加空间位置编码），基于 Self-Attention 的空间信息聚合计算公式为

Query、Key 和 Value 的计算：$\begin{cases} \mathrm{Query:} & \mathbf{Q} = \mathbf{H}_\tau^{(l-1)}\mathbf{W}_S^{Q} \\ \mathrm{Key:} & \mathbf{K} = \mathbf{H}_\tau^{(l-1)}\mathbf{W}_S^{K} \\ \mathrm{Value:} & \mathbf{V} = \mathbf{H}_\tau^{(l-1)}\mathbf{W}_S^{V} \end{cases}$

式中，$\mathbf{Q}, \mathbf{K}, \mathbf{V} \in \mathbb{R}^{N \times C_l}$，$\mathbf{W}_s^{Q}, \mathbf{W}_s^{K}, \mathbf{W}_s^{V} \in \mathbb{R}^{C_{l-1} \times C_l}$。

注意力分数和系数计算：

$$\mathbf{S} = \frac{\mathbf{Q}\mathbf{K}^{\mathrm{T}}}{\sqrt{C_l}} \in \mathbb{R}^{N \times N} \tag{7-22}$$

$$\alpha = \mathrm{Softmax}(\mathbf{S}) \in \mathbb{R}^{N \times N}$$

信息聚合输出为：

$$\mathbf{H}_\tau^{\mathrm{Att}} = \alpha\mathbf{V} \tag{7-23}$$

至此，得到了按照切比雪夫图卷积和 Self-Attention 两种方式的空间信息

聚合输出，分别为 $\mathbf{H}_\tau^{K-\text{Chev}} \in \mathbb{R}^{N \times C_l}$ 和 $\mathbf{H}_\tau^{\text{Att}} \in \mathbb{R}^{N \times C_l}$，进一步基于它们计算一个门控值如下：

$$\mathbf{G}_\tau = \sigma\left(\Theta_{G*1\times1}\left(\mathbf{H}_\tau^{K-\text{Chev}} \| \mathbf{H}_\tau^{\text{Att}}\right) + \mathbf{B}_G\right) \tag{7-24}$$

式中，$\mathbf{G}_\tau \in \mathbb{R}^{N \times C_l}$ 为门控值；$\Theta_G \in \mathbb{R}^{1 \times 1 \times C_l \times 2C_l}$ 为卷积核参数；$\mathbf{B}_G \in \mathbb{R}^{C_l}$ 为偏置参数。

最终，第 l 个 ST-Feature Learner 层的 Spatial Transformer 的输出计算公式如下：

$$\mathbf{H}_\tau^{S,(l)} = \mathbf{G}_\tau \odot \mathbf{H}_\tau^{K-\text{Chev}} + (1 - \mathbf{G}_\tau) \odot \mathbf{H}_\tau^{\text{Att}}, \ \forall \tau = t - T' + 1, \cdots, t \tag{7-25}$$

式中，$\odot$ 为 Hadamard 积。

令 $\mathbf{H}^{S,(l)} = \left(\mathbf{H}_\tau^{S,(l)}\right)_{\tau=t-T'+1}^t \in \mathbb{R}^{T' \times N \times C_l}$ 表示第 l 个 ST-Feature Learner 层的 Spatial Transformer 最终的输出序列。

2）Temporal Attention

同样，在组件中，不同拓扑切片的时间位置信息在本质上是被忽略的，为此，在进行空间信息聚合之前，需要先对每个时段的位置进行编码。这里采用可学习的参数矩阵 $\mathbf{TP} \in \mathbb{R}^{T' \times N \times T'}$ 表征顶点的时间位置编码矩阵，在模型训练过程中，按照 One-Hot Encoding 的方式初始化每个时段的编码。

该组件负责以 Spatial Transformer 最终的输出序列 $\mathbf{H}^{S,(l)}$（特别地，$\mathbf{H}^{S,(1)} = \mathbf{H}^{S,(1)} \| \mathbf{TP}$，即只在第 1 个 Temporal Transformer 的输入上添加时间位置编码）为输入，在时间维度上进行信息聚合，也就是时间相关性捕获。对于 $\forall i \in \mathcal{V}$，Temporal Transformer 计算如下：

$$\text{Query、Key 和 Value 的计算：} \begin{cases} \text{Query：} \mathbf{Q} = \mathbf{H}^{S,(l)}(:,i,:)\mathbf{W}_T^Q \\ \text{Key：} \ \ \mathbf{K} = \mathbf{H}^{S,(l)}(:,i,:)\mathbf{W}_T^K \\ \text{Value：} \mathbf{V} = \mathbf{H}^{S,(l)}(:,i,:)\mathbf{W}_T^V \end{cases}$$

式中，$\mathbf{Q}, \mathbf{K}, \mathbf{V} \in \mathbb{R}^{T' \times C_l}$，$\mathbf{W}_T^Q, \mathbf{W}_T^K, \mathbf{W}_T^V \in \mathbb{R}^{C_l \times C_l}$。

进一步按照式（7-22），计算得到时间注意力系数，然后计算时间维度的信息融合输出：

$$\mathbf{H}_{\tau}^{\mathrm{Att}} = \boldsymbol{\alpha}\mathbf{V} \in \mathbb{R}^{T'\times C_l} \tag{7-26}$$

因此，第 l 个 ST-Feature Learner 层的最终输出为 $\mathbf{H}^{(l)} = (\mathbf{H}_i^{\mathrm{Att}})_{i\in\mathcal{V}} \in \mathbb{R}^{T'\times N\times C_l}$。

3. Series Transform 层

该层负责根据待预测时段个数，通过 1D 卷积操作，融合第 L 个 ST-Feature Learner 层的输出 $\mathbf{H}^{(L)} \in \mathbb{R}^{T'\times N\times C_L}$，具体计算公式为

$$\widetilde{\mathbf{H}} = \Theta_{\mathrm{SeTrans}*1\mathrm{D},M}\mathbf{H}^{(L)} \tag{7-27}$$

式中，$\Theta_{\mathrm{SeTrans}} \in \mathbb{R}^{\tilde{C}\times M\times C_L}$ 为 1D 卷积核参数，其中 $M = T' - T + 1$ 为卷积核的 size；$\tilde{\mathbf{H}} \in \mathbb{R}^{T\times N\times \tilde{C}}$ 为该层的输出。

4. Prediction 层

该层负责以 $\tilde{\mathbf{H}} \in \mathbb{R}^{T\times N\times \tilde{C}}$ 为输入，一次性同步预测未来 T 个时段的交通状态拓扑切片。该层由两个 1×1 大小的卷积层构成，具体计算公式如下：

$$\tilde{\mathbf{X}}_{\tau} = \mathrm{ReLU}\Big(\Theta_{P_1*1\times1}\Big(\mathrm{ReLU}\Big(\Theta_{P_2*1\times1}\tilde{\mathbf{H}}_{\tau} + \mathbf{B}_{P_2}\Big) + \mathbf{B}_{P_1}\Big), \ \forall \tau = t+1,\cdots,t+T \tag{7-28}$$

式中，$\Theta_{P_1} \in \mathbb{R}^{C\times1\times1\times\hat{C}}$、$\Theta_{P_2} \in \mathbb{R}^{\hat{C}\times1\times1\times\tilde{C}}$ 为卷积核参数，$\mathbf{B}_{P_1} \in \mathbb{R}^{N\times C}$、$\mathbf{B}_{P_2} \in \mathbb{R}^{N\times\hat{C}}$ 为偏置参数。

7.4　STGNN[43]

这项研究结合了图卷积、GRU 和 Self-Attention 3 种方法进行时空相关性的建模。图卷积负责空间相关性的捕获，GRU 负责局部时间相关性（Local Temporal Dependency）的捕获，Self-Attention 负责全局时间相关性（Global Temporal Dependency）的捕获。

7.4.1　问题提出

空间网络拓扑图（无向图）$\mathcal{G} = (\mathcal{V}, \varepsilon, \mathbf{A})$，$\mathcal{V}$ 为网络顶点集合，ε 为弧段集合，令 $|\mathcal{V}| = N$，$\mathbf{A} = \mathbb{R}^{N \times N}$ 为加权邻接矩阵，权重越大，表示顶点之间的连接性越强（这里的权重相当于顶点之间距离的倒数），定义如下：

$$\mathbf{A}_{ij} = \begin{cases} > 0, i \text{与} j \text{相邻} \\ 0, \text{其他} \end{cases}, \forall i, \ j \in \mathcal{V} \tag{7-29}$$

$\mathbf{X}_t = \mathbb{R}^{N \times C}$ 为时段 t 交通状态拓扑切片，C 为每个顶点的交通状态观测特征维度。

问题定义：给定历史的交通状态观测序列 $\mathbf{X} = (\mathbf{X}_1, \cdots, \mathbf{X}_T) \in \mathbb{R}^{T \times N \times C}$ 和拓扑网络 $\mathcal{G}$，预测未来的交通状态序列 $\hat{\mathbf{X}} = (\hat{\mathbf{X}}_{T+1}, \cdots, \hat{\mathbf{X}}_{T+T'})$，亦即寻找函数 $\mathcal{F} : (\mathbf{X}, \mathcal{G}) \to \hat{\mathbf{X}}$。

7.4.2　模型建立

研究所建立的 STGNN 模型如图 7-9 所示。对于输入的历史交通状态拓扑切片，首先将其每个时段分量的拓扑切片通过 S-GNN 组件，在空间维度上融合特征信息（捕获空间相关性）；其次，将 S-GNN 组件的输出顺序输入一个以 GRU 为基本单元的循环层，这一层的目标是捕获局部的时间相关性，需要注意的是，在紧邻的两个 GRU 单元之间，研究还加入了 S-GNN 组件，进一步在空间维度上融合信息；再次，将 GRU 循环层的输出输入到多层的 Transformer 层，每个 Transformer 层（见图 7-10）采用多头注意力机制，从全局的范围上捕获时间相关性；最后，将 Transformer 层的输出输入到 Prediction 层中，对未来的交通状态拓扑切片做出预测，该层对每个顶点共享一个小型的全连接网络，一次性预测多步的未来交通状态。GRU 和全连接层相信读者都已经非常熟悉了，这里不做过多介绍，下面仅对核心组件进行介绍。

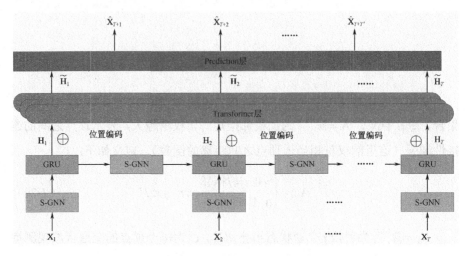

图 7-9　STGNN 模型（⊕为拼接操作）

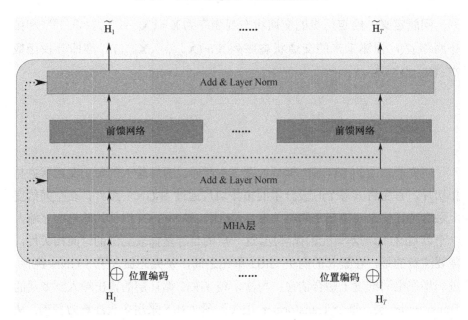

图 7-10　Transformer 层结构（⊕为拼接操作）

1. S-GNN 组件

该组件负责在空间维度上融合信息。正如之前看到的，空间维度的信息聚合方法有很多，包括谱域图卷积、顶点域图卷积及基于 Self-Attention 机制

的信息融合。本研究采用的是 GCN，这是一种谱域图卷积，具体知识参照第3篇相关内容。GCN 的计算表达为

$$\mathbf{H}_{\text{out}} = \sigma\left(\tilde{\mathbf{D}}^{-\frac{1}{2}} \tilde{\mathbf{A}} \tilde{\mathbf{D}}^{-\frac{1}{2}} \mathbf{H}_{\text{in}} \mathbf{W} \right) \qquad (7\text{-}30)$$

式中，$\mathbf{H}_{\text{in}} \in \mathbb{R}^{N \times C_{\text{in}}}$ 和 $\mathbf{H}_{\text{out}} \in \mathbb{R}^{N \times C_{\text{out}}}$ 分别表示输入和输出的拓扑切片；$\tilde{\mathbf{A}} = \mathbf{A} + \mathbf{I}$，$\tilde{\mathbf{D}} = \mathbf{D} + \mathbf{I}$ 为顶点度对角矩阵；$\mathbf{W} \in \mathbb{R}^{C_{\text{out}} \times C_{\text{in}}}$ 为卷积核参数。

从式（7-30）可以看到，GCN 的空间信息聚合利用了顶点之间的拓扑连接性和几何临近性（来源于矩阵 $\mathbf{A}$ 带有的权重）。但是研究认为，顶点之间相关性不仅与几何临近性有关，还与顶点之间连接的车道数、道路条件、车辆密度、紧急事件等有关，需要在空间信息聚合中加以考虑。但是，一方面这些影响因素在实践中可能并不好得到，另一方面也可能还受很多其他因素影响，而这些因素事先并不为人所知。为此，在这项研究中，给任意顶点 $i \in \mathcal{V}$ 分配一个可学习的潜向量表示（Learnable Latent Vector Representation）$\mathbf{p}_i \in \mathbb{R}^{F}$，通过任意两个顶点之间潜向量表示之间的相似程度，来确定其相关性。由于潜向量表示有多个维度（具体为 F），每个维度可以代表一种特定的相关性（如距离相关性、交通样式相关性等），这样在空间信息聚合时，不仅可以捕获到几何距离上的相关性，还可以捕获多个维度上的相关性，进而实现更全面、更具弹性的空间信息聚合方式。任意顶点 $i, j \in \mathcal{V}$ 的相关性计算公式如下：

$$\mathbf{R}[i, j] = \frac{\exp\left(\mathbf{P}_i (\mathbf{P}_j)^{\mathrm{T}} \right)}{\displaystyle\sum_{k \in \mathcal{V}} \exp\left(\mathbf{P}_i (\mathbf{P}_k)^{\mathrm{T}} \right)} \qquad (7\text{-}31)$$

这样计算得到的矩阵 $\mathbf{R} \in \mathbb{R}^{N \times N}$ 反映了任意顶点之间的多维综合相关性。进一步融合路网的真实拓扑连接关系，令

$$\text{mask}(\mathbf{R})[i, j] = \begin{cases} \mathbf{R}[i, j], & \mathbf{A}[i, j] > 0 \\ 0, & \mathbf{A}[i, j] = 0 \end{cases} \qquad (7\text{-}32)$$

将 mask($\mathbf{R}$) 作为新的邻接矩阵，对式（7-30）做如下修改：

$$\mathbf{H}_{\text{out}} = \sigma\left(\tilde{\mathbf{D}}_{\mathbf{R}}^{-\frac{1}{2}}\tilde{\mathbf{R}}\tilde{\mathbf{D}}_{\mathbf{R}}^{-\frac{1}{2}}\mathbf{H}_{\text{in}}\mathbf{W}\right) \tag{7-33}$$

式中，$\tilde{\mathbf{R}} = \text{mask}(\mathbf{R}) + \mathbf{I}$，$\tilde{\mathbf{D}}_{\mathbf{R}}$ 为 $\tilde{\mathbf{R}}$ 的顶点度对角矩阵；$\mathbf{W} \in \mathbb{R}^{C_{\text{out}} \times C_{\text{in}}}$ 为卷积核参数。

2. Transformer 层组件

该组件负责从全局范围捕获时间相关性。将该组件的输入，即从 GRU 循环层输出的拓扑切片序列记为 $\mathbf{H} = \{\mathbf{H}_t\}_{t=1}^{T}$，其输出记为 $\tilde{\mathbf{H}} = \{\tilde{\mathbf{H}}_t\}_{t=1}^{T}$。首先，由于 Transformer 层采用了 Self-Attention 机制，本质上忽略了时间位置的信息，需要首先对时间位置进行编码。这里采用了原始 Transformer 中的位置编码（具体编码方式见第 3 篇相关内容），每个时段 $t = 1, \cdots, T$ 的位置编码向量记为 $\mathbf{e}_t$。由此，Transformer 层的输入变为 $\hat{\mathbf{H}} = \{\hat{\mathbf{H}}_t = \mathbf{H}_t \oplus \mathbf{e}_t\}_{t=1}^{T}$。

对于 $\forall i \in \mathcal{V}$，Transformer 层计算如下：

Query、Key 和 Value 的计算：
$$\begin{cases} \text{Query：} \mathbf{Q} = \hat{\mathbf{H}}(:,i,:)\mathbf{W}^{Q} \\ \text{Key：} \quad \mathbf{K} = \hat{\mathbf{H}}(:,i,:)\mathbf{W}^{K} \\ \text{Value：} \mathbf{V} = \hat{\mathbf{H}}(:,i,:)\mathbf{W}^{V} \end{cases}$$

式中，$\mathbf{W}^{Q}, \mathbf{W}^{K}, \mathbf{W}^{V}$ 为可学习参数矩阵。

注意力分数和系数计算：

$$\mathbf{S} = \frac{\mathbf{Q}\mathbf{K}^{T}}{\sqrt{C_l}} \in \mathbb{R}^{N \times N}$$
$$\boldsymbol{\alpha} = \text{Softmax}(\mathbf{S}) \in \mathbb{R}^{N \times N} \tag{7-34}$$

信息聚合输出为

$$\tilde{\mathbf{H}}(:,i,:) = \boldsymbol{\alpha}\mathbf{V} \tag{7-35}$$

因此，Transformer 层的最终输出为 $\tilde{\mathbf{H}} = \left(\tilde{\mathbf{H}}(:,i,:)\right)_{i \in \mathcal{V}}$，将其作为历史交通拓扑切片的高阶表征序列输入 Prediction 层中，就可以对未来的交通状态拓

扑切片做出预测。

当然，这是单头注意力的情况，如果采用多头注意力机制，将每个 head 对应的输出全部拼接在一起，共同作为高阶时空表征序列也是可以的。

7.5　本章小结

本章介绍了 4 项有代表性的基于 Self-Attention 机制与图卷积神经网络相结合的时空相关性建模研究。自 2017 年以来，Self-Attention 机制在深度学习领域得到了极大的重视，先后被很多前沿的深度学习研究所采用。Self-Attention 由于其良好的并行计算和多头计算机制，有很大的潜力统一卷积神经网络和循环神经网络，也就是将时空相关性的建模统一起来，因此，在未来基于该种方法进行的相关研究一定会越来越多、越来越深入。

第 **8** 章

基于卷积图神经网络的
时空相关性同步建模

在前面几章针对拓扑数据序列进行时空相关性建模的研究中，不管时间维度的信息聚合采用的是 1D CNN、循环神经网络还是 Self-Attention 机制，它们都需要单独再搭配空间相关性建模的图卷积（既可以是谱域图卷积，也可以是空间域图卷积，还可以是基于空间注意力机制的信息融合），从而共同配合完成时空相关性的捕获。这种建模方式从本质上讲是时空异步的，也就是在建模过程中，要么先对序列每个分量拓扑切片进行图卷积操作，捕获其空间相关性，进而再从时间维度对空间信息聚合后的切片进行信息聚合；要么先在时间维度进行信息聚合，然后在空间上对时间维度聚合后的序列或切片进行空间信息聚合。总之，这种时空建模方式在时间和空间两个维度上并不是同步进行的。而在现实当中，空间相关性和时间相关性并不是独立的，如图 8-1 所示，除了单纯的时间相关性（图中点画线箭头）和空间相关性（图中实线箭头），还存在时空耦合相关性（图中虚线箭头）。如果采用分离的时间相关性和空间相关性建模方式，则无法准确捕获这种时空耦合相关性。

在第 1 篇介绍的网格化数据的时空相关性建模中，介绍了单纯基于 2D CNN 进行时空相关性建模的几项研究，其核心是将不同时刻的状态切片，在 channel 维度上进行拼接，从而构成一幅较大的 image，进而在这个大 image 上进行的 2D CNN 操作，就可以同时融合时间和空间维度的信息。相似地，当然可以将不同时段的拓扑化状态切片，在特征维度上进行拼接，从而构成一个特征维度更多的拓扑状态切片，进而单纯基于图卷积就可以同时实现时空两个维度的信息聚合。此外，除了直接将不同时段的拓扑切片直接在特征维度上进行拼接，还可以在不同时段拓扑切片的顶点之间建立虚拟连接，从而将原有的空间连接拓展到时空两个维度的连接关系，进而在更大规模的时空网络上采用图卷积，实现时空相关性的同步建模。本章针对上述两种方式，介绍两项有代表性的时空同步建模的研究。

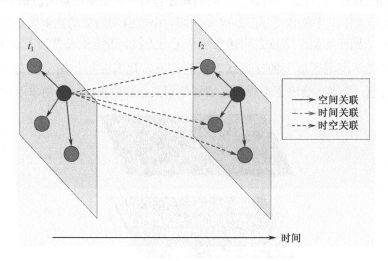

图 8-1　交通状态序列中的各种时空相关性

8.1　MVGCN[44]

这项研究的数据组织方式，既不是对观测区域的等大小网格划分，也不是依赖路网原始的拓扑连接结构，严格来讲，是介于这两者之间的。本研究的基本观测单元，是对整体考察区域的所划分的一系列不规则区域（Irregular Region）。针对基于 GPS、手机信令等所统计的交通状态观测数据，以往的多数研究（如第 1 篇中介绍的研究）是将城市划分为一系列等大小的网格，然后在每个网格单元级别上进行相应的交通状态预测。但在现实中，城市区域天然地被路网分割为不规则的区域，针对不规则区域的交通状态预测更加符合现实需求。

　　每个不规则区域的范围可以根据需要自行指定，也可以借鉴该研究中的做法，采用形态学图像处理（Morphological Image Processing）的方法进行分割，这里不做详细介绍。在不规则区域划分完成之后，每个不规则区域抽象为一个顶点，然后建立它们之间的拓扑连接关系。具体建立连接的方式为：针对某个期限内（如 1 个月或 2 个月）的全部轨迹数据，计算每时间间隔（Time Interval）内任意一对顶点之间的轨迹数目（也就是顶点间流量），如果这个数目大于某个阈值（α）的时间间隔占全部时间间隔的比例大于某个阈值（β），则在这两个节点之间建立一个无向连接，否则就设置为无连接。接下来将在不规则区域上的交通状态预测问题转化为在拓扑图上的交通状态预测问题。图 8-2 给出了不规则区域划分到拓扑图变换的一个简单示例。

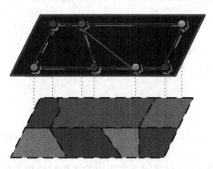

图 8-2　不规则区域划分到拓扑图变换

8.1.1　问题提出

　　给定考察区域经过不规则划分并进行拓扑转换后形成的无向图 $\mathcal{G} = (\mathcal{V}, \varepsilon, \mathbf{A})$，$\mathcal{V}$ 为网络顶点（不规则区域）集合，ε 为弧段集合，$\mathbf{A} \in \mathbb{R}^{N \times N}$ 为无加权邻接矩阵（取值均为 0 或 1），令 $|\mathcal{V}| = N$。时段 t，交通状态拓扑切片为 $\mathbf{X}_t \in \mathbb{R}^{N \times C}$，$C$ 为每个顶点的交通状态观测特征维度。

　　试图找到一个函数 $\mathcal{F}$，给定历史交通状态观测序列 $\{\mathbf{X}_1, \cdots, \mathbf{X}_T\}$ 及不规则区域转换来的拓扑网络 $\mathcal{G} = (\mathcal{V}, \varepsilon, \mathbf{A})$，预测未来 $T+1$ 时段内的交通状态

$\widehat{\mathbf{X}}_{T+1}$，数学表示如下：

$$\mathcal{F}:\{\mathbf{X}_1, \cdots, \mathbf{X}_T : \mathcal{G}\} \rightarrow \widehat{\mathbf{X}}_{T+1} \tag{8-1}$$

8.1.2　模型建立

图 8-3 给出了 MVGCN 模型的整体架构。模型的操作流程整体上分为数据准备阶段和模型建立阶段。

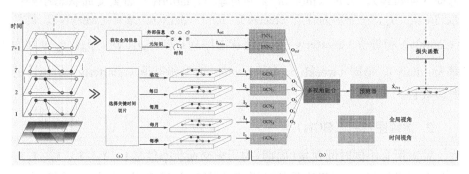

图 8-3　MVGCN 模型：（a）数据准备；（b）模型学习/预测

1. 数据准备（Data Preparation）

到底什么样的信息对于未来的交通状态会有影响？对于这个问题，研究分为全局视角信息和时间视角信息。

（1）全局视角信息。全局视角信息包括外部信息（External Information，这里指气象信息、是否是节假日等）和元信息（Meta Information，这里指 Time of Day、Day of Week 等）。对于外部信息，可以对于不同的天气条件、是否是节假日进行 One-Hot Encoding 方式的编码，将其记为 I_{ext}；对于元信息，同样可以采用 One-Hot Encoding 方式来编码，拼接在一起记为 I_{Meta}。

（2）时间视角信息。这里从 5 个视角来考虑时间相关信息，分别为临近（recent）、每日（daily）、每周（weekly）、每月（monthly）和每季（quarterly），它们的数学表示如下：

$$\mathbf{I}_1 = (\mathbf{X}_{T-l_r+1}, \cdots, \mathbf{X}_T) \in \mathbb{R}^{l_r \times N \times C}$$

$$\mathbf{I}_2 = (\mathbf{X}_{T+1-l_d*p_d}, \cdots, \mathbf{X}_{T+1-p_d}) \in \mathbb{R}^{l_d \times N \times C}$$

$$\mathbf{I}_3 = (\mathbf{X}_{T+1-l_w*p_w}, \cdots, \mathbf{X}_{T+1-p_w}) \in \mathbb{R}^{l_w \times N \times C} \qquad (8\text{-}2)$$

$$\mathbf{I}_4 = (\mathbf{X}_{T+1-l_m*p_m}, \cdots, \mathbf{X}_{T+1-p_m}) \in \mathbb{R}^{l_m \times N \times C}$$

$$\mathbf{I}_5 = (\mathbf{X}_{T+1-l_q*p_q}, \cdots, \mathbf{X}_{T+1-p_q}) \in \mathbb{R}^{l_q \times N \times C}$$

式中，$\mathbf{I}_1$、$\mathbf{I}_2$、$\mathbf{I}_3$、$\mathbf{I}_4$、$\mathbf{I}_5$ 分别为当前时段 T 对应的临近（recent）、每日（daily）、每周（weekly）、每月（monthly）和每季（quarterly）历史交通状态序列；l_r、l_d、l_w、l_m、l_q 分别为临近（recent）、每日（daily）、每周（weekly）、每月（monthly）和每季（quarterly）的交通状态序列长度；p_d、p_w、p_m、p_q 分别为每天（daily）、每周（weekly）、每月（monthly）和每季（quarterly）所包含的时段数目。

2. 谱域图卷积（GCN）

针对所有不同时间视角（周期）的历史交通状态信息 $\mathbf{I}_1$、$\mathbf{I}_2$、$\mathbf{I}_3$、$\mathbf{I}_4$、$\mathbf{I}_5$，首先分别进行 channel 维度的信息拼接，消除时间维度，如针对 $\mathbf{I}_1 \in \mathbb{R}^{l_r \times N \times C}$，通过 reshape，将其变换为 $\mathbf{I}_1 \in \mathbb{R}^{N \times l_r C}$，从而将一系列拓扑切片压缩为一个 channel 更多的单一拓扑切片。这样时间和空间维度的信息全部被压缩到空间范围内，便于直接采用图卷积，就可以同时捕获时间和空间两个维度的相关性。在上述 5 个视角的历史交通状态信息上的图卷积操作是相同的，下面仅以针对 $\mathbf{I}_1 \in \mathbb{R}^{N \times l_r C}$ 的图卷积操作为例进行讲述。

在最初给定的不规则区域划分转换得来的拓扑图 $\mathcal{G} = (\mathcal{V}, \varepsilon, \mathbf{A})$ 中，$\mathbf{A}$ 为非加权邻接矩阵，因此仅表示了顶点之间的连接性，而没有反映出顶点之间距离的远近。为此，基于原始邻接矩阵 $\mathbf{A}$ 拓展得到加权邻接矩阵 $\mathbf{S}$，其定义如下：

$$\mathbf{S} = \mathbf{A} \odot \omega \qquad (8\text{-}3)$$

$$\omega[i,j] = \begin{cases} \exp\left(-\dfrac{[\mathrm{dist}(i,j)]^2}{2\theta^2}\right), & \mathrm{dist}(i,j) \leqslant k \\ 0, & \text{其他} \end{cases}, \ \forall i,j \in \mathcal{V} \quad (8\text{-}4)$$

式中，θ、k 都是预先指定的参数。

假定一共设置 L 层图卷积用于对历史交通状态切片 $\mathbf{I}_1 \in \mathbb{R}^{N \times l_r C}$ 进行空间信息聚合，任意第 $l = 1, \cdots, L$ 层的输入为 $\mathbf{H}^{(l-1)}$，输出为 $\mathbf{H}^{(l)}$，特别地 $\mathbf{H}^{(0)} = \mathbf{I}_1$。基于 GCN 的计算公式为

$$\mathbf{H}^{(l)} = f\left(\tilde{\mathbf{D}}_s^{-\frac{1}{2}} \tilde{\mathbf{S}} \tilde{\mathbf{D}}_s^{-\frac{1}{2}} \mathbf{H}^{(l-1)} \mathbf{W} \right) \tag{8-5}$$

式中，$f(\cdot)$ 为激活函数；$\tilde{\mathbf{S}} = \mathbf{S} + \mathbf{I}$，$\mathbf{I}$ 为单位阵；$\tilde{\mathbf{D}}_s = \mathbf{D}_s + \mathbf{I}$ 为顶点度对角矩阵；$\mathbf{W}$ 为卷积核参数。

此外，在每两层之间设置了残差连接，因此：

$$\mathbf{H}^{(l)} = \mathbf{H}^{(l-1)} + f\left(\tilde{\mathbf{D}}_s^{-\frac{1}{2}} \tilde{\mathbf{S}} \tilde{\mathbf{D}}_s^{-\frac{1}{2}} \mathbf{H}^{(l-1)} \mathbf{W} \right) \tag{8-6}$$

将历史交通状态信息 $\mathbf{I}_1$、$\mathbf{I}_2$、$\mathbf{I}_3$、$\mathbf{I}_4$、$\mathbf{I}_5$ 分别通过一系列 GCN 层进行时空信息融合之后，得到了不同视角（时间周期）下的时空高阶表征输出，记为 $\mathbf{O}_1$、$\mathbf{O}_2$、$\mathbf{O}_3$、$\mathbf{O}_4$、$\mathbf{O}_5$。

3. 多视角时空特征融合（Multi-View Fusion）

在得到了不同视角下的高阶时空表征 $\mathbf{O}_1$、$\mathbf{O}_2$、$\mathbf{O}_3$、$\mathbf{O}_4$、$\mathbf{O}_5$ 之后，采用可学习参数矩阵加权的方式对它们进行融合，具体如下：

$$\mathbf{O} = \mathbf{W}_1 \odot \mathbf{O}_1 + \mathbf{W}_2 \odot \mathbf{O}_2 + \mathbf{W}_3 \odot \mathbf{O}_3 + \mathbf{W}_4 \odot \mathbf{O}_4 + \mathbf{W}_5 \odot \mathbf{O}_5 \tag{8-7}$$

式中，$\mathbf{W}_1$、$\mathbf{W}_2$、$\mathbf{W}_3$、$\mathbf{W}_4$、$\mathbf{W}_5$ 为可学习参数矩阵；$\odot$ 为 Hadamard 积。

4. 全局视角信息嵌入及融合

将 $T + 1$ 时段对应的全局视角信息 $\mathbf{I}_{\text{ext}}$ 和 $\mathbf{I}_{\text{Meta}}$，分别输入对应的全连接神经网络（FNN）中进行特征嵌入（Feature Embedding），从而得到对应的表征 $\mathbf{O}_{\text{ext}}$ 和 $\mathbf{O}_{\text{Meta}}$，将它们拼接在一起得到 $\mathbf{O}_{\text{global}} = \mathbf{O}_{\text{ext}} \oplus \mathbf{O}_{\text{Meta}}$。

5. 预测器（predictor）

预测采用如下方式：

$$\hat{\mathbf{X}}_{T+1} = f_o(\mathbf{O} + \mathbf{O}_{\text{global}} + \sigma(\mathbf{O}_{\text{global}}) \odot \mathbf{O}) \tag{8-8}$$

式中，$f_o(\cdot)$ 为激活函数；$\sigma(\cdot)$ 为 σ 激活函数。

式（8-8）中 $\mathbf{O} + \mathbf{O}_{\text{global}}$ 为多视角历史周期信息与全局视角信息的普通融合；而 $\sigma(\mathbf{O}_{\text{global}}) \odot \mathbf{O}$ 是一种门控机制项，设置这一项的目的在于研究者发现不同的全局视角信息可能导致交通状态变化的不同样式。例如，一般的天气变化不会导致未来交通状态太大的改变，但是如果出现暴雨或者其他极端天气，那么将会导致未来交通状态相对历史交通状态的突变。$\sigma(\mathbf{O}_{\text{global}})$ 所表示的开关项如果捕获到了全局视角信息中的突变，那么也会导致未来交通状态预测表征的突然增大。

8.2 STSGCN[45]

8.2.1 问题提出

给定考察区域为空间网络拓扑图（有向图）$\mathcal{G} = (\mathcal{V}, \varepsilon, \mathbf{A})$，$\mathcal{V}$ 为网络顶点集合，ε 为弧段集合，$\mathbf{A} \in \mathbb{R}^{N \times N}$ 为邻接矩阵，令 $|\mathcal{V}| = N$。时段 t，交通状态拓扑切片为 $\mathbf{X}_t \in \mathbb{R}^{N \times C}$，$C$ 为每个顶点的交通状态观测特征维度。

假定当前时段为 t，试图找到一个函数 $\mathcal{F}$，给定 t 及其之前时段的历史交通状态观测序列和路网拓扑结构，预测未来时段内的交通状态序列，数学表示如下：

$$\mathcal{F} : \{\mathbf{X}_{t-T+1}, \cdots, \mathbf{X}_t\} \to \{\hat{\mathbf{X}}_{t+1}, \cdots, \hat{\mathbf{X}}_{t+T'}\} \tag{8-9}$$

令 $\mathbf{X} = \{\mathbf{X}_{t-T+1}, \cdots, \mathbf{X}_t\} \in \mathbb{R}^{N \times C \times T}$，$\mathbf{X} = \{\mathbf{X}_{t+1}, \cdots, \mathbf{X}_{t+T'}\} \in \mathbb{R}^{N \times C \times T'}$。

8.2.2　模型建立

所建立的 STSGCN 模型如图 8-4 所示。总体步骤如下：

（1）将输入的历史拓扑切片时间序列 **X** 转化为一系列局部时空拓扑图（Local Spatial-Temporal Graph）。

（2）经由一个全连接层，将局部时空拓扑图每个顶点的特征进行升维，从而提升模型的表达能力。

（3）通过多层的时空同步图卷积层（STSGCL），捕获拓扑切片时间序列数据的时空相关性，生成关于输入拓扑切片序列的综合特征表达。

（4）将时空特征综合表征作为输入，使其通过两个全连接层，最终产生要预测时段的交通状态拓扑切片。

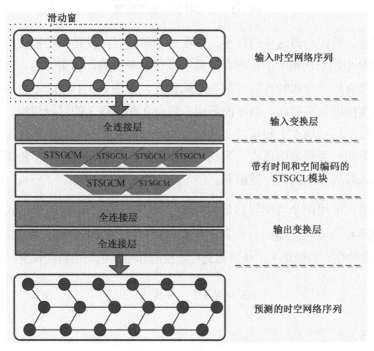

图 8-4　STSGCN 模型

1. 局部时空拓扑图构建

要同步捕获局部时空相关性，最直接的想法是将当前时段 t 拓扑切片中的每个顶点与前一时段（$t-1$）和后一时段（$t+1$）拓扑切片中的相同位置顶点直接连接起来。这样，上述分析的 3 种时空相关性（空间相关性、时间相关性和同步时空相关性）全部转化为一种特殊的空间相关性（其中，同步时空相关性需要 2-hop 连接来表示）。相应的邻接矩阵也就从 $\mathbf{A} \in \mathbb{R}^{N \times N}$ 转化为 $\mathbf{A}' \in \mathbb{R}^{3N \times 3N}$。这样转换的好处是，直接在其上施加图卷积操作，就可以同时捕获各种局部的时空相关性。具体构建过程如图 8-5 所示。

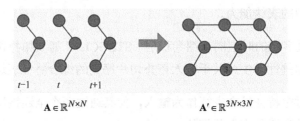

$$\mathbf{A} \in \mathbb{R}^{N \times N} \qquad\qquad \mathbf{A}' \in \mathbb{R}^{3N \times 3N}$$

图 8-5　局部时空拓扑图构建

但是，单纯地做这样的转换，存在一个问题，那就是在转换后的拓扑图（右侧 $3N$ 个顶点的图）中，所有顶点的地位是等价的，但实际上，这样忽略了每个顶点所具有的特有的时间和空间信息，如图 8-5 中顶点 1 和顶点 2 所示，其实地理位置相同，但时段不同；顶点 2 和顶点 3 的时段相同，但实际地理位置不同；顶点 1 和顶点 3 的时段和地理位置都不同，也就是说，它们不应该是同一类等价的顶点。为此，需要为转换后的局部时空拓扑图的每个顶点加入时间和空间的位置编码。

这里，采用两个可学习参数矩阵 $\mathbf{S}_{\text{emb}} \in \mathbb{R}^{N \times C}$、$\mathbf{T}_{\text{emb}} \in \mathbb{R}^{T \times C}$ 分别代表顶点空间编码和顶点时间编码，将其采用张量广播（broadcasting）相加的方式，加入到原始输入的张量上，从而得到经过空间和时间编码的新的张量，具体为

$$\dot{\mathbf{X}} = \mathbf{X} + \mathbf{T}_{\text{emb}} + \mathbf{S}_{\text{emb}} \tag{8-10}$$

式中，$\dot{\mathbf{X}} \in \mathbb{R}^{N \times C \times T}$。

以 $\dot{\mathbf{X}}$ 为基础，从左至右，采用窗口大小为 3、步长为 1 的滑动窗，依次可以构建 $T-2$ 个带有时空位置编码的局部时空特征拓扑图，也就是 $\tilde{\mathbf{X}}_t \in \mathbb{R}^{3N \times C}$, $\forall t = 1, \cdots, T-2$。

2. 输入转换层（Input Transform Layer）

设置这一层的目的主要是顶点的特征增强（Feature Augmentation），也就是对顶点特征进行升维。

$$\bar{\mathbf{X}}_t(n,:) = \mathrm{ReLU}\left(\tilde{\mathbf{X}}_t(n,:)\mathbf{W}_{\mathrm{Aug}} + \mathbf{b}_{\mathrm{Aug}}\right), \forall t = 1, \cdots, T-2, \forall n = 1, \cdots, 3N \quad (8\text{-}11)$$

式中，$\mathbf{W}_{\mathrm{Aug}} \in \mathbb{R}^{C \times C'}$，$\mathbf{b}_{\mathrm{Aug}} \in \mathbb{R}C'$。

3. 时空同步图卷积层（STSGCL）

STSGCL 是模型的核心，用于捕获序列 $\bar{\mathbf{X}} \in \mathbb{R}^{3N \times C' \times T-2}$ 的时空相关性。该层主要是基于时空同步图卷积模块（STSGCM）所构建，下面首先介绍 STSGCM。

1）STSGCM

针对任意一个带有时空位置编码的局部时空拓扑图 $\bar{\mathbf{X}}_t \in \mathbb{R}^{3N \times C'}$，$\forall t = 1, \cdots, T-2$，直接采用图卷积对顶点空间的信息进行聚合，从而捕获局部的时空相关性。这里假定共采用 K 层的顶点域图卷积进行空间信息聚合，相应的第 k 层具体计算公式为

$$\mathbf{H}_t^{(k)} = \sigma\left(\mathbf{A}'\mathbf{H}_t^{(k-1)}\mathbf{W}_t^{(k)}\right), \quad \forall k = 1, \cdots, K \quad (8\text{-}12)$$

式中，$\mathbf{H}_t^{(k)} \in \mathbb{R}^{3N \times C^k}$ 为图卷积的第 k 层输出，$\mathbf{H}_t^{(0)} = \bar{\mathbf{X}}_t \in \mathbb{R}^{3N \times C'}$；$\mathbf{A}' \in \mathbb{R}^{3N \times 3N}$ 为局部时空拓扑图的邻接矩阵；$\mathbf{W}_t^{(k)} \in \mathbb{R}^{C^{k-1} \times C^k}$ 为第 k 层的卷积核。

式（8-12）存在一个问题，就是对于特定的目标顶点，邻域顶点信息在向其聚合时，每个领域顶点的权重都是一样的，为了更好地改进这一点，这里引入了一个可学习参数化矩阵 $\mathbf{W}_{\mathrm{mask}} \in \mathbb{R}^{3N \times 3N}$，将 $\mathbf{A}' \in \mathbb{R}^{3N \times 3N}$ 转换为

$$\mathbf{A}'_{\mathrm{adjust}} = \mathbf{A}' \odot \mathbf{W}_{\mathrm{mask}} \quad (8\text{-}13)$$

从而式（8-12）被修改为

$$\mathbf{H}_t^{(k)} = \sigma\left(\mathbf{A}_{\text{adjust}}'\mathbf{H}_t^{(k-1)}\mathbf{W}_t^{(k)}\right), \ \forall k = 1, \cdots, K \tag{8-14}$$

注意：在任意一个局部时空拓扑图中，要想捕获同步的时空相关性，需要至少融合顶点 2-hop 邻域内顶点的信息，也就是 K 最小取值需要为 2，这里令 $K-2$。

在这里，为了取得更好的建模效果，研究还采用了 JK-net（Xu 等，2018）的图卷积架构对两层的图卷积进行整合，如图 8-6（a）所示。也就是，输入的局部时空拓扑特征图经过了两层的图卷积分别得到的输出为 $\mathbf{H}^{(1)}$ 和 $\mathbf{H}^{(2)}$，之后经过一个聚合层，将这两个输出的信息进行聚合，如图 8-6（b）所示，采用 Max Pooling 的聚合方式。经过聚合，再通过一个 cropping 层，这一层只负责保留中间时刻的特征图切片，裁剪掉前一时段和后一时段的特征图切片，如图 8-6（c）所示。

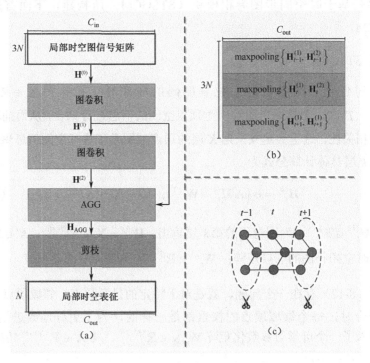

图 8-6　STSGCM 模块：（a）STSGCM；（b）AGG；（c）剪枝操作

2）STSGCL

基于上述的 STSGCM 模块，依次对 $T-2$ 个带有时空位置编码的局部时空拓扑图进行操作，就构成了时空同步图卷积层（STSGCL）。这里，STSGCL 的每个 STSGCM 参数都不同，这主要是考虑不同时间 period 内局部时空相关性的异质性（heterogeneity）。

相应地，在整体模型中，可以叠加多个时空同步图卷积层（STSGCL），从而捕获长期的时空相关性，生成能够有效预测未来时刻交通状态的综合时空特征。

此外，由于 Cropping 操作的存在，随着 STSGCL 层数的增加，时空表征序列的长度越来越短，如图 8-4 所示。

4. 输出转换层（Output Transform Layer）

这一层采用两层的全连接神经网络，以经过多层 STSGCL 操作得到的综合时空表征（记为 $\mathbf{H}_{\text{final}} \in \mathbb{R}^{N \times C_{\text{final}} \times T_{\text{final}}}$）为输入，计算任意 $t+\tau$，$\forall \tau = 1, \cdots, T'$ 目标输出 $\hat{\mathbf{X}}_{t+\tau}$：

$$\hat{\mathbf{X}}_{t+\tau} = \mathrm{ReLU}\left(\mathrm{ReLU}(\hat{\mathbf{H}}_{\text{final}} \mathbf{W}_\tau^1 + \mathbf{b}_\tau^1) \mathbf{W}_\tau^2 + \mathbf{b}_\tau^2\right) \tag{8-15}$$

式中，$\hat{\mathbf{H}}_{\text{final}} \in \mathbb{R}^{N \times C_{\text{final}} T_{\text{final}}}$ 是通过 $\mathbf{H}_{\text{final}} \in \mathbb{R}^{N \times C_{\text{final}} \times T_{\text{final}}}$ reshape 得到的；$\mathbf{W}_\tau^1 \in \mathbb{R}^{C_{\text{final}} T_{\text{final}} \times C_\tau^1}$；$\mathbf{b}_\tau^1 \in \mathbb{R}^{C_\tau^1}$；$\mathbf{W}_\tau^2 \in \mathbb{R}^{C_\tau^1 \times C}$；$\mathbf{b}_\tau^2 \in \mathbb{R}^C$。

5. 损失函数

采用 Huber 在 1992 年提出的损失函数 Huber Loss 作为模型训练的 Loss Function，因为它相对于平方误差（Squared Error）对异常值更加敏感，具体公式如下：

$$\mathrm{Loss}(\mathbf{X}, \hat{\mathbf{X}}) = \begin{cases} \dfrac{1}{2}(\mathbf{X} - \hat{\mathbf{X}})^2, & |\mathbf{X} - \hat{\mathbf{X}}| \leqslant \delta \\ \delta|\mathbf{X} - \hat{\mathbf{X}}| - \dfrac{1}{2}\delta^2, & \text{其他} \end{cases} \tag{8-16}$$

式中，δ 为事先指定的阈值。

8.3　本章小结

本章介绍了 2 项基于时空同步相关性捕获的短期交通状态预测的代表性研究。一种方式是将历史交通状态拓扑切片在 channel 的维度上直接进行拼接，从而形成更多 channel 的拓扑切片，然后直接应用图卷积，这样在捕获空间相关性的同时，等于也捕获了时间相关性；另一种方式是在原有的所有时刻拓扑切片的基础上，通过建立时间维度的弧段连接，将原来每个时段的拓扑图转化为具有更多弧段连接关系的更大的拓扑图，从而在其上施加图卷积。这两种方式本质上都是通过对原始拓扑切片数据施加变换，消除了时间维度信息，从而单纯利用图卷积捕获空间相关性，间接实现时空相关性的同步捕获。

第 3 篇
深度学习相关基本理论

这一篇主要是阐述前面 2 篇所涉及的一些有关深度学习方法论的基础知识。原则上讲，在这样一本关于道路交通状态时空预测的著作中，似乎这一篇不应该存在，应该假定读者具备了一定的深度学习方法论的基础，而仅侧重于利用这种理论和方法进行道路交通状态序列预测的建模。但是，这里作者仍拿出一篇的篇幅来介绍相关的方法论知识，其原因主要有以下两点。

（1）基于深度学习的道路交通状态序列预测问题，看似其核心是道路交通状态序列预测，方法论是深度学习，但是在实际建模过程中可以看到，对研究方法的探索占总工作量的比重远远大于对交通问题的分析，在实际研究过程中，"交通状态序列预测"更多地承担了一个特定应用背景的角色，而对深度学习方法论把握的深度，在很大程度上决定了研究的质量和高度。分析这个领域文献作者的研究背景时发现，他们中的大多数人出身于计算机、电子信息相关专业，而非来自传统的交通工程领域。作为新时期的一种前沿方法论，深度学习应该更多地扮演一种工具的角色，应该被各个传统行业积极探索并有效应用，从而使其与所研究领域原有知识进行有机结合，提升原有实践水平。从目前发表的研究成果来看，传统交通工程领域的学者和学生是相对被动的，其主要原因可能是深度学习方法论的障碍，毕竟他们没有一定的机器学习、数据挖掘等理论基础，方法论就成为一个绕不过去的门槛。在作者看来，创新从来不是单方面从问题出发的，了解方法论，从方法论和问题两个方面入手，可以更好地相互促进，更好地提出创新性想法。

（2）非计算机、电子信息类专业的研究人员固然可以去寻找各种参考资料学习深度学习的相关理论和方法，但是一方面深度学习有很长的发展历史（要算上神经网络），与数据挖掘、统计分析、传统机器学习尤其是神经网络等有密不可分的关系，了解和掌握深度学习，不可避免地要触碰很多底层的知识，这使研究者还来不及顾及要解决的实际交通问题，反而陷入了深度学习方法论的"知识海洋"不能自拔，这显然不是希望看到的；另一方面深度学习是当前人工智能最为核心的理论基石，介绍它的书籍、视频等资料层出不穷，各个层次深浅不一，对于一个"外行"而言，很可能无所适从，不知从何学起，正如网上流传的关于深度学习的段子——"从入门到放弃"。

因此，在作者构思这本书的时候，就想打破"学术著作的常规"，在学术著作中融入一些"教材"的成分，把一些与著作中所需要用到的深度学习方法论知识，按照一种相对容易理解的方式串起来，单独成为一篇，以便读者在阅读前面两篇时可以参照，起到辅助理解的作用。另外，作者在自身学习的过程中发现，深度学习的方法论"知其然"其实并不难，但是"知其所以然"却并不容易。例如，第 2 篇中，常常用到的关于谱域图卷积的相关模型，其理论推导过程涉及图论、拉普拉斯变换、傅里叶变换、欧拉函数、卷积定理等复杂的理论知识，甚至为了搞清楚拉普拉斯变换，还要翻开《高等数学》去学习什么是通量、散度等。但是在具体应用时，如 GCN，其实际操作和物理含义却非常直观和简单（就是邻域顶点特征信息向中心顶点的聚合），因此，如果能够从复杂的理论背景中提纲挈领地把核心要义讲清楚，绕开理论公式推导，让非专业人士也能够有效应用这个先进的方法论工具，这就达到了有效使用方法论的目的。而如果读者对于方法论本身感兴趣，那么也可以基于这个起点，再去研读专业书籍，进行深入探索，这不能不说是一件有意义的工作。

　　鉴于此，笔者"自不量力"（这绝非自谦，毕竟笔者也并非计算机相关专业科班出身，对于深度学习这一方法论也只能是略知皮毛），希望结合自身在整理和学习基于深度学习的道路交通状态序列预测相关资料的过程中所收获的对深度学习方法论的体会，尽可能用相对容易理解的语言，将一些与本书有关的方法论知识串联起来，并解释清楚，以便读者参考。当然，这里的讲解不可能非常细致，更希望做到"提纲挈领，学以致用"，给读者留下一个可以"自圆其说"并真实合理的线索，让读者能够了解大概的来龙去脉，放心应用，同时又为进一步深入探索留下可能。

第**9**章

全连接神经网络

9.1 理论介绍

深度学习原则上并不意味着一定是深度神经网络,从本质上而言,从输入到输出之间只要经过"够深"的多层函数变换,就可以称之为深度学习。但是在当前,深度学习默认是指深度神经网络,也就是中间的多层函数,具体指的是多层的神经元(每个神经元由于激活函数的存在,而相当于一个非线性函数变换器)。因而,各种深度学习方法的区别总体上可以归结为中间多层神经元的组织连接方式的变化,依据神经元组织连接方式的不同就衍生出了各种各样的深度学习模型,本质上它们都是神经网络模型,因此,只要掌握了神经网络的基础理论,任何人都可以根据实际问题设计属于自己的独特的深度神经网络模型,只要拟合样本数据的效果足够好,都可以认为是合理的深度学习模型假说。因此,除了基本的神经网络理论,深度学习似乎没什么好讲的。但是,有些深度模型在实际应用中具有非常好的效果(如卷积神经网络在图像领域的应用),或者在研究范式上具有里程碑意义(如循环神经网络在自然语言处理领域的应用)。所以,可以将它们理解为基本的深度学习模型架构(相当于一种被前人发明,并证明有效的神经元组织连接方式),在其他深度学习任务中被频繁地借鉴和使用,可以视为深度学习的一些基本理论和框架。此外,神经网络在从"浅层"到达"深层"的过程中,确实并非仅遭遇了层数的增加,实际应用中也遇到了很多浅层神经网络遇不到的问题,如梯度消失等。因此,有很多深度学习技巧,如特殊激活函数设计、Batch Normalization 等也构成了深度学习特有的部分。

　　全连接神经网络是最为基础的一种深度神经网络架构，其结构如图 9-1 所示。全连接神经网络由输入层、隐藏层和输出层组成。上一层任意神经元与下一层任意神经元之间都存在连接，这也是全连接神经网络命名的由来。神经元之间的任意连接，都对应一个可以根据样本学习的权重 w，一旦这些权重的取值被固定下来，那么这个深度神经网络的模型就也确定了下来，即任意给定输入，都可以经过这些权重的加权和一些非线性激活函数的变换运算，得到最终的输出。

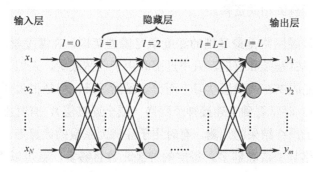

图 9-1　全连接神经网络架构

　　解决了深度神经网络模型设计的第一个问题，即按照全连接的方式来组织和连接神经元，那么接下来的问题是如何确定连接对应的权重，进而确定最终的深度神经网络模型，这就是深度神经网络训练的问题。神经网络权重的确定是一个依据样本逐步优化的过程。为了让神经网络逐渐地优化自身的权重，需要首先定义一个误差函数（有时也称为成本函数），所谓误差函数，可以简单地理解为在当前给定的一套权重配置下（这套权重要么是随机初始化得到的，要么是中间训练阶段得到的），对神经网络在给定输入样本上犯的"错误"大小的一种衡量。这种错误越小，意味着在给定的输入上，神经网络给出的输出与期望的真实输出之间的偏差越小。

　　有了衡量在给定样本上所犯"错误"大小的误差函数，最后一步是如何根据误差函数，逐步调整并最终得到最优的权重配置。其实，神经网络整体函数的复杂导致误差函数的复杂，这种所谓的最优往往是很难甚至是不可能得到的，为此，只能采用启发式的方法近似得到一套相对优越的权重。当前深度神经网络模型的训练算法仍是以梯度下降（Gradient Decent）这种启发式寻优方法来实现权重优化的，尽管实际采用的训练算法可能已经在基本的梯度下降算法上有了较大的改进，但其本质仍是沿着误差函数梯度下降的方向去更新权重。在梯度下降算法中，最为重要的是每一步都要计算误差函数对任意一个权重的梯度，而这就不得不提到在神经网络领域大名鼎鼎的"反向传播算法"（Back Propagation Algorithm）[46]，它采用了一套误差反向（从右往左）传播的方式，逐步计算误差函数对每层权重的梯度。梯度下降、反向传播等都是神经网络最为基础的理论，这里就不过多罗列，希望深入研究的读者可以自行查阅相关资料。

全连接神经网络是最基础的深度学习模型架构，在深度学习时代之前，这种结构也非常基础和普遍，只不过那时由于一些限制，人们无法堆叠很多层，所以只能限制在"浅层学习"而已。虽然基础，但是很重要。在第 2 篇和第 3 篇中，时常看到全连接神经网络（或全连接层），有时服务于特征嵌入，有时用于最终结果的预测，有时用于注意力系数的计算等。可以说，全连接神经网络只要层数够多，每层的神经元数目够多，就可以"简单粗暴"地以任意精度逼近任意复杂的函数（这是有理论证明的，实际上有两个隐藏层就够了），因此全连接神经网络非常强大。但正是因为其连接方式缺乏细致的设计，这种全连接方式下的每个权重参数都是独立的（而非像卷积、循环神经网络中一样，很多权重都是共享的），随着网络规模的扩大，参数量也急剧增加。这也为后续各种深度学习模型的提出留出了空间，否则既然两个隐藏层的全连接神经网络就能逼近任意函数，那么也许我们就需要这么一个"简单粗暴"的武器，就可以"横行江湖"了。

9.2 本章小结

本章介绍了全连接神经网络的相关基本理论，包括全连接神经网络的神经元连接方式、全连接神经网络模型的训练等。深度学习本质上是多层的神经网络，因此理解神经网络是开启深度学习大门的第一步。全连接神经网络虽然基础，但是在基于深度学习的时空预测领域十分常用，经常作为整个深度模型中的一个组件，如特征嵌入器、预测器等。

第 **10** 章

卷积神经网络[47]

卷积神经网络（Convolutional Neural Network，CNN）是一类包含卷积计算且具有深度结构的前馈神经网络（Feedforward Neural Network），是深度学习最具代表性的模型架构之一，几乎成为当前视觉类深度学习任务（如图像识别、图像分割、目标检测和追踪等）的标配，在深度学习领域具有十分重要的基础地位，可以说，CNN 是推动这一轮深度学习革命爆发的主力。

依据卷积核可以移动的维度，卷积神经网络可以划分为 1D CNN、2D CNN 和 3D CNN。1D CNN 的卷积核只能在数轴 1 个维度上移动，2D CNN 的卷积核可以在平面 2 个维度上移动，3D CNN 可以在空间 3 个维度上移动。

10.1　2D 卷积神经网络

图 10-1 给出了一个典型的 2D 卷积神经网络（2D CNN）架构。其输入为一张图像（image），image 的数据组织以像素点为基本单元，每个像素点所占的位置为等大小的单元格，每个像素点可以有多个通道（channel）的取值，如一张彩色 image，它有 3 个 channel，分别为 R（红色）、G（绿色）和 B（蓝色）。在网格化交通状态序列预测中，其输入由于是对观察区域进行了等大小网格化的划分，每个单元网格区域就相当于一个像素点，单元网格区域内的

多维交通观测（流量、速度等）就相当于该像素点不同 channel 的取值，因而可以将其类比为一张 image，从而作为卷积神经网络的输入。

2D CNN 最核心的部分是卷积层（Convolution Layer）和池化层（Pooling Layer）。卷积层负责图像特征的提取，池化层负责对图像进行放缩。下面分别对它们进行详细介绍。

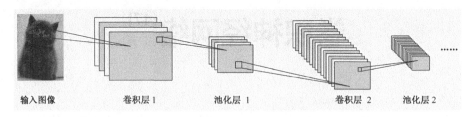

输入图像　　　　　卷积层 1　　　池化层 1　　　　　卷积层 2　　池化层 2

图 10-1　典型的 2D CNN 架构

1. 卷积层

卷积层是卷积神经网络的核心，这也是卷积神经网络命名中出现"卷积"的原因。图像上的卷积操作，在计算上非常直观、简单，但是其背后的数学原理却并不简单，对于没有图像处理、信号处理相关知识背景的读者而言理解起来十分不易。这里，我们不对原理进行探讨，感兴趣的读者可以自己查找资料。我们直接从卷积层的运算入手，来讲解卷积层是如何工作的。

图 10-2 给出了一个卷积运算的例子。给定的 image 大小为 5×5，卷积核（filter）大小为 3×3。所谓卷积运算，实际发生在卷积核和 image 中与卷积核等大小的某个区域（图 10-2 中深色区域），然后二者之间的卷积结果等于对应位置像素点乘积再加和。在实际的卷积神经网络中，卷积核中每个像素点的数值都是需要学习的参数，每个卷积层可以设置多个卷积核。这样，依次在 image 上按照步长（stride）大小为 1，滑动卷积核，进行相应区域的卷积运算，最后可以生成一张等式右边的特征图（Feature Map）。

可以看到，经过卷积操作得到的特征图大小为 3×3，比原始 image（5×5）要小，有时为了保持生成的特征图与原始 image 大小相同，需要在卷积操作之前，在原始 image 上进行补 0（padding）操作，如图 10-3 所示。通过带 padding 的卷积操作，可以更好地理解卷积的本质。从图 10-3 中可以看到，特征图每个像素点的值等于原始 image 中以相同位置像素点为中心，以卷积核大小为邻域的像素点的值的加权和。其中，权重就是卷积核中对应的数值。因此在这里，可以理解卷积操作的本质是以目标像素点为中心，以其一个小邻域为范围，进行空间信息的加权聚合。理解了这个本质，对于后面理解拓扑图卷积很有帮助，因为其本质也是空间信息的加权聚合，只不过区别是在拓扑图的空间上，而非在等大小网格的空间上。此外，也可以理解为什么卷积操作能够捕获交通状态中的空间相关性；换句话说，卷积操作捕获空间相关性的本质是什么？其实是空间信息的加权聚合，也就是某个观测单元（相当于像素点）的特征生成，需要融合其空间邻域范围内的特征，也就等价于其特征与其空间邻域的特征相关。

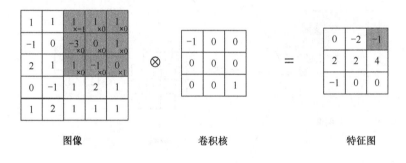

图 10-2　卷积的运算

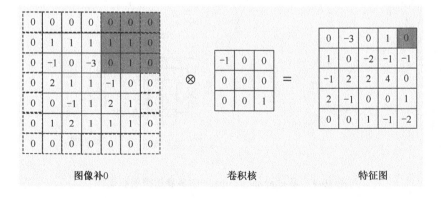

图 10-3　带补 0（padding）的卷积运算

　　上面的例子中，给出的原始 image 只有一个 channel，实际中可以有任意多个 channel，每个卷积层的卷积核也可以不止一个，可以有任意多个，如图 10-4 所示。此时，卷积核的 channel 要与 image 的 channel 相同，卷积核与 image 中某个区域的卷积仍是对应元素的乘积再加和，只不过此时相当于两个立方体对应位置元素的相乘。相应地，此时产生的特征图也是多个通道的，其通道数目与卷积核的数目完全相同。

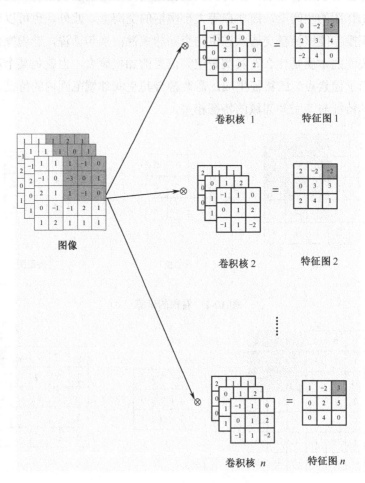

图 10-4　多 channel 的 image 的多卷积核卷积操作

2. 池化层

在很多计算机视觉任务的深度卷积神经网络模型中都设置了池化层，其目的是在保证基本图像特征不变的情况下，将大的 image 转化为小的 image，从而大大降低网络的计算量。池化（pooling）的方式很简单，常用的有两种，分别为 Max Pooling 和 Average Pooling。图 10-5 给出了 Max Pooling 操作的示例。可以看到，经过 pooling 操作，图像在尺寸上缩小了。在本书所研究的交通状态序列预测问题中，每个单元网格都代表一个观测单元，自始至终需要保持单元格数量的不变性，因此用不到池化操作。

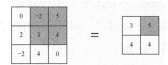

图 10-5　Max Pooling 示例

3. 卷积神经网络的特点

可以看到，在卷积层中，每个卷积核与输入 image 进行卷积运算时，采用了等步长滑动的方式，也就是在 image 的不同区域进行卷积运算时，卷积核是共享的。之前说过，每次卷积预算都相当于一次空间信息的加权聚合，卷积核参数就相当于权重，因此，image 不同区域卷积运算的卷积核共享其实就是权重共享，这种方式相对于全连接方式可以极大地减少参数量。此外，卷积核的大小，相当于生物学上的受视野（Reception Field）概念，它确定的是，对于一个特定的目标中心像素点，在其特征生成过程中，要融合多大范围的空间邻域特征信息。在道路交通状态预测问题中，卷积核设置得越大，等价于潜在假定更大范围内的空间观测单元之间具有相关性；反之，设置得越小，则假定只在很小的空间范围内观测单元之间才具有相关性。

4. 卷积更深层次的本质

卷积通过简单的加权求和运算，实现了空间范围的信息加权聚合。在这种空间信息加权聚合之下，更深层的本质是对输入图像原始、直观的信息更为高阶、抽象的特征提取过程。通过这种一层层的特征提取和转换，最终得到便于未来做预测的高阶特征。

10.2　1D 卷积神经网络和 3D 卷积神经网络

有了 2D CNN 的基础，理解 1D 卷积神经网络（1D CNN）和 3D 卷积神经网络（3D CNN）就很容易了。

1. 1D CNN[48]

1D CNN 只允许卷积核在 1 个维度上进行移动。1D CNN 的这个特点通常让其作为循环神经网络的一种替代，被用于时间序列信息的融合。图 10-6 给出了 1D CNN 的一个简单示例。

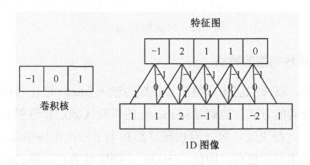

图 10-6　1D CNN 的示例

2. 3D CNN[49]

3D CNN 允许卷积核在 3 个维度上进行移动。3D 卷积常用于医学及视频处理等领域。CT 影像、医学数据通常都是 3D 的，如 CT 扫描的数据，虽然我们看的片子是 2D 图像，但其实那只是一个切片，真正的扫描数据是 3D 图像流数据；视频处理是为了检测动作和人物行为。图 10-7 给出了 3D CNN 的一个简单示例。

正如前文所述，卷积神经网络在深度学习领域占有非常重要的基础地位，是深度学习最为成功的领域之一，因此在原始卷积和池化操作的基础上，引申出了面向各种任务、各种形式拓展的卷积神经网络，从 10.3 节开始，将针对本书前两篇所要用到的卷积神经网络的相关拓展理论和方法进行介绍。

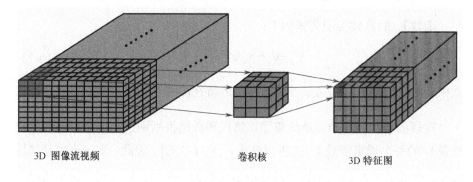

3D 图像流视频　　　　　　卷积核　　　　　　3D 特征图

图 10-7　3D CNN 示例

10.3　挤压和激励卷积网络

挤压和激励卷积网络（Squeeze and Excitation Networks）是 Hu 等人[50]于 2017 年提出的一种神经网络架构，目的是增强 2D CNN 的性能。这种挤压和激励机制是与卷积操作搭配进行使用的，其核心在于赋予常规卷积操作后得到的各个特征图（Feature Map，亦即不同的 channel）以不同的权重，从而构建新的整体特征图。图 10-8 给出了带有挤压和激励机制的卷积层。

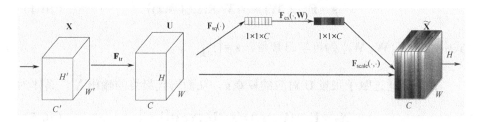

图 10-8　带有挤压和激励机制的卷积层

如图 10-8 所示，原始的输入为张量 $\mathbf{X}$ ，$\mathbf{F}_{tr}$ 就是一般的卷积操作，其定义如式（10-1）所示，实现了从一个输入张量向另外一个输出张量的转换。

$$\mathbf{F}_{tr} : \mathbf{X} \rightarrow \mathbf{U}, \mathbf{X} \in \mathbb{R}^{W' \times H' \times C'}, \mathbf{U} \in \mathbb{R}^{W \times H \times C} \tag{10-1}$$

函数 $\mathbf{F}_{tr}$ 的具体实现公式如下：

$$\mathbf{U}_c = \mathbf{V}_c * \mathbf{X}, \forall c \in [1, C] \tag{10-2}$$

式中，$\mathbf{U}_c$ 和 $\mathbf{V}_c$ 分别为第 c 个 channel 的特征图和卷积核；*代表卷积操作。

常规的卷积到这一步就结束了，挤压和激励机制则进一步希望获取输出张量 $\mathbf{U}$ 的每个通道张量 $\mathbf{U}_c$ 的相应权重 $s_c, \forall c \in [1, C]$。因此，下一步先是挤压操作，也就是把 $\mathbf{U}$ 的每个通道特征取值压缩为一个值，从而获取这个通道的全局信息（Global Information）z_c，具体见下式：

$$z_c = \mathbf{F}_{sq}(\mathbf{U}_c) = \frac{1}{W \times H} \sum_{i=1}^{W} \sum_{j=1}^{H} \mathbf{U}_c(i, j), \forall c \in [1, C] \tag{10-3}$$

接下来是激励操作，目标是以每个 channel 的全局信息 z_c 为输入，计算每个通道对应的权重 s_c。这里采用了双层的全连接神经网络。首先，第一层全连接层权重矩阵为 $\mathbf{W}_1 \in \mathbb{R}^{C \times C/r}$，主要目的是对输入 $\mathbf{z} = [z_c]_{c=1}^{C}$ 的降维，也就是将输入的维度降低为 C/r，这层的激活函数采用 ReLu；然后，第二层全连接层的权重矩阵为 $\mathbf{W}_2 \in \mathbb{R}^{C/r \times C}$，激活函数为 σ，输出每个 channel 的权重。具体为

$$\mathbf{s} = \mathbf{F}_{ex}(\mathbf{z}, \mathbf{W}) = \sigma(\mathbf{W}_2 \text{ReLU}(\mathbf{W}_1 \mathbf{z})) \tag{10-4}$$

式中，$\mathbf{W} = \{\mathbf{W}_1, \mathbf{W}_2\}$ 为可学习参数，$\mathbf{s} = [s_c]_{c=1}^{C}$。

最后，通过赋予张量 $\mathbf{U}$ 对应的权重 $\mathbf{s}$，从而得到最终的输出 $\widetilde{\mathbf{X}}$，具体为

$$\widetilde{\mathbf{X}}_c = \mathbf{F}_{scale}(\mathbf{U}_c, s_c) = s_c \cdot \mathbf{U}_c, \forall c \in [1, C] \tag{10-5}$$

以上就是挤压和激励机制的基本原理，这种机制被认为是能够以最小的额外计算成本为现有的最先进的深层卷积（含残差连接）架构带来显著的性能提升。

10.4 残差连接网络

残差连接网络（ResNet）是微软亚洲研究院何恺明等人[51]于 2015 年提出的，它解决了深层网络训练困难的问题。利用这样的结构，很容易训练出上百层甚至上千层网络。理论上，神经网络的层数增加时（参数量增加），其表征能力也越强。那么在同等训练数据量下，相应的训练 loss 就会一直下降，当然也可能会导致过拟合。但是，何恺明等人（2015）发现，神经网络层级大到一定程度时，训练准确率就会饱和（基本不再提高），然后随着网络层级的进一步增加，训练准确率会迅速下降，这种下降既不是梯度消失引起的（梯度消失是深度神经网络训练的另外一个经常碰到的问题），也不是过拟合造成的（因为在过拟合中，训练 loss 是一直减小的），而是由于网络深度过大，以至于无论是采用随机梯度下降（SGD）、AdaGrad，还是 RMSProp 等任何一种训练算法，都不能取得很好的训练效果，这就是深度神经网络训练天空中著名的"一朵乌云"——网络退化（Network Degradation）。

网络退化不是网络结构本身的问题，而是现有训练方式不够理想造成的。事实上，可以证明只要有理想的训练方式，更深的网络肯定会比浅的网络训练效果要好。为此，何恺明等人（2015）提出了一种残差连接的结构来解决网络退化问题。图 10-9 给出了残差连接单元示意图，其操作非常简单，即每隔两个权重层（Weight Layer，一般是卷积层），建立一个如图 10-9 所示的恒等映射连接（Residual Connection）。在输入 $\mathbf{x}$ 时，假定本来这两个权重层（记为 $\mathbf{F(x)}$）要拟合的目标为 $\mathbf{H(x)}$，现在由于残差连接的存在，使得这两个权重层要拟合的目标变为 $\mathbf{H(x)} - \mathbf{x}$，也就是此时的 $\mathbf{F(x)}$ 在拟合目标 $\mathbf{H(x)}$ 与输入 $\mathbf{x}$ 之间的残差，这就是残差网络的命名由来。

虽然操作简单，但是由多个这样的残差连接单元堆叠所构成的深度模型即为大名鼎鼎的深度残差连接网络（ResNet）。ImageNet 上的实验证明了何恺明等人提出的加深的残差连接网络能够比简单增加层数而不设置残差连接产生的深度网络更容易优化，而且，因为深度的增加，结果得到了明显提升。

另外，在 CIFAR-10 数据集上相似的结果及一系列大赛的第一名结果表明 ResNet 是一个通用的方法。在第 1 篇和第 2 篇介绍的许多深度交通状态预测模型中，都能看到残差连接的应用。

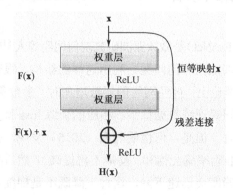

图 10-9　残差连接单元示意图

10.5　因果卷积

因果卷积（Causal CNN）是一种特殊形式的 1D CNN，常用来进行序列建模（Sequence Modeling）。2018 年以前，人们在进行序列建模时，默认使用的都是循环神经网络，直到 Bai 等人[52]提出了时间卷积神经网络（Temporal Convolutional Network，TCN），验证了 TCN 在很多序列建模任务上的性能都要优于 LSTM 等循环神经网络。从此，将卷积网络在序列问题的建模上成为循环神经网络的重要替代方法。而 TCN 的核心一方面是因果卷积，另一方面则是后面要介绍的膨胀卷积。

图 10-10 给出了一个多层因果卷积用于序列建模的示例，其中设定卷积核大小为 2。从图 10-10 中可以看到，上一层任意时刻的编码，仅考虑前一层该时刻及以前时刻的编码，也就是说，任意时刻只能"看到"它本身及它以前时刻的信息，而不能"看到"它之后时刻的信息。在采用循环神经网络进行编码时，每一时刻的编码基本单元也只能"看到"该时刻及以前时刻的信息。因此，在这一点上，1D 因果卷积与循环神经网络本质上是一致的。但

是，循环神经网络的计算是串行的，也就是当前时刻的编码依赖于前一时刻编码的输出。而在 1D 因果卷积中则不存在这个问题，其卷积运算是并行的，因此在运算效率上 1D 因果卷积明显高于循环神经网络。但是，单层的循环神经网络，在编码最后时刻的输出融合了前续全部时刻的信息（等于"看遍了"全部序列的信息），但是单层 1D 因果卷积却不一定，这取决于卷积核的大小。如图 10-10 所示，当卷积核大小为 2 时，若想让最后时刻编码可以看到全部序列的信息，则至少需要叠加 5 个卷积层。

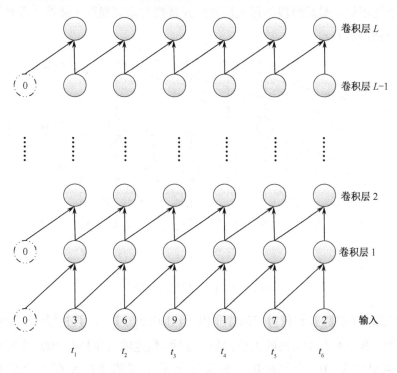

图 10-10　多层因果卷积用于序列建模（卷积核大小为 2）示例

10.6　膨胀卷积[53]

正如 10.5 节所述，TCN 的两个重要核心一个是 1D 因果卷积，另一个是膨胀卷积（Dilated Convolution），有时也称为扩展卷积和空洞卷积。膨胀卷积的作用是可以通过卷积层数的增加，指数级地增加神经元的视野域。在 10.5 节描述的 1D 因果卷积中，随着层数的增加，神经元的视野域是线性增加的。例如，对图 10-10 中描述的因果卷积而言，任意时刻神经元的视野域，层数增加 1，视野域增加 $k-1$（k 为卷积核的大小）。这就带来了一个问题，如果输入的序列较长，那么为了使任意一个神经元拥有足够大的视野域，就要叠加很多层的卷积层。为了加快神经元随着层数增加视野域的增加，引入了膨胀卷积，图 10-11 给出了 1D 膨胀卷积示例。从图 10-11 中可以看到，仅设置 3 个卷积层，最后时段的最上层神经元就拥有全局视野（能够"看到"全部的序列信息）。

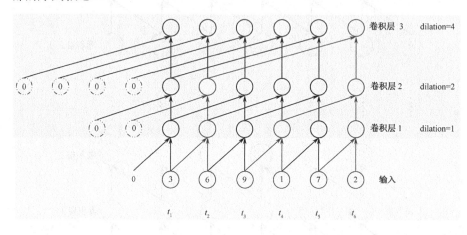

图 10-11　1D 膨胀卷积示例

任意第 l 层膨胀卷积对应的膨胀因子 $\text{dilation}_l = 2^{l-1}$，其神经元的视野为 $k^{\text{dilatioin}_l}$，其中 k 为卷积核的大小。当 $k=2$ 时，假定输入序列有 1000 个时刻，那么也只需要 10 个卷积层，就能让最后一层的神经元拥有全局视野（$2^{10}=1024$）。

10.7　可变形卷积[54]

近年来，随着深度卷积神经网络的普遍使用，很多困难的视觉问题的研究都取得了重大突破。图像识别于 2018 年首次超越了人类的识别能力。物体检测、图像分割等也都达到了几年前传统方法难以企及的高度。由于强大的建模能力和自动的端到端的学习方式,深度卷积神经网络可以从大量数据中学习到有效特征,避免了传统方法人工设计特征的弊端。然而,现有的网络模型对于物体几何形变的适应能力几乎完全来自数据本身所具有的多样性,其模型内部并不具有适应几何形变的机制。究其根本,是因为卷积操作本身具有固定的几何结构,而由其层叠搭建而成的卷积网络的几何结构也是固定的,所以不具有对几何形变建模的能力。微软亚洲研究院视觉计算组的研究员 Dai 等人于 2017 年提出了可变形卷积网络(Deformable Convolutional Network),首次在卷积神经网络中引入了学习空间几何形变的能力,从而更好地解决了具有空间形变的图像识别任务。

标准卷积中的规则格点采样是导致网络难以适应几何形变的"罪魁祸首"。为了削弱这个限制,研究人员在卷积核中每个采样点的位置都增加了一个偏移的变量。通过这些变量,卷积核就可以在当前位置附近随意采样,而不再局限于之前的规则格点。这样扩展后的卷积操作被称为可变形卷积(Deformable Convolution),如图 10-12 所示。图 10-12(a)表示一个大小为 3×3 的标准卷积核采样区域;图 10-12(b)表示在当前采样区域内,每个采样点都加一个偏移量;图 10-12(c)和图 10-12(d)分别表示放大和旋转的情况。在可变形卷积中,每个采样点的偏移量是通过一个标准卷积学习得到的。也就是在每个可变形卷积层,都有一个与之平行的标准卷积,负责学习采样点的偏移量,然后可变形卷积负责依据偏移量对采样点进行卷积运算。

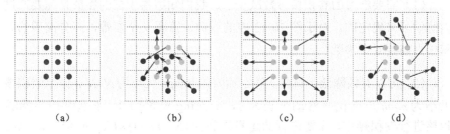

（a）　　　　　　（b）　　　　　　（c）　　　　　　（d）

图 10-12　标准卷积与可变形卷积:(a)标准卷积;(b)加偏移量的卷积;

(c)放大卷积;(d)旋转卷积

10.8　可分离卷积[55]

可分离卷积（Separable Convolution）主要用于卷积运算的加速，其原理是将卷积的操作拆解为多个步骤，实现运算次数的减少。

图 10-13 给出了一个 3×3 的 2D 卷积核，利用该卷积核在输入的 image 上进行卷积操作，等价于将其分解为两个 1D 卷积核 Filter1 和 Filter2，然后利用这两个卷积核在输入的 image 上进行 1D 卷积操作。可以这样理解：原来的 2D 卷积核是在水平和垂直两个维度上同时进行信息聚合的；而当进行了卷积核分解之后，实际上是进行先水平（或垂直），后垂直（或水平）维度的信息聚合，二者是等价的。

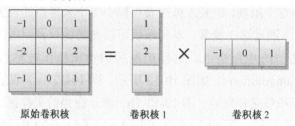

原始卷积核　　　卷积核 1　　　卷积核 2

图 10-13　2D 卷积核的分解

这样做的好处主要有以下两个方面。

（1）需要学习的卷积核参数减少了。我们知道卷积核的参数是需要通过训练学习来确定的，对于图 10-13 中的示例，需要 9 个参数，而分离后的卷积核只需要 6 个参数。

（2）可以有效降低运算量。假定输入的 image 大小为 $N×N$，原始卷积核大小为 $m×m$，卷积核移动步长为 1，padding 设置为 0。那么利用原始卷积核进行卷积操作，需要进行的运算次数为 $(N-m+1)×(N-m+1)×m×m$；利用分离卷积进行卷积操作，需要进行的运算次数为 $N×(N-m+1)×m+(N-m+1)×(N-m+1)×m$。分离卷积运算次数与原始卷积运算次数之间的比值为 $\dfrac{2}{m} + \dfrac{m-1}{m(N-m+1)}$。

上面的例子是在没有深度（也就是只有一个 channel）的 image 上进行分离卷积的例子。如果输入的 image 有多个 channel，那么就涉及深度可分离卷积（Depth-Wise Separable Convolution）。图 10-14 给出了一个深度可分离卷积的全过程示例。

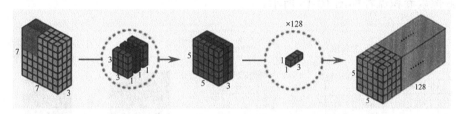

图 10-14　深度可分离卷积示例

如图 10-14 所示，输入的 image 大小为 7×7×3，如果要将其转化为目标为 5×5×128 的特征图，需要的卷积核大小为 128×3×3×3（步长为 1，padding=0），总运算次数为 128×5×5×3×3×3=86400。

深度可分离卷积的操作步骤如下：首先，对输入 image 的每个通道分别设置一个 3×3×1 的卷积核，分别卷积后得到 3 个 5×5×1 的特征图，将它们合在一起则构成了大小为 5×5×3 的特征图。接下来，用 128 个大小为 1×1×3 的卷积操作，进一步将 5×5×3 的特征图转换为 5×5×128 的特征图。总运算次数为 3×(5×5×3×3)+128×5×5×1×1×3=10275，仅为标准卷积运算次数的约 12%。

深度可分离卷积可以看成先在平面维度上进行卷积，然后再在深度维度上进行卷积。

10.9　亚像素卷积[56]

亚像素卷积（SubPixel Convolution）是 Shi 等人（2016）提出的一种用

于图像超分的技术。所谓图像超分，就是以低分辨率（Low Resolution，LR）的图像为输入，然后通过一系列操作，输出高分辨率（Super Resolution，SR）的图像。数学表达式如下：

$$\mathcal{F}:\mathbf{X}\in\mathbb{R}^{W\times H\times C}\rightarrow\widetilde{\mathbf{X}}\in\mathbb{R}^{rW\times rH\times C} \tag{10-6}$$

所以图像超分就是要寻找一个函数 $\mathcal{F}$，使原始图像的宽和高均放大 r 倍。亚像素卷积流程如图 10-15 所示。

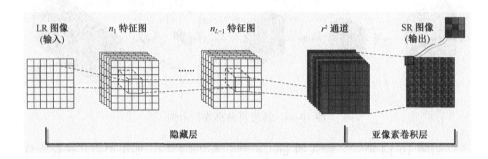

图 10-15　亚像素卷积流程

亚像素卷积的核心思想为：如果希望将原始图像放大 r 倍（图 10-15 中 $r=3$），先让原始图像经过一系列（L 个）普通卷积层，其中，最后一个普通卷积层（第 L 层）输出具有 r^2 个通道的图像，然后采用周期洗牌算子（Periodic Shuffling Operator，PS 算子），对第 L 层的输出进行变换，从而得到超分的输出图像。对于普通卷积我们都很熟知，对于所谓的 PS 算子，其数学描述如下：

$$\mathcal{PS}:\mathbf{X}\in\mathbb{R}^{W\times H\times C\cdot r^2}\rightarrow\widetilde{\mathbf{X}}\in\mathbb{R}^{rW\times rH\times C} \tag{10-7}$$

具体而言，如图 10-15 中右上角所示，原始输入图像的每个像素点拆分为 r^2 个（图 10-15 中是 9 个），拆分后得到的每个像素的特征取值对应第 L 层输出的原始像素位置 r^2 个通道的特征值。

10.10   本章小结

　　本章针对前两篇中涉及的图卷积神经网络知识进行了简要阐述，目的是方便读者在阅读时进行参考。图卷积神经网络是深度学习领域非常重要的深度神经网络架构之一，被广泛应用于计算机视觉的图像处理等应用中，在道路交通状态预测建模中，由于研究区域经常被网格化等分为很多独立单元，每个单元又有很多交通状态观测，因此，很方便地将这种数据组织形式类比为 image，进而可以采用卷积神经网络进行空间相关性的建模。

第 **11** 章

循环神经网络

循环神经网络与卷积神经网络一样，是深度学习领域最为重要的基础模型架构之一。卷积神经网络更多是应用在计算机视觉领域，而循环神经网络则更多应用于自然语言处理领域。

循环神经网络，起初也被称为带记忆的神经网络，用于对序列信息进行循环编码。在前面讲到的全连接神经网络和卷积神经网络中，网络每次的输入之间是相互独立的，没有任何关联。例如，利用卷积网络做图像识别，输入一张猫的图片，对应的目标输出为"cat"的标签；再输入一张狗的图片，对应的目标输出为"dog"的标签，每次输入都是相互独立的。但是，在有的情况下，输入并不是独立的，如在文本情感分类问题中，需要根据文本中的文字内容，判断它的情感分类，如正面情感或负面情感。如果用一个神经网络来做判别器，那么它的输入是一个文本，而一个文本由很多个词汇构成，每个词汇又被表示为一个向量，因此，最终的输入为一个由向量构成的序列。在具体输入时，需要以串行的方式逐个输入每个向量，然后结合所有的输入信息，最终对情感倾向做出判断。在这个例子中，每个输入向量之间并不是独立的，它们结合在一起共同对应一个目标输出，而不是单独每个向量对应一个目标输出。此外，网络需要有一定的记忆功能，因为要保证后面的向量在输入时，前面输入的向量信息要能够被记住，这样才能将所有输入顺序不同的向量信息整合在一起，共同作为判断情感倾向的依据。为了处理这类序列建模问题，研究者提出了循环神经网络，通过定义一个基本的循环单元，然后不断地循环使用该单元，顺序接收每个输入的向量，最后形成一个综合的序列特征表征向量，以供后期使用。本章，我们从基本的循环神经网络（RNN）出发，讲解各种类型的循环神经网络变体。

11.1　标准循环神经网络[57]

标准循环神经网络（RNN）示意图如图 11-1 所示。整个循环神经网络基于循环单元（RNN-Unit）搭建，所有时间步（从 1 到 t）的 RNN-Unit 都是一个全连接层，并且它们的权重参数和偏置参数是共享的，也就是说每个 RNN-Unit 的参数都相同。$\{\mathbf{h}_{\tau-1}, \mathbf{x}_{\tau}\}, \forall \tau = 1, \cdots, t$ 代表第 τ 步 RNN-Unit 的输入；$\mathbf{h}_{\tau}, \forall \tau = 1, \cdots, t$ 代表第 τ 步 RNN-Unit 的输出。第 τ 步 RNN-Unit 的计算公式为

$$\mathbf{h}_{\tau} = f(\mathbf{W}_h \mathbf{h}_{\tau-1} + \mathbf{W}_x \mathbf{x}_{\tau} + \mathbf{b}) \tag{11-1}$$

式中，$f(\cdot)$ 代表非线性激活函数；$\mathbf{W}_h$、$\mathbf{W}_x$、$\mathbf{b}$ 均为可学习参数。

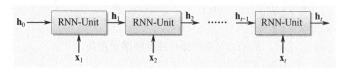

图 11-1　标准循环神经网络示意图

在标准循环神经网络中可以看到，输入序列 $\{\mathbf{x}_1, \cdots, \mathbf{x}_t\}$ 的信息被逐步编码，最终包含在 $\mathbf{h}_t$ 中。

11.2　双向循环神经网络

11.1 节介绍的标准循环神经网络是从左到右单向循环编码的，但有时我们需要从两个方向进行信息编码。图 11-2 给出了双向循环神经网络（Bi-RNN）编码示意图。双向编码使得任意时刻的编码都融合了全部输入序列的信息。

第 τ 步双向编码的计算公式为

正向编码输出：$\bar{\mathbf{h}}_\tau = f(\overline{\mathbf{W}}_h \bar{\mathbf{h}}_{\tau-1} + \overline{\mathbf{W}}_x \mathbf{x}_\tau + \bar{\mathbf{b}})$

反向编码输出：$\tilde{\mathbf{h}}_\tau = f(\tilde{\mathbf{W}}_h \tilde{\mathbf{h}}_{\tau-1} + \tilde{\mathbf{W}}_x \mathbf{x}_\tau + \tilde{\mathbf{b}})$

正向与反向输出拼接：$\mathbf{h}_\tau = \bar{\mathbf{h}}_\tau \oplus \tilde{\mathbf{h}}_{t-\tau+1}$

式中，$f(\cdot)$ 代表非线性激活函数；$\overline{\mathbf{W}}_h$、$\overline{\mathbf{W}}_x$、$\tilde{\mathbf{W}}_h$、$\tilde{\mathbf{W}}_x$、$\bar{\mathbf{b}}$、$\tilde{\mathbf{b}}$ 均为可学习参数。

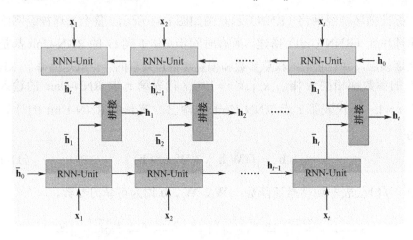

图 11-2　双向循环神经网络示意图

11.3　深度循环神经网络[58]

为了增强循环神经网络的序列建模能力，可以在纵向上加深度循环神经网络（Deep RNN）（见图 11-3），也就是每个时间步，堆叠多层的 RNN-Unit。任意第 $l(l=1,\cdots,L)$ 层，第 $\tau(\tau=1,\cdots,t)$ 个 RNN-Unit 的计算公式为

$$\mathbf{h}_\tau^{(l)} = f\left(\mathbf{W}_h^{(l)} \mathbf{h}_{\tau-1}^{(l)} + \mathbf{W}_x^{(l)} \mathbf{h}_\tau^{(l-1)} + \mathbf{b}^{(l)}\right) \tag{11-2}$$

式中，$f(\cdot)$ 代表非线性激活函数；$\mathbf{W}_h^{(l)}$、$\mathbf{W}_x^{(l)}$、$\mathbf{b}^{(l)}$ 均为可学习参数；$\mathbf{h}_\tau^{(0)} = \mathbf{x}_\tau$。

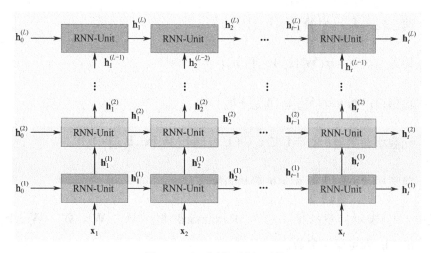

图 11-3　深度循环神经网络

11.4　长短期记忆神经网络 [59]

长短期记忆神经网络（LSTM）的提出是为了解决标准循环神经网络难以处理较长序列数据，以及梯度消失和爆炸问题的。梯度消失和爆炸一直是阻止循环神经网络加深的主要障碍，关于这两个问题的详细解释，感兴趣的读者可以查找相关资料，只需记住一点：随着要处理序列任务长度的增加，标准循环神经网络遇到了很大问题，因此，才引入了 LSTM 和 GRU 等标准循环单元的变体。

图 11-4 给出了任意第 t 个时间步的 LSTM 循环单元结构。一个 LSTM 单元就相当于标准循环神经网络中的一个 RNN-Unit 单元。LSTM 单元相对于标准 RNN-Unit 单元最主要的变化是引入了 3 个门控单元，分别是遗忘门、输入门和输出门，并且单独增加了负责记忆的元胞，而非将对历史序列信息的记忆隐含在隐藏层输出之中。LSTM 单元有 3 个输入，分别是上一个时间步输出的记忆元胞状态 c_{t-1} 和隐藏层状态 h_{t-1}，以及当前时间步的输入序列分量信息 x_t；有 2 个输出，分别是当前时间步输出的记忆元胞状态 c_t 和隐藏层状态 h_t。具体计算公式为

遗忘门： $\mathbf{f}_t = \sigma\left(\mathbf{W}_f[\mathbf{x}_t, \mathbf{h}_{t-1}] + \mathbf{b}_f\right)$

输入门： $\mathbf{i}_t = \sigma\left(\mathbf{W}_i[\mathbf{x}_t, \mathbf{h}_{t-1}] + \mathbf{b}_i\right)$

输出门： $\mathbf{o}_t = \sigma\left(\mathbf{W}_o[\mathbf{x}_t, \mathbf{h}_{t-1}] + \mathbf{b}_o\right)$

元胞状态更新： $\mathbf{c}_t = \mathbf{f}_t \odot \mathbf{c}_{t-1} + \mathbf{i}_t \odot \tanh\left(\mathbf{W}_c[\mathbf{x}_t, \mathbf{h}_{t-1}] + \mathbf{b}_c\right)$

隐藏层状态输出： $\mathbf{h}_t = \mathbf{o}_t \odot \tanh\left(\mathbf{c}_t\right)$

式中，[,]表示向量拼接；$\odot$ 为 Hadamard 积；$\mathbf{W}_f$、$\mathbf{W}_i$、$\mathbf{W}_o$、$\mathbf{W}_c$、$\mathbf{b}_f$、$\mathbf{b}_i$、$\mathbf{b}_o$、$\mathbf{b}_c$ 为可学习参数。

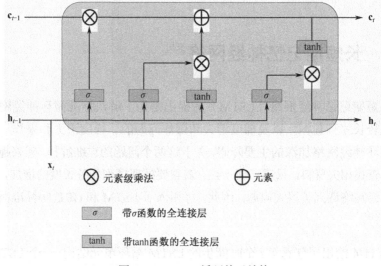

图 11-4　LSTM 循环单元结构

有了 LSTM 基本单元之后，可以按照与之前标准循环神经网络相同的双向、深度网络构建方式，构建双向的 LSTM 网络和深度 LSTM 网络，只须用 LSTM 基本单元替换 RNN-Unit 单元即可。

LSTM 基本单元还有一种变体，被称为带有 Peephole 的 LSTM 单元，其结构如图 11-5 所示。图 11-5 中虚线代表 3 个门控值在计算时，不仅依赖于当前序列分量的输入 $\mathbf{x}_t$ 和上一个时间步输出的隐藏层状态 $\mathbf{h}_{t-1}$，还依赖于上一个时间步输出的记忆元胞状态 $\mathbf{c}_{t-1}$，其具体的计算公式如下：

遗忘门：$\mathbf{f}_t = \sigma\left(\mathbf{W}_f[\mathbf{x}_t, \mathbf{h}_{t-1}, \mathbf{c}_{t-1}] + \mathbf{b}_f\right)$

输入门：$\mathbf{i}_t = \sigma\left(\mathbf{W}_i[\mathbf{x}_t, \mathbf{h}_{t-1}, \mathbf{c}_{t-1}] + \mathbf{b}_i\right)$

元胞状态更新：$\mathbf{c}_t = \mathbf{f}_t \odot \mathbf{c}_{t-1} + \mathbf{i}_t \odot \tanh\left(\mathbf{W}_c[\mathbf{x}_t, \mathbf{h}_{t-1}] + \mathbf{b}_c\right)$

输出门：$\mathbf{o}_t = \sigma\left(\mathbf{W}_o[\mathbf{x}_t, \mathbf{h}_{t-1}, \mathbf{c}_t] + \mathbf{b}_o\right)$

隐藏层状态输出：$\mathbf{h}_t = \mathbf{o}_t \odot \tanh(\mathbf{c}_t)$

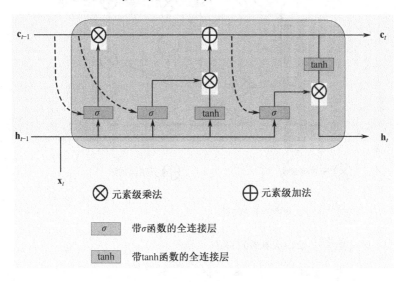

图 11-5　带 Peephole 的 LSTM 单元结构

11.5　门控循环单元[60]

门控循环单元（GRU）是另外一种常用的 RNN-Unit 变体。总的来说，LSTM 和 GRU 都能通过各种 Gate 将重要特征保留，保证其在 Long-Term 传播时也不会被丢失，因此能够有效应对长序列数据的建模问题，其结构如图 11-6 所示。详细计算公式如下：

重置门：$\mathbf{r}_t = \sigma\left(\mathbf{W}_r\left[\mathbf{x}_t, \mathbf{h}_{t-1}\right] + \mathbf{b}_r\right)$

更新门：$\mathbf{z}_t = \sigma\left(\mathbf{W}_z\left[\mathbf{x}_t, \mathbf{h}_{t-1}\right] + \mathbf{b}_z\right)$

$$\tilde{\mathbf{h}}_t = \tanh\left(\mathbf{W}_h\left[\mathbf{x}_t, \mathbf{r}_t \odot \mathbf{h}_{t-1}\right] + \mathbf{b}_h\right)$$

隐藏层状态输出：$\mathbf{h}_t = \left(1 - \mathbf{z}_t\right) \odot \mathbf{h}_{t-1} + \mathbf{z}_t \odot \tilde{\mathbf{h}}_t$

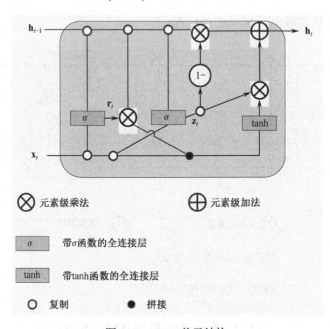

图 11-6　GRU 单元结构

11.6　ConvLSTM[61]

ConvLSTM 是 LSTM 循环神经网络与卷积神经网络的结合体，它的提出源于香港科技大学学者关于短时降水预报的一项研究。该研究收集了很多雷达图，这些雷达图主要是空照图，直接看某个区域云层的分布，而且是沿着时间轴变化的。因此有过去随时间变化的云层图，就可以预测未来时间点的云层该往哪里走，从而预测天气变化及一个地区将来降雨的概率。有时间轴，并且要做预测的工作，首先想到的就是 LSTM 循环神经网络模型。雷达图中的云层具有空间性，用传统 LSTM 模型会导致云层图丧失地理位置信息，因此很难预测云层的移动位置。所以这项研究提出了 ConvLSTM 模型，即将传统 LSTM 的全连接层改成卷积层。这是一项将卷积和循环神经网络相结合的有代表性的种子型工作。本书重点关注的道路交通状态序列预测问题，从时间轴上看是时间序列问题，从空间上看，不同观测单元之间存在很强的空间相关性，这与 ConvLSTM 所要解决的问题本质上是相同的。

ConvLSTM 单元相对于 LSTM 单元的改变是将 LSTM 单元内的全连接层全部变为了卷积层。具体的计算公式为

遗忘门：$\mathbf{F}_t = \sigma\left(\mathbf{W}_f * [\mathbf{X}_t, \mathbf{H}_{t-1}, \mathbf{C}_{t-1}] + \mathbf{B}_f\right)$

输入门：$\mathbf{I}_t = \sigma\left(\mathbf{W}_i * [\mathbf{X}_t, \mathbf{H}_{t-1}, \mathbf{C}_{t-1}] + \mathbf{B}_i\right)$

元胞状态更新：$\mathbf{C}_t = \mathbf{F}_t \odot \mathbf{C}_{t-1} + \mathbf{I}_t \odot \tanh\left(\mathbf{W}_c * [\mathbf{X}_t, \mathbf{H}_{t-1}] + \mathbf{B}_c\right)$

输出门：$\mathbf{O}_t = \sigma\left(\mathbf{W}_o * [\mathbf{X}_t, \mathbf{H}_{t-1}, \mathbf{C}_t] + \mathbf{B}_o\right)$

隐藏层状态输出：$\mathbf{H}_t = \mathbf{O}_t \odot \tanh(\mathbf{C}_t)$

式中，$\odot$ 为 Hadamard 积；*为卷积运算。

11.7　本章小结

本章介绍了与本书阐述内容相关的深度循环神经网络的理论知识，包括标准循环神经网络及双向循环神经网络、深度循环神经网络、长短期记忆神经网络、门控循环单元等变体形式，最后还介绍了循环神经网络与图卷积神经网络相结合构造而成的 ConvLSTM 时空建模单元。

第 **12** 章

卷积图神经网络

卷积图神经网络（ConvGNN）是图神经网络（GNN）的一个分支。GNN是指构建在拓扑图（Graph）结构数据上的深度神经网络模型。近几年来，针对 GNN 的研究是深度学习领域的一大热点和前沿[62-64]。

前面讲的卷积神经网络和循环神经网络，都是在欧几里得空间数据上建立的深度学习模型。欧几里得空间数据的显著特点是数据定义在规则的空间结构中。例如，卷积神经网络所处理的图像数据，是定义在平面或立体规则网格空间之中的；又如，循环神经网络所处理的序列数据，是定义在 1D 时间轴上的，相邻时刻之间的时间间隔都是相等的。图 12-1 给出了两个欧几里得空间中定义的数据示例。

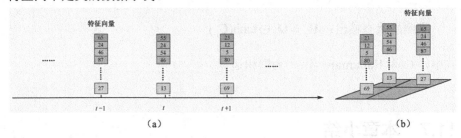

图 12-1　定义在欧几里得空间上的数据：（a）序列向量；（b）图像

然而，在现实世界中，有很多数据并不是定义在欧几里得空间中的。例如，有很多图（graph）类型的数据，如社交网络数据、互联网数据、交通网络数据等。图 12-2 给出了定义在拓扑图上的数据示例，其中每个顶点都有自己的特征描述向量，如果网络代表一个交通路网，顶点代表的是路网中设置的交通观测站，那么特征描述向量就可能包括流量、密度、速度等反映交通状态的特征。这种拓扑图所描述的空间是非欧几里得的，也就是坐标点（拓扑图顶点）的分布不是规则的。

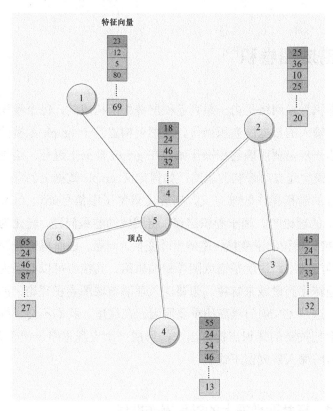

图 12-2　定义在拓扑图上的数据

建立在图像数据上的卷积神经网络，在很多计算机视觉任务中取得了非常好的效果，直接推动了视觉人工智能的快速发展。在前面的介绍中，我们知道，卷积操作的核心是共享的卷积核在图像上等步长滑动进行卷积运算，即加权信息融合。研究者希望这种有效的卷积方法同样可以用于拓扑图数据。但是，在拓扑图这种非欧几里得空间数据上进行卷积操作并不容易。在图像数据中，网格所代表的像素点是规则分布的，但是在拓扑图中，顶点的分布并不是规则的，不同顶点之间的距离及不同顶点相邻点的个数都不一定是不同的，这就很难像图卷积一样，共享一个等大小的卷积核，然后等步长移动进行卷积操作。本章将介绍两大类拓扑图上的卷积神经网络（也称为卷积图神经网络），分别是谱域图卷积和顶点域图卷积，探讨如何基于定义在拓扑图上的数据进行深度学习。

12.1 谱域图卷积[65]

一个卷积神经网络是由一系列卷积层叠加所构成的，每个卷积层所完成的工作是对输入的数据做卷积操作。既然要构建基于 graph 数据的卷积神经网络，那第一步是要明确卷积操作如何在 graph 数据上进行。这是研究者在思考 GNN 模型建立时最初的思路：如何定义 graph 数据上的卷积？直接在图域上进行的卷积操作较难定义，研究者借鉴了图信号处理（Graph Signal Processing）的理论[66]，基于卷积定理，将图域的卷积问题，转化为对应频域（傅里叶变换）乘积的逆变换（逆傅里叶变换）问题，进而再结合深度学习，构建深度神经网络，这就是谱域图卷积的思路。其核心可以概括为：将图域的卷积问题转化到谱域来解决。想要深入理解谱域图卷积理论，涉及的数学知识较多，这是 GNN 门槛高的重要原因。在这里，我们不会详细阐述理论细节，但会把关键的知识点提炼出来，形成一个宏观思路，便于读者理解，同时为以后的深入研究留下线索。

12.1.1 拓扑图数据上的卷积操作推导

首先给出一些谱域图卷积相关符号的含义，如表 12-1 所示。

表 12-1 谱域图卷积相关符号含义

符　号	含　义
$\mathcal{G} = (\mathcal{V}, \mathcal{E})$	$\mathcal{G}$ 表示一个无向图，其中 $\mathcal{V}, \mathcal{E}$ 分别表示顶点集合和边集合
$N = \|\mathcal{V}\|$	顶点数目
$\mathbf{A} \in \mathbb{R}^{N \times N}$	图的邻接矩阵，其中：$\mathbf{A}_{ij} = \begin{cases} 1, i \text{ 与 } j \text{ 相邻} \\ 0, \text{其他} \end{cases}, \ 1 \leqslant i, j \leqslant N$

续表

符　号	含　义
$\mathbf{D} \in \mathbb{R}^{N \times N}$	图的顶点度矩阵，其中： $\mathbf{D}_{ii} = \begin{cases} i\text{的邻居节点数量} \\ 0, \text{其他} \end{cases}, 1 \leqslant i \leqslant N$
$\mathbf{X} \in \mathbb{R}^{N \times F}$	定义在顶点集合 $\mathcal{V}$ 上的数据，F 为每个顶点特征的维度
$\mathbf{X}_i \in \mathbb{R}^F, i \in \mathcal{V}$	顶点 i 上的特征描述向量
$\mathbf{H} \in \mathbb{R}^{N \times F}$	卷积函数

问题提出：如何定义 graph 数据上的卷积操作，即 $(\mathbf{H} * \mathbf{X})_{\mathcal{G}}$，其中，$\mathbf{X}$ 为输入的拓扑数据，$\mathbf{H}$ 为卷积函数。

依据卷积定理（这是最为核心的转换枢纽，关于其细节牵扯的图信号处理理论较多，感兴趣的读者可以自行研究），拓扑图域上两个函数的卷积等于两个函数对应的傅里叶变换函数之乘积的逆变换。可以表示如下：

$$(\mathbf{H} * \mathbf{X})_{\mathcal{G}} = \mathbf{U}\left(\left(\mathbf{U}^{\mathrm{T}}\mathbf{H}\right) \odot \left(\mathbf{U}^{\mathrm{T}}\mathbf{X}\right)\right) \tag{12-1}$$

式中，$\mathbf{U}^{\mathrm{T}}\mathbf{H}, \mathbf{U}^{\mathrm{T}}\mathbf{X}$ 分别对应图域函数 $\mathbf{H}, \mathbf{X}$ 的傅里叶变换；$\odot$ 表示 Hadamard 积；最前面乘以 $\mathbf{U}$ 表示做逆傅里叶变换。这里的 $\mathbf{U}$ 是通过图的拉普拉斯矩阵（Laplacian Matrix）谱分解（也称对角化）而得到的单位正交矩阵。

拓扑图的拉普拉斯矩阵有以下 3 种定义方式。

（1）普通形式的拉普拉斯矩阵计算公式为

$$\mathbf{L} = \mathbf{D} - \mathbf{A} \tag{12-2}$$

（2）对称归一化的拉普拉斯矩阵计算公式为

$$\mathbf{L}^{\mathrm{sys}} = \mathbf{D}^{-\frac{1}{2}}\mathbf{L}\mathbf{D}^{-\frac{1}{2}} = \mathbf{I} - \mathbf{D}^{-\frac{1}{2}}\mathbf{A}\mathbf{D}^{-\frac{1}{2}} \tag{12-3}$$

（3）随机游走归一化拉普拉斯矩阵计算公式为

$$\mathbf{L}^{rw} = \mathbf{D}^{-1}\mathbf{L} = \mathbf{I} - \mathbf{D}^{-1}\mathbf{A} \tag{12-4}$$

式中，$\mathbf{I} \in \mathbb{R}^{N \times N}$ 为单位阵。

一般在谱域图卷积神经网络中，常采用对称归一化的拉普拉斯矩阵。关于拉普拉斯矩阵及所涉及的拉普拉斯变换等理论，感兴趣的读者可以自行查找资料研究。图 12-3 给出了一个无向拓扑图及相关矩阵定义的示例。

拓扑图	度矩阵	邻接矩阵	拉普拉斯矩阵
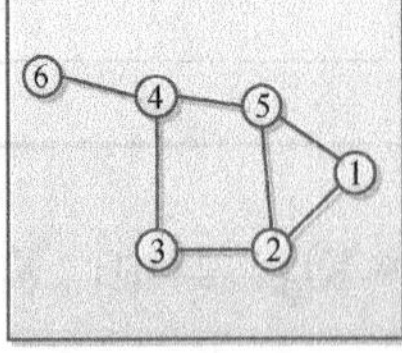	$\begin{pmatrix} 2&0&0&0&0&0 \\ 0&3&0&0&0&0 \\ 0&0&2&0&0&0 \\ 0&0&0&3&0&0 \\ 0&0&0&0&3&0 \\ 0&0&0&0&0&1 \end{pmatrix}$	$\begin{pmatrix} 0&1&0&0&1&0 \\ 1&0&1&0&1&0 \\ 0&1&0&1&0&0 \\ 0&0&1&0&1&1 \\ 1&1&0&1&0&0 \\ 0&0&0&1&0&0 \end{pmatrix}$	$\begin{pmatrix} 2&-1&0&0&-1&0 \\ -1&3&-1&0&-1&0 \\ 0&-1&2&-1&0&0 \\ 0&0&-1&3&-1&-1 \\ -1&-1&0&-1&3&0 \\ 0&0&0&-1&0&1 \end{pmatrix}$

图 12-3　无向拓扑图及相关矩阵定义

可以验证，任何一种形式的拉普拉斯矩阵都是实对称阵，必然可以对角化，其对角化形式如下：

$$\mathbf{L} = \mathbf{U}\boldsymbol{\Lambda}\mathbf{U}^{\mathrm{T}} \tag{12-5}$$

式中，$\boldsymbol{\Lambda} = \begin{bmatrix} \lambda_1 & & & \\ & \lambda_2 & & \\ & & \ddots & \\ & & & \lambda_N \end{bmatrix}$，$\lambda_l (\forall l = 1, \cdots, N)$ 为拉普拉斯矩阵第 l 个特征值；$\mathbf{U}$ 为拉普拉斯矩阵对应的特征向量所组成的单位化正交矩阵，也即 $\mathbf{U}_l (\forall l = 1, \cdots, N)$ 是拉普拉斯矩阵的第 l 个特征值 λ_l 所对应的单位特征向量。

对式（12-1）做形式上的变化，可以消除 Hadamard 积，从而将图域的卷积问题转化为频域的矩阵乘法问题，操作如下：

$$(\mathbf{H} * \mathbf{X})_{\mathcal{G}} = \mathbf{U} \begin{pmatrix} \hat{\mathbf{H}}(\lambda_1) & & & \\ & \hat{\mathbf{H}}(\lambda_2) & & \\ & & \ddots & \\ & & & \hat{\mathbf{H}}(\lambda_N) \end{pmatrix} \mathbf{U}^{\mathrm{T}}\mathbf{X} \tag{12-6}$$

式中，$\hat{\mathbf{H}}(\cdot)$ 为卷积函数 $\mathbf{H}(\cdot)$ 对应的傅里叶变换，该函数是关于特征值

$\{\lambda_1, \cdots, \lambda_N\}$ 的函数，也就是 $\mathbf{U}^{\mathrm{T}}\mathbf{X} = \begin{bmatrix} \hat{\mathbf{H}}(\lambda_1) \\ \hat{\mathbf{H}}(\lambda_2) \\ \vdots \\ \hat{\mathbf{H}}(\lambda_N) \end{bmatrix} \circ \begin{pmatrix} \hat{\mathbf{H}}(\lambda_1) & & & \\ & \hat{\mathbf{H}}(\lambda_2) & & \\ & & \ddots & \\ & & & \hat{\mathbf{H}}(\lambda_N) \end{pmatrix}$ 即

为卷积核（相当于图卷积神经网络中的 Filter），通过对它进行不同的设计，可以得到不同的谱域图卷积神经网络。这里最重要的一点是了解卷积核是关于拉普拉斯矩阵特征值的函数。

1. 第一代卷积核

第一代卷积核"简单粗暴"，直接将卷积核 $\begin{pmatrix} \hat{\mathbf{H}}(\lambda_1) & & & \\ & \hat{\mathbf{H}}(\lambda_2) & & \\ & & \ddots & \\ & & & \hat{\mathbf{H}}(\lambda_N) \end{pmatrix}$ 参

数化为 $\boldsymbol{\Theta} = \begin{pmatrix} \theta_1 & & & \\ & \theta_2 & & \\ & & \ddots & \\ & & & \theta_N \end{pmatrix}$，其中，$\{\theta_1, \cdots, \theta_N\}$ 均为可学习参数，即可以通

过神经网络的训练而得到。这种做法简单，但存在着以下问题：

（1）每次前向传播都要计算 $\mathbf{U}\boldsymbol{\Theta}\mathbf{U}^{\mathrm{T}}$，如果 graph 的规模比较大，那么计算的复杂度会很高，也就是 $\mathcal{O}(N^2)$ 的复杂度。

（2）卷积核不具有局部连接性。在图卷积神经网络中，一个重要的特质是局部受视野（Local Reception Field），它极大地减少了网络连接的权重，同时很好地模拟了人眼神经元捕获外界视觉信息的特征。但是，采用第一代卷积核却不具有这种局部受视野的特点。

（3）卷积核拥有 N 个参数，随着网络规模的扩大，参数规模也很大，导致神经网络的体量也很大。

（4）卷积计算涉及拉普拉斯矩阵的谱分解，导致计算量非常高。

2. 第二代卷积核：多项式卷积核

为了避免直接进行拉普拉斯矩阵的谱分解，同时能够使得卷积核具有局部受视野，研究者尝试定义了第二代卷积核：

$$\mathbf{g}_\theta(\boldsymbol{\Lambda}) = \begin{pmatrix} \sum\limits_{j=0}^{K}\theta_j\lambda_1^j & & & \\ & \sum\limits_{j=0}^{K}\theta_j\lambda_2^j & & \\ & & \ddots & \\ & & & \sum\limits_{j=0}^{K}\theta_j\lambda_N^j \end{pmatrix} \tag{12-7}$$

式中，$K \ll N$ 为事先指定的多项式参数；θ_j 为可学习参数。

显然，这种多项式的卷积核设计，利用了卷积核是拉普拉斯矩阵特征值函数的这一特征，显然更符合卷积的本质（第一代卷积核中可学习参数与拉普拉斯矩阵特征值干脆没有关系）。此外，卷积核采取这种方式设计还有以下优点：

（1）参数数目从 N 下降到了 $K+1$，从而极大地降低了可学习参数规模，进而降低神经网络的复杂程度。

（2）通过推导，可以得到：

$$\mathbf{U}\begin{pmatrix} \sum\limits_{j=0}^{K}\theta_j\lambda_1^j & & & \\ & \sum\limits_{j=0}^{K}\theta_j\lambda_2^j & & \\ & & \ddots & \\ & & & \sum\limits_{j=0}^{K}\theta_j\lambda_N^j \end{pmatrix}\mathbf{U}^{\mathrm{T}}\mathbf{X} = \sum\limits_{j=1}^{K}\theta_j\mathbf{L}^j \tag{12-8}$$

也就是说，每次的卷积运算不需要对拉普拉斯矩阵进行谱分解，而是对其进行直接运算即可，由于谱分解本身的计算量非常高，因此省去谱分解带来了计算量的显著降低。

（3）该卷积核具有局部受视野特性。当 $K=1$ 时，每个顶点对其 1 阶邻域范围内顶点的特征进行加权求和；当 $K=2$ 时，每个顶点对其 2 阶邻域范围内顶点的特征进行加权求和，依此类推。所以，通过调整 K 的取值，可以改变受视野的大小，类似设置图卷积神经网络中 kernel 的 size。

12.1.2　切比雪夫多项式卷积

在多项式卷积核中，研究者普遍采用切比雪夫多项式卷积核（Defferrard 等，2016）[67]，其定义如下：

$$\mathbf{g}_\theta(\mathbf{\Lambda}) = \sum_{k=0}^{K} \theta_k T_k(\tilde{\mathbf{\Lambda}}) \tag{12-9}$$

式中，θ_k 是可学习参数；$T_k(\cdot) = \cos(k \cdot \arccos(\cdot))$ 是切比雪夫多项式函数；$\tilde{\mathbf{\Lambda}} = \dfrac{2\mathbf{\Lambda}}{\lambda_{\max}} - \mathbf{I}$ 是经过放缩的特征值对角矩阵。

由此，可以推导卷积操作如下：

$$\mathbf{U}\mathbf{g}_\theta(\mathbf{\Lambda})\mathbf{U}^{\mathrm{T}}\mathbf{X} = \mathbf{U}\sum_{k=0}^{K} \theta_k T_k(\tilde{\mathbf{\Lambda}})\mathbf{U}^{\mathrm{T}}\mathbf{X} = \sum_{k=0}^{K} \theta_k T_k(\tilde{\mathbf{L}})\mathbf{X} \tag{12-10}$$

式中，$\tilde{\mathbf{L}} = \dfrac{2\mathbf{L}}{\lambda_{\max}} - \mathbf{I}$。$T_k(\tilde{\mathbf{L}})$ 可以通过如下递推公式计算得到：

$$T_k(\tilde{\mathbf{L}}) = 2\tilde{\mathbf{L}}T_{k-1}(\tilde{\mathbf{L}}) - T_{k-2}(\tilde{\mathbf{L}})$$
$$T_0(\tilde{\mathbf{L}}) = \mathbf{I}, \; T_1(\tilde{\mathbf{L}}) = \tilde{\mathbf{L}} \tag{12-11}$$

当 $K=1$ 时，每个顶点经过卷积后的新特征只与其 1 阶邻域内顶点（含自身）输入特征相关；当 $K=2$ 时，每个顶点经过卷积后的新特征只与其 2 阶邻域内顶点（含自身）的输入特征相关；依此类推，切比雪夫多项式卷积核也具有局部连接性，同时无须拉普拉斯矩阵的谱分解计算。

12.1.3 图卷积网络

Kipf 和 Welling（2017）[68]进一步基于 $K = 2$ 的切比雪夫多项式卷积核近似推导出图卷积神经网络（Graph Convolutional Networks，GCN）。GCN 的诞生使得频域图卷积开始了真正的"大红大紫"。GCN 的每层前向计算表达为

$$\mathbf{H}^{(l+1)} = \sigma\left\{\tilde{\mathbf{D}}^{-\frac{1}{2}}\tilde{\mathbf{A}}\tilde{\mathbf{D}}^{-\frac{1}{2}}\mathbf{H}^{(l)}\mathbf{W}^{(l)}\right\} \tag{12-12}$$

式中，$\tilde{\mathbf{A}} = \mathbf{A} + \mathbf{I}$，$\tilde{\mathbf{D}} = \mathbf{D} + \mathbf{I}$。$\mathbf{H}^{(l+1)} \in \mathbb{R}^{N \times C^{(l+1)}}$、$\mathbf{H}^{(l)} \in \mathbb{R}^{N \times C^{(l)}}$ 分别为第 $l+1$、l 图卷积隐藏层的输出；$\mathbf{W}^{(l)} \in \mathbb{R}^{C^l \times C^{l+1}}$ 相当于 C^{l+1} 个卷积核，每个卷积核的参数为 C^l 个，它实现了隐藏层之间的特征图 channel 数目的变换。

按照这种机制，可以叠加很多层图卷积构成一个深度图卷积模型，实现在 graph 结构上的深度学习。每层在本质上是限制了 $K = 2$ 的切比雪夫多项式卷积核，所以，相当于每个顶点汇集了 1 阶邻域范围内的信息，随着卷积层数的增加，每个顶点将汇集更大范围邻域内的信息，从而实现低阶特征向高阶特征的转换（类比 CNN，层级越高的神经元具有越广阔的视野）。

更为重要的是，我们需要从式（12-12）总结出谱域图卷积计算的本质：即空间信息的加权聚合。在式（12-12）中，$\tilde{\mathbf{D}}^{-\frac{1}{2}}\tilde{\mathbf{A}}\tilde{\mathbf{D}}^{-\frac{1}{2}}\mathbf{H}^{(l)}$ 项等于对每个目标顶点，将其 1 阶邻域（含目标顶点自身）内顶点的特征相加，作为其卷积后的新特征。注意，这是一种特殊的加权，也就是邻域顶点的权重全部相等，均为 1。再在这一项的右侧乘以 $\mathbf{W}^{(l)}$ 相当于做特征变换，并不影响加权信息聚合的本质。理解了这一点，图卷积就与图卷积神经网络（CNN）统一了起来，它们都是在做空间的信息加权聚合。只不过在 GCN 中，目标顶点周围顶点的权重，在信息聚合时是相等的，这一点在后面顶点域图卷积中会得到改进。

12.1.4 扩散卷积[69]

扩散卷积（Diffusion Convolution）也是一种常用的图卷积，其本质和图信号处理、傅里叶变换等理论并没有直接关系，但是由于其在计算时需要用到整个拓扑网络的邻接矩阵，因此不支持模型训练和测试阶段出现拓扑图发生变化的情况。

扩散卷积在研究的历史上存在两个版本，一个是针对无向图的，另一个是针对有向图的。这里，我们仅介绍针对有向图扩散卷积的一般形式。

一个有向图表示为 $\mathcal{G} = (\mathcal{V}, \mathcal{E})$，其中，$\mathcal{V}, \mathcal{E}$ 分别表示顶点集合和边集合。$\mathbf{A}_I, \mathbf{A}_O$ 分别表示 $\mathcal{G}$ 的邻入矩阵和邻出矩阵，定义如下：

$$\begin{aligned} \mathbf{A}_I[i,j] &= \begin{cases} 1, & (j,i) \in \mathcal{E} \\ 0, & \text{其他} \end{cases}, \quad \forall i,j \in \mathcal{V} \\ \mathbf{A}_O[i,j] &= \begin{cases} 1, & (i,j) \in \mathcal{E} \\ 0, & \text{其他} \end{cases}, \quad \forall i,j \in \mathcal{V} \end{aligned} \tag{12-13}$$

由此可知，$\mathbf{A}_I = \mathbf{A}_O^{(T)}$，进一步可以计算得到：

出度对角矩阵：$\mathbf{D}_O = \text{Diag}(\mathbf{A}_O \mathbf{1})$

入度对角矩阵：$\mathbf{D}_I = \text{Diag}(\mathbf{A}_I \mathbf{1})$

式中，$\mathbf{1} \in \mathbb{R}^N$ 为元素均为 1 的向量。

对输入的拓扑数据 $\mathbf{X} \in \mathbb{R}^{N \times F}$，对其施加的 K 阶扩散卷积定义如下：

$$\mathbf{H} = \boldsymbol{\Theta} *_{\mathcal{G}}^K \mathbf{X} = \sum_{k=0}^{K-1} \left(\mathbf{D}_O^{-1} \mathbf{A}_O \right)^k \mathbf{X} \boldsymbol{\Theta}_O^k + \sum_{k=0}^{K-1} \left(\mathbf{D}_I^{-1} \mathbf{A}_I \right)^k \mathbf{X} \boldsymbol{\Theta}_I^k \tag{12-14}$$

式中，$\mathbf{H} \in \mathbb{R}^{N \times Q}$ 为基于扩散卷积空间信息聚合后的新拓扑切片，Q 为新拓扑切片的特征维度；$\boldsymbol{\Theta} \in \mathbb{R}^{Q \times F \times K \times 2}$ 为扩散卷积的卷积核；$*_{\mathcal{G}}^K$ 表示 K 阶扩散卷积操作；$\left(\mathbf{D}_O^{-1} \mathbf{A}_O \right)^k$、$\left(\mathbf{D}_I^{-1} \mathbf{A}_I \right)^k$ 分别为经过单位化的 k 阶邻出矩阵和 k 阶邻入矩阵，它们的物理含义是从某个顶点出发，经过 k 跳（hop），与任意其他顶点

的连接强度。当 $k=0$ 时，二者均退化为单位阵，表明此时顶点只与其自身连接；$\Theta_O^k, \Theta_I^k \in \mathbb{R}^{Q \times P}$ 分别表示 k 阶邻出和 k 阶邻入对应的卷积核；$\Theta = \left\{ \Theta_O^k, \Theta_I^k \right\}_{k=0}^{K-1}$。

K 阶扩散卷积的物理意义是：对任意顶点，在对其进行空间信息聚合时，融合了 0 到 $K-1$ 跳邻域（分别包括邻入和邻出）内顶点的信息，并通过共享卷积核对融合后的特征进行维度变换。

12.2　顶点域图卷积

正如在 GCN 部分讲到的，每个图卷积层其实在做的就是邻域顶点信息的加权聚合，这一点与 CNN 是一致的。谱域图卷积存在以下 3 个问题。

（1）在深度模型训练和测试时，都需要完整知道整个 graph 的拓扑结构，也就是 **A** 和 **D** 的信息。如果 graph 规模比较庞大，那么训练这样一个网络需要的内存和计算量就非常大，如对于社交网络的情况，顶点可能有上千万个。

（2）谱域方法实现的 GCN 无法适用于动态改变的图。如果测试时 graph 的结构与训练时 graph 的结构相比发生了变化，那么谱域方法的 GCN 将无法工作，从式（12-12）很容易观察到这一点。但在实际的应用中，如社交网络，每个顶点随时都有可能发生变化，如新的用户注册（产生新的顶点）、两个陌生人建立了朋友关系（互相添加好友）又或者某个顶点长期不活跃，在这种情况下，依赖于事先需要知道整体拓扑结构的谱域 GCN 方法不再适用。

（3）不能处理有向图（这里不包括扩散卷积）。拉普拉斯矩阵是根据无向图计算得到的，不适用于有向图，因此在其基础上推导的 GCN 也不适用。

鉴于上述 3 点原因，人们试图回到 GCN 的本质，也就是 graph 上的卷积本质是做什么？答案是：以任意顶点为目标中心，采用其一定邻域范围内的顶点特征，采用加权聚合的方式，生成该目标顶点的新特征。由此，自然想到，能否直接在顶点域，采用某种邻域加权聚合的方式，生成每个顶点的新特征呢？下面，我们给出几种有代表性的顶点域图卷积方法。

12.2.1　顶点域图卷积特征聚合器的一般性定义

顶点域图卷积直接从卷积的本质（空间邻域信息加权聚合）入手，构建顶点级别的特征聚合器（Feature Aggregator）。顶点特征聚合器的定义不同，就产生了不同的顶点域图卷积模型。在介绍典型的顶点域图卷积模型之前，先给出一般性顶点域图卷积特征聚合器的定义：

$$\mathbf{y}_i = \gamma_\theta \left(\mathbf{x}_i, \left\{ \mathbf{x}_j \right\}_{j \in \mathcal{N}_i} \right), \forall i \in \mathcal{V} \tag{12-15}$$

式中，$\mathcal{N}_i$ 为由顶点 i 的 1 阶邻域顶点所构成的集合；$\gamma_\theta(\cdot)$ 为顶点共享的特征聚合器，不同顶点域图卷积模型该特征聚合器的定义不同；θ 为特征聚合器的参数集；$\mathbf{x}_i, \mathbf{y}_i$ 分别表示顶点 i 卷积前后的特征。

一个理想的特征聚合器 $\gamma_\theta(\cdot)$ 的定义，最好满足以下两个特性：

（1）与自变量的输入顺序无关（Permutation Invariant）。聚合器的输入变量为目标顶点及其 1 阶邻域顶点的特征表示向量。原则上，这些自变量之间没有时序的先后关系，只有空间上的并列关系，因此聚合器的设计不应因为变量输入顺序的不同，而导致聚合结果的不同。例如，采用 LSTM 对这些变量进行聚合就不合适了。

（2）聚合器最好可以根据目标顶点及其邻域顶点的状态不同，动态调整不同邻域顶点到目标顶点信息聚合的权重，这就可以解决前面讲到的 GCN 模型中所有邻域顶点在信息聚合时权重都是相等的问题。

12.2.2　GraphSAGE[70]

GraphSAGE（见图 12-4）旨在训练得到一个顶点级别（Vertex Level）的编码学习器（Embedding Learner）。也就是通过对该编码学习器，输入任意一个顶点的原始观测特征 $\mathbf{x}_v = \begin{bmatrix} x_{v_1} \\ x_{v_2} \\ \vdots \\ x_{v_m} \end{bmatrix} \in \mathbb{R}^m$ 和它邻居顶点的原始观测特征

$\mathbf{x}_u = \begin{bmatrix} x_{u_1} \\ x_{u_2} \\ \vdots \\ x_{u_m} \end{bmatrix} \in \mathbb{R}^m, \forall u \in \mathcal{N}(v)$（$\mathcal{N}(v)$ 表示顶点 v 的邻居顶点集合），经过一系

列神经网络操作，最后输出该顶点的恰当表示（representation），从而用于该顶点的 label 预测或者其他预测任务。

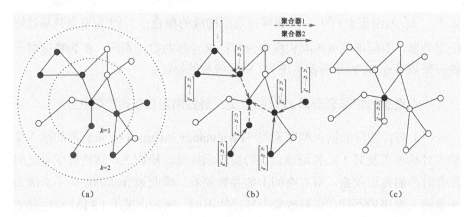

图 12-4 GraphSAGE 示意图：（a）目标节点的抽样邻居节点；（b）从邻居节点聚合特征信息；（c）生成节点特征嵌入值

1. GraphSAGE 步骤

（1）对图中每个顶点邻居顶点进行采样。出于对计算效率的考虑，对每个顶点采样一定数量的邻居顶点作为待聚合信息的顶点。设采样数量为 d，若顶点邻居数少于 d，则采用有放回的抽样方法，直到采样出 d 个顶点；若顶点邻居数大于 d，则采用无放回的抽样。当然，若不考虑计算效率，完全可以对每个顶点利用其所有的邻居顶点进行信息聚合，这样是信息无损的。

（2）根据聚合函数聚合邻居顶点蕴含的信息。这一步是实现具体的卷积

操作：邻域空间的特征信息聚合。在这里，连续采用 K 层聚合器 AGGREGATE$_k$, $\forall k \in \{1, \cdots, K\}$，对目标顶点的邻居顶点特征信息进行聚合。每层聚合器都相当于一层神经网络，多层聚合器就是一个深度神经网络。

（3）得到图中各顶点的向量表示供下游任务使用。对图中各个顶点进行 K 层特征信息聚合之后，就生成了对应的编码（embedding），也可以称之为特征表示（Feature Representation），可以作为输入提供给下游任务，如顶点 label 的预测或 graph 分类等任务。

具体的算法流程如下：

算法 12-1　GraphSAGE 编码生产算法

输入：拓扑图 $\mathcal{G} = (\mathcal{V}, \varepsilon)$，输入特征 $\mathbf{x}_v$, $\forall v \in \mathcal{V}$；深度 K，权重矩阵 $\mathbf{W}^k$, $\forall k \in \{1, \cdots, K\}$；激活函数 σ；可微聚合函数 AGGREGATE$_k$, $\forall k \in \{1, \cdots, K\}$

输出：向量表征 $\mathbf{z}_v$, $\forall v \in \mathcal{V}$

1：$\mathbf{h}_v^0 \leftarrow \mathbf{x}_v$, $\forall v \in \mathcal{V}$

2：for $k = 1, \cdots, K$ do

3：　for $v \in \mathcal{V}$ do

4：　　$\mathbf{h}_{\mathcal{N}(v)}^k \leftarrow$ AGGREGATE$_k\left(\{\mathbf{h}_u^{k-1}, \forall u \in \mathcal{N}(v)\}\right)$

5：　　$\mathbf{h}_v^k \leftarrow \sigma\left(\{\mathbf{W}^k \text{CONCAT}(\mathbf{h}_v^{k-1}, \mathbf{h}_{\mathcal{N}(v)}^k)\right)$

6：　end for

7：　$\mathbf{h}_v^k \leftarrow \dfrac{\mathbf{h}_v^k}{\|\mathbf{h}_v^k\|_2}$, $\forall v \in \mathcal{V}$

8：end for

9：$\mathbf{z}_v \leftarrow \mathbf{h}_v^K$

聚合器 AGGREGATE$_k$, $\forall k \in \{1, \cdots, K\}$（$K$ 表示聚合器的层数，也就是深度循环神经网络的层数）是用来聚合目标顶点邻居节点的特征信息。由于在图中顶点的邻居是天然无序的，所以希望构造出的聚合器是对称的（即改变输入的顺序，函数的输出结果不变），同时具有较高的表达能力。

2. 聚合器的类型

1）平均聚合器（MEAN Aggregator）

它是直接将邻居节点上一层（$k-1$ 层）的特征向量与自身上一层的特征向量拼接起来，然后进行每个特征维度上的平均，最后再做一次非线性转换，生成当前层（k 层）的特征向量（对应算法 12-1 中第 4、5 两行代码）。

$$\mathbf{h}_v^k = \sigma\left(\mathbf{W} \cdot \text{MEAN}\left(\left\{\mathbf{h}_v^{k-1}\right\} \cup \left\{\mathbf{h}_u^{k-1}, \forall u \in \mathcal{N}(v)\right\}\right)\right) \tag{12-16}$$

这种平均聚合器其实相当于将目标顶点的邻域信息做平均池化（Average Pooling），从而融合在一起构成一个新的特征信息。

2）池化聚合器（Pooling Aggregator）

这种聚合器让目标节点的每个邻居节点的特征信息逐一通过一个全连接层神经网络，然后再对它们做最大池化（Max Pooling），即特征的每个维度选取最大值，最后得到融合的新特征信息，再利用算法 12-1 中的第 5 行代码与目标顶点的特征信息融合，进一步生成目标顶点的新特征信息。具体做法为

$$\text{AGGREGATE}_k^{\text{pool}} = \max\left(\left\{\sigma\left(\mathbf{W}_{\text{pool}}\mathbf{h}_u^{k-1} + \mathbf{b}\right), \forall u \in \mathcal{N}(v)\right\}\right) \tag{12-17}$$

3）长短期记忆神经网络（LSTM Aggregator）

既然是融合邻居节点的特征信息，可以考虑循环神经网络将一系列特征信息编码为一个综合信息（也就是融合）。但是 LSTM 的问题在于它的编码依赖于特征信息输入的顺序，这与邻居节点顺序无关性相违背，所以在使用 LSTM 聚合器之前，先随机打乱邻居节点特征信息的输入顺序。

以上就是 GraphSAGE 的核心内容。这里需要掌握的主要知识点一个是邻居顶点的采样，这主要是为了提高计算效率；另外一个就是特征信息聚合，这是卷积的本质，当然聚合的本质是利用目标顶点邻居顶点及其自身特征信息融合，然后得到一个新的特征信息表示。所以，信息融合的方式在理论上有多种，不一定要采用本节提到的 3 种聚合器。例如，可以把所有邻居顶点

特征拼接起来，然后输入到一个 2～3 层的全连接神经网络中，最后输出想要维度的新特征；又或者，可以采用 1D CNN 的方式，堆叠 2～3 层的常规卷积层，最后提炼出新特征，这些理论上都是可以的，关键看是否有效。

12.2.3 GAT[71]

GAT 是深度学习"三巨头"之一的 Yoshua Bengio 于 2018 年提出的 Graph Attention Network 的简称。GAT 同样是顶点域图卷积方法，在详细介绍它之前，先介绍一下引出 GAT 的背景。在前面介绍的 GCN 中，每层图卷积公式如下：

$$\mathbf{H}^{(l+1)} = \sigma\left(\underbrace{\tilde{\mathbf{D}}^{-\frac{1}{2}}\tilde{\mathbf{A}}\tilde{\mathbf{D}}^{-\frac{1}{2}}}_{\text{标准化邻接矩阵}} \quad \underbrace{\mathbf{H}^{(l)}\mathbf{W}^{(l)}}_{\text{线性变换特征矩阵}}\right) \tag{12-18}$$

式（12-18）的第 1 项是一个标准化邻接矩阵，其本质还是邻接矩阵；第 2 项是线性变换特征矩阵，其本质还是顶点的特征矩阵。在观察邻接矩阵乘以顶点特征时，会发现本质上这两项相乘的结果，就是把目标顶点的邻居顶点的特征直接加和起来构成新的特征。这种方式虽然实现了邻居顶点特征的信息聚合（也就是卷积运算的本质），但是却无法考虑不同邻居顶点对于目标顶点的重要程度（权重）。在现实中，每个顶点的邻居顶点对其影响的重要程度是不同的，如在社交网络中，你的朋友圈内有信任的朋友，当然也有普通的朋友，他们的状态（特征）对你的影响程度一定是不同的。同样的情况，在 GraphSAGE 和扩散卷积中，也没有考虑不同邻居顶点对目标顶点的影响程度差异，不管它们的融合机制是什么，在特定的融合机制下，每个邻局顶点的特征对于目标顶点新特征的生成所构成的影响程度是相同的。GAT 的提出恰恰可以解决这个问题。

总的来说，GAT 是顶点域图卷积方法，是用逐点的方式进行编码，所以可以很好地处理有向图，同时无须事先知道整张 graph 的结构，降低了计算内存，是典型的归纳式学习（Inductive Learning），区别于 GCN 的 Transductive Learning，这一点这里不做深入介绍，有兴趣的读者可以查找资料进行研究。

下面，我们介绍一下 GAT 的详细做法：

如图 12-5 所示，目标顶点的输入特征向量为 $\mathbf{h}_1$，其邻居顶点的输入特征向量为 $\{\mathbf{h}_2,\cdots,\mathbf{h}_6\}$。在聚合输入特征 $\{\mathbf{h}_1,\cdots,\mathbf{h}_6\}$ 生成新特征 $\tilde{\mathbf{h}}_1$ 时，我们考虑为每个输入特征分配不同的权重。这里采用注意力机制（详见第 13 章相关内容）来实现不同权重的分配。

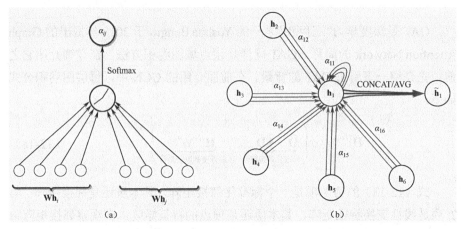

图 12-5　GAT 模型：（a）注意力权重计算；（b）加权信息聚合

首先，计算目标顶点输入特征 $\mathbf{h}_1$ 与邻居顶点输入特征 $\{\mathbf{h}_1,\cdots,\mathbf{h}_6\}$（包含自身）的注意力分数，如图 12-5（a）所示。具体计算公式为

$$s_{ij} = a(\mathbf{W}\mathbf{h}_i, \mathbf{W}\mathbf{h}_j) \tag{12-19}$$

式（12-19）中，首先对原始输入特征做了一个线性变换，即乘以矩阵 $\mathbf{W}$，一般情况下都是将原始特征变换到更高维度，这样增强特征的表征能力，然后以每对线性变换后的输入特征为输入，计算它们对应的注意力分数。注意力分数的计算方式可以有多种，具体可以参见注意力机制部分。原文献中，采用单层的全连接神经网络，激活函数采用 LeakyReLU。

在求得目标顶点特征和任意邻居顶点（含自身）输入特征之间的注意力分数之后，让它们通过一个 Softmax 层，从而计算得到注意力分数，计算公式如下：

$$\alpha_{ij} = \frac{\exp(s_{ij})}{\displaystyle\sum_{k \in \mathcal{N}_i} \exp(s_{ik})} \tag{12-20}$$

有了注意力系数 α_{ij}，就可以融合自身及邻居顶点输入特征，生成目标顶点的新特征：

$$\tilde{\mathbf{h}}_i = \sigma\left(\sum_{j \in \mathcal{N}_i} \alpha_{ij} \mathbf{W} \mathbf{h}_j\right) \tag{12-21}$$

到这里，就完成了 1 阶邻居顶点信息的聚合。但是原文献没有在这里停止，为了加强信息聚合的表征能力，进一步将单一注意力机制拓展为多头注意力机制（Multi-Head Attention Mechanism）。

k – th 头注意力分数的计算：

$$s_{ij}^k = a(\mathbf{W}^k \mathbf{h}_i, \mathbf{W}^k \mathbf{h}_j), \forall k = 1, \cdots, K \tag{12-22}$$

k – th 头注意力系数的计算：

$$\alpha_{ij}^k = \frac{\exp(s_{ij}^k)}{\displaystyle\sum_{k \in \mathcal{N}_i} \exp(s_{ik}^k)}, \forall k = 1, \cdots, K \tag{12-23}$$

k – th 头目标顶点新聚合特征的计算：

$$\tilde{\mathbf{h}}_i^k = \sigma\left(\sum_{j \in \mathcal{N}_i} \alpha_{ij}^k \mathbf{W}^k \mathbf{h}_j\right) \tag{12-24}$$

目标顶点最终聚合特征计算：

拼接方式：$\tilde{\mathbf{h}}_i = \left\|_{k=1}^K \tilde{\mathbf{h}}_i^k\right.$

平均方式：$\tilde{\mathbf{h}}_i = \dfrac{1}{K} \sum_{k=1}^K \tilde{\mathbf{h}}_i^k$

12.3　本章小结

　　本章对卷积图神经网络理论进行了简要介绍。图神经网络是近年来深度学习领域研究的热点和前沿理论。在道路短期交通状态预测问题中，由于路网天然是拓扑图结构，交通状态数据的组织形式很自然地表达为拓扑图，因此图神经网络在拓扑化的短期交通状态预测研究中被频繁使用，其核心本质是对拓扑图上顶点之间空间相关性的建模。

第 **13** 章

注意力机制[72]

注意力机制（Attention）自 2014 年提出到现在仍然十分火热，很多深度学习的模型都置入了注意力机制，而且也取得了很好的性能。尤其是在 2017 年，谷歌机器翻译团队发表的研究中大量使用了自注意力机制[73]（Self-Attention）以后，注意力机制更加成为深度学习的"宠儿"。

注意力机制的本质是从人类视觉注意力机制中获得灵感。人类的视觉系统在感知东西时，一般不会从头到尾地观察某个场景，往往是根据需求观察注意特定的某个部分，这就是注意力机制的本质。

13.1 Encoder–Decoder 模型[74–76]

为了讲清楚注意力机制，需要先介绍一些关于 Seq2Seq（序列到序列）学习的相关知识。序列到序列学习本质上实现了两个甚至多个不定长序列之间的映射，有着广泛的应用，包括机器翻译、智能对话与问答等。例如，在机器翻译问题中，输入是源语言的词汇向量序列，输出是目标语言的词汇向量序列。

在 Seq2Seq 学习领域，最著名的是 Encoder-Decoder 模型。编码器（Encoder）的作用是将输入的不定长向量序列编码为一个上下文向量（Context Vector），解码器（Decoder）的作用则是以上下文向量为输入，顺序地输出不定长的向量序列。图 13-1 给出了一个典型的 Encoder-Decoder 模型示意图。

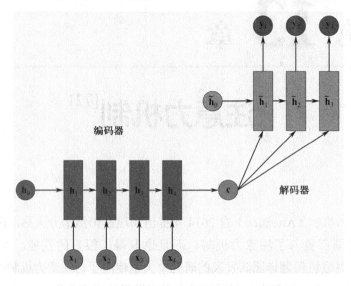

图 13-1　典型的 Encoder-Decoder 模型示意图

输入的序列向量 $\{\mathbf{x}_1,\cdots,\mathbf{x}_4\}$，通过基于 RNN（或者 RNN 的变体，如 LSTM、GRU、Bi-LSTM、Deep LSTM 等）的编码器进行编码，提取到了输入序列的综合特征向量（也称为 Context Vector）$\mathbf{c}$，进而将 $\mathbf{c}$ 输入一个同样基于 RNN 的解码器中，循环产生目标序列 $\{\mathbf{y}_1,\cdots,\mathbf{y}_3\}$。

上述基于 Encoder-Decoder 模型的 Seq2Seq 深度学习模型存在以下两个问题。

（1）输入序列通过编码操作，最终由综合特征向量 $\mathbf{c}$ 来全权表示，也就是说综合特征向量 $\mathbf{c}$ 要能够全面代表输入序列的全部信息。这对于较短的输入序列而言，还相对可行，但是对于较长的输入序列而言，这个综合特征向量 $\mathbf{c}$ 就不能够很好地代表全部的输入信息了。

（2）在解码部分，每次计算一个输出向量，都要输入代表全部输入信息的综合特征向量 $\mathbf{c}$，也就是说，每步解码，解码器都要关注输入的全部信息，这在现实中是不必要的。例如，对于机器翻译而言，编码时输入了大量源语言向量，但是对应每步解码的时候，我们都是重点关注某几个输入向量，对其进行翻译，下一步再关注其他几个输入向量，再对其进行翻译，而非每步解码都要关注全部输入信息。

注意力机制的提出，正是为了解决上述两个问题。

13.2　基于注意力机制的 Encoder–Decoder 模型[77-79]

为了解决 13.1 节中提到的基于 RNN 的 Encoder-Decoder 模型中存在的两个问题，本节在其中引入注意力机制，其结构如图 13-2 所示。

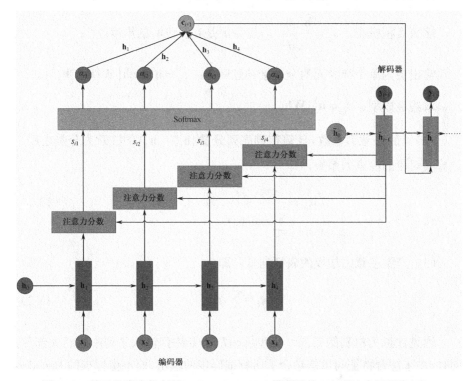

图 13-2　基于注意力机制的 Encoder-Decoder 模型结构（以第 i 步解码为例）

编码器部分的操作与上面相同，采用基于 RNN 的循环结构，对输入序列进行编码。编码完成后，不再输出一个综合特征向量（Context Vector）来代表整体输入序列信息，而是保留每步编码对应生成的隐藏层变量序列 $\{\mathbf{h}_1,\cdots,\mathbf{h}_4\}$。在解码阶段，每步解码操作（如第 i 步），还是输入上一个隐藏层的输出 $\tilde{\mathbf{h}}_{i-1}$，同时输入一个代表"被关注的输入序列信息部分"的综合特征向量 $\mathbf{c}_i$，它的计算过程如下：

（1）计算当前解码步对整个输入序列每个分量的注意力分数（Attention Score），它表示在当前这个解码步对输入序列每个分量的关注程度。其计算方式包括点积模型、缩放点积模型、输出层为单个神经元的全连接神经网络、双线性模型，分别介绍如下。

点积模型：$s_{ij} = \tilde{\mathbf{h}}_{i-1}^{\mathrm{T}}\mathbf{h}_j, \forall j = 1,\cdots,4$。

缩放点积模型：$s_{ij} = \dfrac{\tilde{\mathbf{h}}_{i-1}^{\mathrm{T}}\mathbf{h}_j}{\sqrt{d}}$，其中 d 是 $\tilde{\mathbf{h}}_{i-1}$ 和 $\mathbf{h}_j$ 的维度。

输出层为单个神经元的全连接神经网络：$s_{ij} = \mathbf{q}^{\mathrm{T}}\tanh\left(\mathbf{W}\left(\tilde{\mathbf{h}}_{i-1}\big\|\mathbf{h}_j\right)\right)$。

双线性模型：$s_{ij} = \tilde{\mathbf{h}}_{i-1}^{\mathrm{T}}\mathbf{W}\mathbf{h}_j$。

（2）计算注意力系数。计算得到序列分量 $\{\mathbf{h}_1,\cdots,\mathbf{h}_4\}$ 的注意力分数之后，计算其对应的注意力系数，即

$$\alpha_{ij} = \frac{\exp(s_{ij})}{\displaystyle\sum_{k=1}^{4}\exp(s_{ik})}, \forall j = 1,\cdots,4 \tag{13-1}$$

（3）产生注意力加权的表征向量，即

$$\mathbf{c}_i = \sum_{j=1}^{4}\alpha_{ij}\mathbf{h}_j \tag{13-2}$$

通过注意力机制的引入，每步解码都会专注到输入序列中的相关部分，同时，由于综合特征向量是融合了所有编码步的输出，而不像标准的 Encoder-Decoder 模型中仅采用最后编码步的输出，因此它能更好地表征输入序列的信息。

13.3　广义注意力机制[80–82]

前面的内容是在 Encoder-Decoder 模型架构下介绍的注意力机制。关于注意力机制，本节给出了更为广义的一般性定义。

如图 13-3 所示，广义注意力机制由一个查询向量 $\mathbf{q}$ 和一个键值对序列 $\{(\mathbf{k}_1,\mathbf{v}_1),\cdots,(\mathbf{k}_N,\mathbf{v}_N)\}$ 构成。注意力分数是通过查询和键的匹配程度来计算的，即 $\text{Score}(\mathbf{q},\mathbf{k}_i)$，进而通过 Softmax 层计算注意力系数 α_i，最后，通过加权求和所有值得到最终的综合特征向量 $\mathbf{v}=\sum_{i=1}^{N}\alpha_i\mathbf{v}_i$。

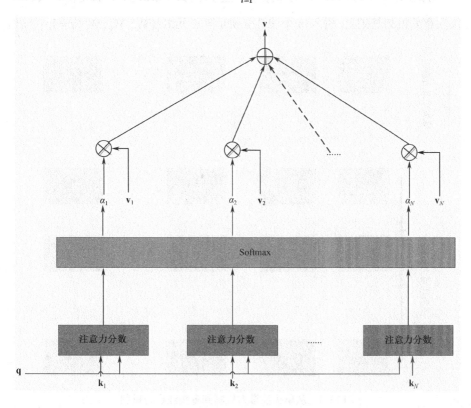

图 13-3　注意力机制的一般性架构

13.2 节中描述的注意力机制是广义注意力机制的一个特例。其中，每个解码步（如第 i 步）对应的输入 $\tilde{\mathbf{h}}_{i-1}$ 扮演了查询向量的角色，编码器的输出序列 $\{\mathbf{h}_1,\cdots,\mathbf{h}_4\}$ 同时扮演了键向量和值向量两个角色。

13.4　多头注意力机制^[83–86]

前面提到的注意力机制统称为单头注意力机制（Single-Head Attention），为了进一步增强注意力机制的建模能力，研究者在前面提到的注意力机制基础上提出了多头注意力机制（Multi-Head Attention）。

从图 13-4 中可以看到，所谓多头注意力机制（如 m 头），就是在原来的单头注意力机制基础上，引入 m 个线性变换矩阵三元组 $\left\{\left\langle \mathbf{W}_q^i, \mathbf{W}_k^i, \mathbf{W}_v^i \right\rangle | i=1,\cdots,m\right\}$，

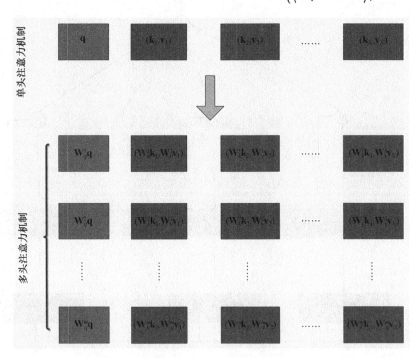

图 13-4　从单头注意力机制到多头注意力机制

对原始的查询向量、键向量、值向量进行 m 组线性变换，然后按照前面讲的单头注意力计算方法，在每组变换后的向量组上计算注意力系数，从而得到 $\{\mathbf{v}^i \mid i=1,\cdots,m\}$。最后，多头注意力的输出可以采用拼接和求平均两种方式，分别表示为

$$\text{Muti-HeadAttention}(\mathbf{q},\mathbf{K},\mathbf{V} \mid \mathbf{W}_q,\mathbf{W}_k,\mathbf{W}_v) = \Big\|_{i=1}^{m} \mathbf{v}^i \qquad (13\text{-}3)$$

或

$$\text{Muti-HeadAttention}(\mathbf{q},\mathbf{K},\mathbf{V} \mid \mathbf{W}_q,\mathbf{W}_k,\mathbf{W}_v) = \frac{1}{m}\sum_{i=1}^{m} \mathbf{v}^i \qquad (13\text{-}4)$$

13.5　自注意力机制 [87–90]

自注意力机制（Self-Attention）是一种重要的注意力机制。后面，我们将基于它介绍"大名鼎鼎"的 Transformer。先来看一个基于双向 RNN（Bi-RNN）的编码器，如图 13-5 所示。

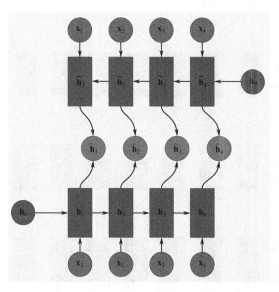

图 13-5　基于双向 RNN 的编码器

采用这种 Bi-RNN 编码器的好处是，每步的编码输出都包含全部序列的信息，也就是 $\hat{\mathbf{h}}_i, \forall i = 1, \cdots, 4$ 都包含序列 $\{\mathbf{x}_1, \cdots, \mathbf{x}_4\}$ 的全部信息。

以往对于这种序列数据的编码，普遍采用 RNN 架构（有可能是单向 RNN、深度 RNN、双向 RNN 等），最大的问题就在于 RNN 的计算是串行的架构（当前步的编码依赖上一步的输出作为输入，因此必须等待上一步编码完成才能执行当前步），所以计算效率很低，尤其当被编码的序列较长时，问题十分突出。

在这一点上，RNN 的计算效率没有办法与 CNN 相比拟，因为 CNN 的卷积操作可以并行运算，也就是卷积核和局部区域特征的乘积加和可以并行进行。CNN 在大规模计算机视觉领域的深度模型上计算效率很高，而作为与计算机视觉并驾齐驱的人工智能主要领域之一的自然语言处理，却建立在计算效率较低的 RNN 基础之上，这多少让人觉得不够完美。那么能不能考虑将 CNN 用在自然语言处理领域，取代 RNN 来实现序列的编码呢？如果可以，当然就可以实现有效编码（有时也称为序列特征提取），同时又可以充分提高计算效率，答案是肯定的，如图 13-6 所示。

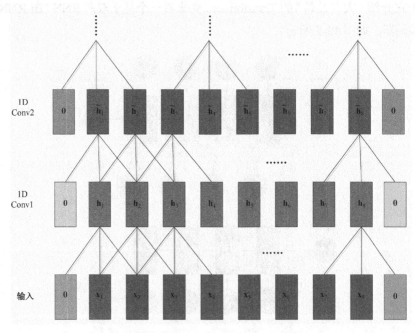

图 13-6　基于 1D CNN 的序列信息编码器

从图 13-6 中可以看到,采用 1D 卷积的方式,只要堆叠足够多的卷积层,处于顶端的卷积层神经元具有更好的全局视野,也就是能够融合全部的输入序列信息,这就同样实现了对输入序列数据的编码。但要注意,这样做的前提是堆叠足够多的卷积层。这样做也有一个小问题,就是从横向上看是可以并行计算的,但是从纵向上看却还是串行计算的(只有有了低一层的输出,才能进行当前层的卷积运算)。

下面让我们看一下自注意力机制是如何处理这个问题的(编码+并行计算)。我们的问题是实现 $\mathcal{F}:\{\mathbf{x}_1,\mathbf{x}_2,\mathbf{x}_3\}\to\{\mathbf{h}_1,\mathbf{h}_2,\mathbf{h}_3\}$。图 13-7 以其中一步的编码为例演示了自注意力机制的操作。

首先,通过一组共享的矩阵 $\{\mathbf{W}_q,\mathbf{W}_k,\mathbf{W}_v\}$,将输入的序列 $\{\mathbf{x}_1,\mathbf{x}_2,\mathbf{x}_3\}$ 转化为序列 $\left\{\langle\mathbf{q}_j,\mathbf{k}_j,\mathbf{v}_j\rangle|j=1,2,3\right\}$。如果想要实现第 i 个编码 $\mathbf{h}_i,\forall i=1,2,3$,那么需要以 $\mathbf{q}_i$ 为查询向量,$\left\{\langle\mathbf{k}_j,\mathbf{v}_j\rangle|j=1,2,3\right\}$ 为键值对序列,做前面讲到的注意力机制计算得到注意力系数 $\{\alpha_{ij}|j=1,2,3\}$,然后融合 $\{\mathbf{v}_j|j=1,2,3\}$ 的全部信息,生成最终的 $\mathbf{h}_i=\sum_{j=1}^{3}\alpha_{ij}\mathbf{v}_j$。

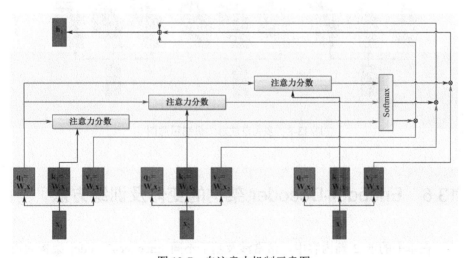

图 13-7　自注意力机制示意图

从上述运算过程我们可以轻易看出,自注意力机制的编码计算过程是并行的，可以并行计算得到编码序列 $\{\mathbf{h}_1, \mathbf{h}_2, \mathbf{h}_3\}$，而且不管输入序列有多长，每步生成的编码中都包含全部输入序列的信息，即实现了与双向 RNN 同样的功能。

上面讲述的是单头自注意力机制（Single-Head Self-Attention），当然也可以采用多头自注意力机制（Multi-Head Self-Attention）。实际上，在后面我们要讲到的 Transformer 中使用的就是多头自注意力机制。

如图 13-8 所示，此时输入序列中的每个分量 $\mathbf{x}_i$ 不仅通过左乘共享的矩阵组 $\{\mathbf{W}_q, \mathbf{W}_k, \mathbf{W}_v\}$ 转换为查询、键、值三元组 $\langle \mathbf{q}_i, \mathbf{k}_i, \mathbf{v}_i \rangle$，还通过共享的矩阵组 $\{\mathbf{W}_q^j, \mathbf{W}_k^j, \mathbf{W}_v^j | j = 1, \cdots, m\}$（假定这里采用 m 头注意力机制）转化为一组查询、键、值三元组 $\{\langle \mathbf{q}_i^j, \mathbf{k}_i^j, \mathbf{v}_i^j \rangle | j = 1, \cdots, m\}$。进而，针对任意第 j 头注意力机制，采用 $\mathbf{q}_i^j$ 做查询，$\{\langle \mathbf{k}_i^j, \mathbf{v}_i^j \rangle | i = 1, 2, 3\}$ 为键值对，可以融合得到一个编码分量 $\mathbf{h}_i^j$。最终，整合所有 m 头注意力机制所得到的编码分量，最终得到第 i 步的编码 $\mathbf{h}_i = \left\|_{j=1}^{m} \mathbf{h}_i^j\right.$。当然，最终的这个 $\mathbf{h}_i$ 还可以根据需要左乘一个矩阵做线性变换，得到希望的维度。

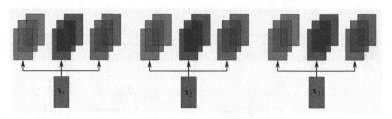

图 13-8　多头自注意力机制示意图

13.6　Encoder-Decoder 架构的变体及训练方法

在本书的前 2 篇内容中，常常涉及基于不同 Encoder-Decoder 架构的模型及关于 Encoder-Decoder 模型的不同训练方式。因此，本节补充关于不同 Encoder-Decoder 架构变体的相关知识。

最早的 Encoder-Decoder 架构可以追溯到 Cho 等人（2014）的研究[74]，其提出的 Encoder-Decoder 架构如图 13-9 所示。

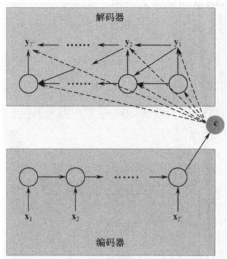

图 13-9 文献[74]中的 Encoder-Decoder 架构

编码器和解码器均是基于 RNN 实现的。编码器对输入序列 $\{\mathbf{x}_1,\cdots,\mathbf{x}_T\}$ 编码后，形成一个综合特征向量 $\mathbf{c}$。在解码过程中，$\mathbf{c}$ 均作为每步解码的隐藏层和输出层的输入，具体为

$$\begin{aligned}
\mathbf{h}_{t+1} &= f(\mathbf{c},\mathbf{h}_t,\mathbf{y}_t), \forall t = 1,\cdots,T' \\
\mathbf{y}_{t+1} &= g(\mathbf{c},\mathbf{h}_{t+1},\mathbf{y}_t), \forall t = 1,\cdots,T'
\end{aligned} \tag{13-5}$$

式中，$\mathbf{y}_t,\mathbf{h}_t$ 分别代表第 t 步解码器的隐藏层输出和输出层输出；$f(\cdot),g(\cdot)$ 分别为解码器的隐藏层函数和输出层函数。

同样发表于 2014 年的另一项研究[75]提出的 Encoder-Decoder 架构略有不同，如图 13-10 所示。只有第一步解码的隐藏层以综合特征向量 $\mathbf{c}$ 为输入，同时，下一步解码的输出层不以上一步解码的输出为输入。

$$\begin{aligned}
\mathbf{h}^{t+1} &= \begin{cases} f(\mathbf{c},\mathbf{h}^t,\mathbf{y}^t), & t = 0 \\ f(\mathbf{h}^t,\mathbf{y}^t), & t = 1,2,\cdots \end{cases} \\
\mathbf{y}^{t+1} &= g(\mathbf{h}^{t+1})
\end{aligned} \tag{13-6}$$

式中，$\mathbf{y}_t, \mathbf{h}_t$ 分别代表第 t 步解码器的隐藏层输出和输出层输出；$f(\cdot), g(\cdot)$ 分别为解码器的隐藏层函数和输出层函数。

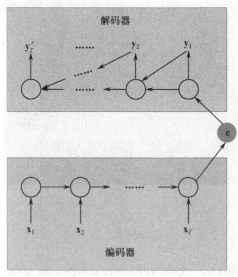

图 13-10　文献[75]中的 Encoder-Decoder 架构

后来，研究者在机器翻译领域发现，在翻译较长的输入序列时，上述两种 Encoder-Decoder 架构的翻译效果都不够好。人们开始反思人工翻译的过程：人工翻译并不会通读完整个句子之后，再记忆里面的内容，然后从零开始机械地翻译一个句子。而人工翻译首先会翻译出句子的一部分，再看下一部分，并翻译这一部分，一直这样下去。记忆整个长句子是很困难的，在翻译某个单词的时候，实际上是以原句子局部范围作为上下文（context）。因此，后来的 Encoder-Decoder 架构中普遍结合了注意力机制。图 13-11 给出了基于 LSTM 单元构造的带有注意力机制的 Encoder-Decoder 模型架构。

Encoder-Decoder 模型中的 Encoder 和 Decoder 都是基于 RNN 的，关于 RNN 的训练方法有两种：自由运行模式（Free-Running Mode）和教师强制模式（Teacher Forcing Mode），如图 13-12 所示。在自由运行模式训练方法中，上一个时间步的输出作为下一个时间步的输入；而教师强制模式是一种快速有效训练循环神经网络模型的方法，该训练方式每次不使用上一个时间步的输出作为下一个时间步的输入，而是直接使用训练数据标准答案

（Ground Truth）的对应上一项作为下一个时间步的输入。

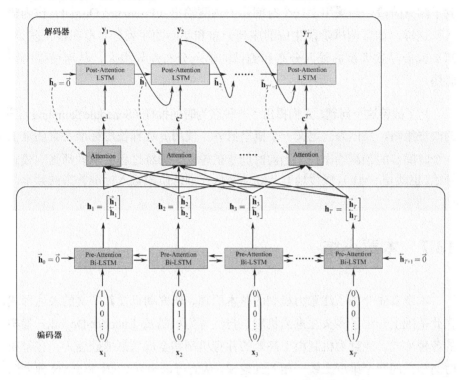

图 13-11　整合注意力机制的 Encoder-Decoder 模型架构

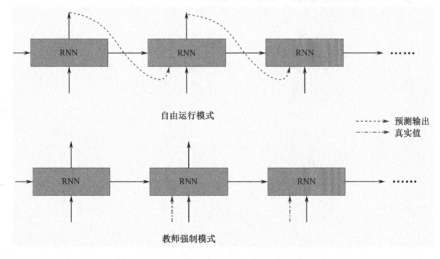

图 13-12　两种不同的 RNN 模型训练方法

在教师强制模式[91]下，训练阶段每个时间步采用标准答案作为输入，等到了测试阶段，则采用上一个时间步的预测输出（Predicted Output）作为输入。这样，如果测试阶段生成的序列分布和实际的序列分布存在很大差异，那么就会导致训练的输入分布和测试的输入分布差异很大，从而使模型很脆弱。

为了改善这个问题，人们提出了一种名为时间抽样（Schedule Sampling）[92]的改进策略，具体为：定义一个概率值 p，使用 p 选择使用标准答案还是上一个时间步的预测输出作为当前时间步的输入。训练过程会从教师强制模式开始（也就是 $p=1$），慢慢地有计划地降低在训练阶段输入标准答案的频率。

13.7　本章小结

本章首先介绍了注意力机制的基本原理、研究动机及其广义的表达形式，在此基础上介绍了多头注意力机制、自注意力机制及 Encoder-Decoder 架构的各种形式。注意力机制由于高效的并行机制和全局信息捕获能力，有望在时间和空间两个维度上统一相关性建模，从而可以舍弃 CNN 和 RNN 独立工作，是一种非常有潜力的深度模型理论。

第 **14** 章

Transformer[73,93-96]

Transformer 模型来自谷歌的研究，其最大的亮点是采用了自注意力机制和位置编码（Position Encoding）来替代传统基于 RNN 的 Seq2Seq 学习，最初用于提升机器翻译的效率。

Transformer 的出现，直接带来了自然语言处理（NLP）领域技术的革命性提升，以其为基础催生了体量巨无霸（Bert 参数 3 亿、GPT-2 参数 15 亿、GPT-3 参数 1750 亿）、性能极佳、功能涵盖全面（答题、翻译、写文章、作诗等）的 Bert（谷歌于 2018 年 10 月推出）、GPT2（OpenAI 于 2019 年 2 月推出）和 GPT-3（OpenAI 于 2020 年 5 月推出）等深度 NLP 模型，实现了 NLP 领域的统一。

新浪微博 AI Lab 资深算法专家张俊林 2019 年曾撰文《放弃幻想，全面拥抱 Transformer：NLP 三大特征抽取器（CNN/RNN/TF）比较》。文中提道：RNN"人老珠黄"，已经基本完成它的历史使命，将来会逐步退出历史舞台；CNN 如果改造得当，将来还是有希望在 NLP 领域有自己的一席之地，如果改造成功程度超出预期，那么还有一丝可能成为割据一方的"军阀"，继续生存壮大，当然我认为这个希望不大；而"新欢"Transformer 明显会很快成为 NLP 里担当大任的最主流的特征抽取器。

Transformer 不仅在 NLP 领域占据了深度学习的霸主地位，在计算机视觉（CV）领域，有学者尝试用 Transformer 的自注意力机制替代主流的 CNN，也同样获得了非常好的效果。未来的 NLP 和 CV 在深度学习领域的研究越来越趋于融合，自注意力机制与 CNN 最终将实现"你中有我，我中有你"的相互促进，联合提升模型性能的状态。在交通预测领域，很多交通数据都可以视为图像数据，所以前面介绍的建模方法大部分基于 CNN 及各种以其为骨架的变体。鉴于 Transformer 在 CV 领域的潜力，这里我们对其进行简要介绍。

14.1 模型介绍

有了第 13 章关于自注意力机制的介绍，本章介绍建立在其基础上的 Transformer。Transformer 的整体架构如图 14-1 所示。左侧是编码器部分，右侧是解码器部分。编码器和解码器均包含 Nx 个循环体。编码器单个循环体由 4 个部分组成，按照先后顺序分别是多头自注意力层（Multi-Head Self-Attention）、Add&Norm 层、Feed Forward 层和 Add&Norm 层；解码器单个循环体由 6 个部分组成，按照先后顺序分别是 Masked 多头自注意力层（Masked Multi-Head Self-Attention）、Add&Norm 层、多头注意力层（Multi-Head Attention）、Add&Norm 层、Feed Forward 层和 Add&Norm 层。此外，在序列信息进入编码器和解码器进行编码和解码之前，先要进行位置编码。下面分别对各核心部件进行介绍。

1. 位置编码

Transformer 也属于 Encoder-Decoder 架构，其输入为一个不定长的向量序列，输出也是一个不定长的向量序列。输入的序列是时序的数据（如用于机器翻译场景，输入可能是一段话的词汇向量序列；用于短期交通状态预测，输入会是一个观测交通状态序列等），序列分量之间存在顺序关系，这种顺序关系对于机器翻译、交通状态预测等都很重要。但是，在 Transformer 中，对于序列信息的编码采用的是多头自注意力机制，在这种机制下，序列分量的时序关系没有被考虑，每个分量都处于时间"平等"的地位，没有"先后"之分（具体可以参照自注意力机制的相关内容）。因此，在将输入向量序列输入多头自注意力层之前，需要整合相应的位置编码。

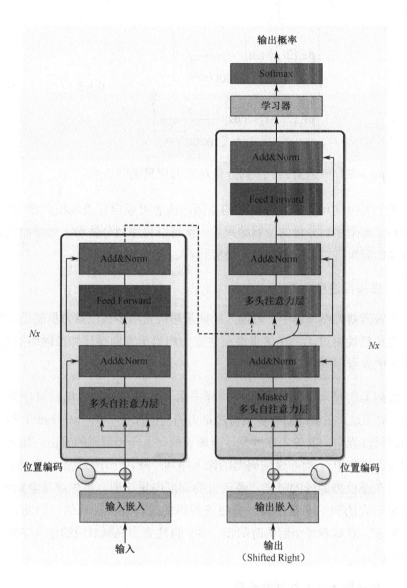

图 14-1 Transformer 的整体架构

假定 Transformer 的输入向量序列记为 $\{\mathbf{x}_1, \cdots, \mathbf{x}_T\}$，其中 $\mathbf{x}_t \in \mathbb{R}^{d_{\text{model}}}$，$\forall t = 1, \cdots, T$。那么任意第 t 个序列分量 $\mathbf{x}_t$ 对应的位置编码计算公式为

$$
\begin{cases}
\mathbf{pe}_t[2i] = \sin\left(\dfrac{t}{10000^{\frac{2i}{d_{\text{model}}}}}\right) \\[4mm]
\mathbf{pe}_t[2i+1] = \cos\left(\dfrac{t}{10000^{\frac{2i}{d_{\text{model}}}}}\right)
\end{cases}, \forall i = 0,1,2,\cdots \qquad (14\text{-}1)
$$

式中，$\mathbf{pe}_t \in \mathbb{R}^{d_{\text{model}}}$ 为第 t 个序列分量对应的位置编码向量。

关于采用这种方式进行编码的原因，读者可以自行查找相关参考资料。在得到了每个序列分量的位置编码后，就可以将序列分量和它对应的位置编码直接加起来（二者维度相同），然后输入多头自注意力层。

2. 多头自注意力层

在编码器的循环体中，对输入的向量序列采用多头注意力机制进行编码，这在之前已经讲过了，在这里多头注意力相当于双向循环神经网络的作用，对输入的向量序列进行编码。

解码器的循环体第一个组件同样采用了多头自注意力机制对序列进行编码。只不过，在解码器中多头自注意力的前面加了一个"Masked"，这是因为在解码过程中，其输入序列是逐渐加长的（上一步解码的输出，加入下一步的输入序列中），而非像编码器的输入序列一样，一开始就是给定的。可以想象，在做机器翻译的时候，源语言的词汇向量序列，事先就是全知道的；而目标语言的词汇向量序列，是随着解码的过程逐步加长的。因此，加入"Masked"，意味着每个解码时间步，多头自注意力机制对应的输入序列是逐步加长的。

3. 解码器中的多头注意力层

在解码器循环体中，多头注意力层相当于构建了解码器的循环架构，其输出相当于当前解码步的查询向量（Query），而编码器最终输出的向量序列，经过特征变换，充当了 Key 和 Value 的角色，在图 14-1 中可以看到虚线箭头代表编码器和解码器部分的衔接。因此，解码器的多头注意力层相当于专注于输入序列特定的部分进行解码。

4. Add&Norm 层

这层包含两个操作，一个是 Add，另一个是 Norm。Add 是指之前讲过的残差连接（Skip Connection）；Norm 是指层标准化（Layer Normalization）操作。关于层标准化的相关知识请参考第 15.2 节。

5. Feed Forward 层

这层是一个全连接层，起到了向量维度变换的作用，也可以理解为是对向量的进一步特征变换，从而加强网络的建模能力。

14.2　本章小结

本章重点介绍了著名的深度学习模型架构 Transformer，包括其核心组件，即位置编码、多头自注意力层、Add&Norm 层和 Feed Forward 层。Transformer 是很多工业级巨型深度神经网络模型的基础部件，在自然语言处理（NLP）领域得到了极大的推崇，此外，当前的研究趋势显示，在计算机视觉（CV）任务上，Transformer 也逐渐取得了很好的性能，有望统一 NLP 和 CV 两大领域的深度学习任务。

第 **15** 章

深度神经网络训练技巧

深度神经网络模型的训练一直是深度学习领域的一个重要的研究课题和难点。本章将给出本书前两篇用到的两种深度神经网络训练技巧，分别是批标准化（Batch Normalization，BN）和层标准（Layer Normalization，LN）。

15.1 批标准化

批标准化是 Loffe 和 Szegedy（2015）[97]提出的一种深度神经网络训练技术。目前，BN 在深度学习中已经是一个非常常用且有效的方法，用来加速网络收敛及防止梯度消失等神经网络常见的问题。

首先介绍 BN 能够有效加速神经网络训练的原因。

深度神经网络的训练一直是非常困难的事情，早在反向传播（BP）算法发明的时候，即使人们找到了根据误差信号调整神经网络权重的算法，也无法训练较深的神经网络，其中一个重要原因是梯度消失（Gradient Vanish）。在反向传播过程中，特定层的误差信号都是上一层误差信号的线性组合，同时乘以一个激活函数对当前层净输入的导数，如图 15-1 和式（15-1）所示。

$$\delta_i^{L-1} = \sigma'(z_i^{L-1}) \cdot \sum_{j=1}^{n} w_{ij} \delta_j^L \tag{15-1}$$

式中，δ 是误差信号；z 是净输入；w 是权重。

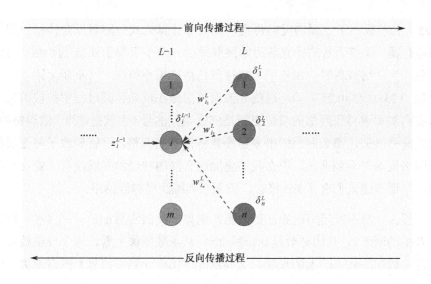

图 15-1　反向传播算法

早期，神经网络的激活函数为了模拟生物神经元的兴奋与抑制（符号函数），人们普遍采用 σ 激活函数，表示如下：

$$\sigma(z) = \frac{1}{1 + \mathrm{e}^{-z}} \tag{15-2}$$

σ 激活函数图像及其导函数图像如图 15-2 所示。

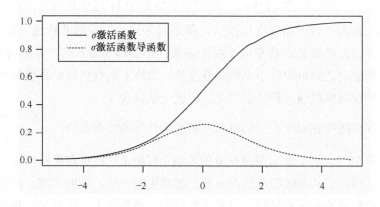

图 15-2　σ 激活函数图像及其导函数图像

可见，不管自变量 z 的取值为多少，σ 激活函数的导函数的值始终小于

0.25。重新看一下上面的反向传播误差信号计算公式。随着反向传播一层一层地传播，误差信号的计算前面始终要乘以一个小于等于 0.25 的小数，可以想象，当网络较深时，误差信号越往前传播被缩小得越大（不断地乘以一个小数 0.25×0.25×0.25×…），这就导致误差信号在反向传播过程中很快消失，而我们都知道神经网络的权值更新是依据误差信号（也就是梯度）做调整的，误差信号消失，那么前面的很多层参数将得不到调整，这就导致了前面层神经网络根本得不到训练，那么我们叠加这么深的神经网络就没有了意义？所以，早期即便人们有了 BP 算法，仍无法训练深度神经网络。

那么，能不能用别的激活函数呢？例如，我们使用 $\sigma(z) = z^2$（注：这是作者举的例子）。它的导数是 $\sigma'(z) = 2z$，从函数图像上看，这个导函数是一条定义域在 $(-\infty, +\infty)$ 上的直线，这种情况下梯度（误差信号）没有消失。但是，如果反向传播过程中一直这样相乘（也就是 $2z \times 2z \times 2z \times \cdots$）又带来了新的问题，那就是梯度爆炸（Gradient Exploding）。梯度爆炸会让神经网络的训练十分不稳定，设想一下，本来在神经网络的最后一层经过 loss 得到的误差信号不算太大，但是经过误差反向传播一层层地放大，那么这个误差信号传播到靠前的层数时，梯度变化会爆发式增长，那么相应的权重参数也会大幅调整，也就是本来一点小误差却导致前面一些层大幅调整参数，这就又导致了神经网络训练难以收敛的问题。

如果定义激活函数 $\sigma(z) = z$，它的导数恒等于 1，这样是否可行？答案是否定的。因为神经网络之所以强大，就是因为这一层层的非线性特征变换，如果把神经元的激活函数变成了线性函数，那么即使堆积再多层的神经元，在输入和输出之间也等价于在做线性变换，本质上与线性回归模型没有任何区别，神经网络的强大和特别之处，也就无从谈起了。

在神经网络领域中，我们引入双曲正切作为激活函数。

如图 15-3 所示，在自变量取 0 的附近，双曲正切的函数曲线相较于 σ 曲线更为陡峭，而且陡峭的范围在 x 轴上相对更宽一些。我们知道，神经网络的参数调整靠的是误差信号，误差信号越大，调整越大，误差信号越小，调整越小。数学上，误差信号就是梯度，越陡峭的地方梯度越大。如果采用 σ 函数作为激活函数，那么只有当净输入在 0 附近很小的范围内，曲线才有相对的陡峭（梯度不为 0），神经网络的权值调整才能顺利进行，而对于双曲正切，这个可以让神经网络顺利调整参数的净输入取值范围则宽了很多，陡峭程度也明显了很多。可见，采用双曲正切的优势明显高于采用 σ 函数。在阅读论文的时候，经常会提到激活函数的饱和区（Saturation Area）问题，所谓饱和区就是指激活函数图像中的平坦区域，显然，我们不希望平坦区域太多，因为那里的梯度几乎为 0，神经网络的权值难以更新，训练将无法完成。

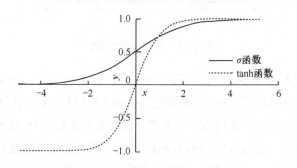

图 15-3　σ 函数和 tanh 函数图像

介绍了为什么神经网络领域要引入双曲正切作为激活函数之后，我们再来看看它能不能解决梯度消失的问题。先看一下它的函数表达式：

$$\tanh(z) = \frac{e^x - e^{-x}}{e^x + e^{-x}} \tag{15-3}$$

$$\tanh'(z) = 1 - \tanh^2(z)$$

双曲正切函数的因变量取值范围是 $(-1, +1)$，其导函数的取值范围是 $(0,1)$，显然也是一个小数，虽然情况比 σ 函数好一些，但是，仍然无法确保梯度不会被连续小于 1 的数值相乘而逐渐大幅度消失。

最后，人们找到了 ReLU（受限线性单元），其函数图像如图 15-4 所示，直到现在，它及其变体仍旧是深度神经网络激活函数的普遍选择。其公式如下：

$$\text{ReLU}(z) = \begin{cases} z, \ z > 0 \\ 0, \ z \leqslant 0 \end{cases} \tag{15-4}$$

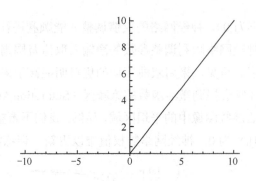

图 15-4　ReLU 函数图像

如果净输入大于 0，则直接通过神经元，什么也不做；如果小于零，直接输出 0。这既保证了激活函数的非线性变换（ReLU 是非线性函数），同时，我们看它的导函数，在净输入小于 0 时为 0，大于 0 时为 1。这样，无论叠加多少层神经网络，在反向传播信号的过程中，都不会发生梯度消失和爆炸的问题（因为 1×1×1×⋯=1，即使有些地方乘以了 0，那也仅代表这一轮权重更新时，与这个神经元相关的权重将不会被更新，但是其他轮，当它的净输入不再为 0 时，它的梯度照样会得到更新，而不会发生梯度消失或爆炸的问题）。

采用 ReLU 一定程度上加速了神经网络的训练，解决了梯度消失带来的权重更新缓慢和梯度爆炸带来的振荡不收敛问题。但是，仅采用 ReLU 还不够，实践中深度神经网络的训练仍然不容易。所以，人们又提出了 BN。

BN 的提出主要是针对深度神经网络训练时一个被称为内部协变量漂移（Internal Covariate Shift，ICS）的问题。ICS 是一个什么问题，它对神经网络的训练有什么不利影响呢？

首先，协变量漂移（Covariate Shift，CS）是机器学习中的一个概念。统计机器学习有一个基本假设：训练数据和测试数据是独立同分布的。从数学角度来说，如果产生训练数据的分布表示为 $P_{\text{train}}(X)$，产生测试数据的分布表示为 $P_{\text{test}}(X)$，那么统计机器学习的前提假设是 $P_{\text{train}}(X)=P_{\text{test}}(X)$，这样，当我们在训练数据集上获得最优的参数集为 Θ 的条件概率分布 $P_{\text{train}}(Y|X;\Theta)$ 时，就同样可以用于测试数据上的预测。而如果 $P_{\text{train}}(X)\neq P_{\text{test}}(X)$，那就涉及迁

移学习的问题。简单来说，CS 就是说 X 的分布发生了改变。

什么是 ICS 呢？加入的这个 internal 代表什么呢？我们知道，对深度神经网络而言，中间隐藏层的输入，是它上一层的输出和它与上一层对应的权重的加权和。神经网络的权值不断在调整，中间隐藏层的输入数据分布也在不断变化。例如，对于一个特定的隐藏层，在第 i 轮训练中，它的输入数据分布假定为 $P^{(i)}(Z)$，这个分布由它的上一层输出和它与上一层当前的连接权重决定；接下来，在第 $i+1$ 轮训练中，该隐藏层与上一层之间的连接权重进行了更新，该隐藏层的输入数据分布也发生了改变，表示为 $P^{(i+1)}(Z)$，也就是 $P^{(i)}(Z) \neq P^{(i+1)}(Z)$，同样都是这个隐藏层的输入（只不过是在不同的训练轮中），它们的分布就不同了，这就是一种 CS，而这种 CS 发生在神经网络的内部，所以被称为内部协变量漂移（Internal Covariate Shift）。

讲完了 ICS，我们来看看 ICS 对深度神经网络的训练有什么不利影响。不利影响概括起来很简单，即导致网络的训练收敛速度很慢。

BN 的提出就是为了解决 ICS 的问题。ICS 的核心问题就是每轮训练的时候，隐藏层的输入数据分布不一致，那么 BN 的基本思想就是通过标准化（normalization）的方式，强行将输入数据拉回到同一个分布中。

具体如何通过标准化操作，使得每轮训练中隐藏层的输入数据满足同分布呢？

首先，每轮训练采用的是批随机梯度下降（Batch-SGD）的方式，也就是每轮训练都选择一个 batch 的样本，如 $\mathbf{x}_1, \mathbf{x}_2, \cdots, \mathbf{x}_m$（$m$ 为 Batch Size），对于任意第 L 层隐藏层，对应每个样本特征向量（$\mathbf{x}_i, i \in [1, m]$）的净输入向量为 $\mathbf{z}_i^L = \mathbf{W}^L \mathbf{a}_i^{L-1}, i \in [1, m]$。其中，$\mathbf{W}^L, \mathbf{a}_i^{L-1}$ 分别为第 L 层与第 $L-1$ 层之间的连接权重和第 $L-1$ 层的对应输入样本 $\mathbf{x}_i$ 的神经元输出向量。在不加 BN 的情况下，$\mathbf{z}_i^L$ 直接通过激活函数，然后输出 $\mathbf{a}_i^L$。但如前所述，需要对第 L 层隐藏层的输入 $\mathbf{z}_i^L$ 做标准化处理。

对假定的一组 N 条 K 维的数据 $\{\mathbf{d}_{ij} \mid i=1,2,\cdots,N;\ j=1,2,\cdots,K\}$ 的标准化，是利用数据每个维度的值减去这个维度的均值然后除以标准差，具体为

$$\tilde{\mathbf{d}}_{ij} = \frac{\mathbf{d}_{ij} - \mu_j}{\sigma_j}, \ i = 1, 2, \cdots, N, \ j = 1, 2, \cdots, K \tag{15-5}$$

式中，

$$\mu_j = \frac{1}{N} \sum_{i=1}^{N} \mathbf{x}_{ij}, \ 1 \leqslant j \leqslant K$$

$$\sigma_j = \sqrt{\frac{1}{N} \sum_{i=1}^{N} (\mathbf{x}_{ij} - \mu_j)^2}, \ 1 \leqslant j \leqslant K \tag{15-6}$$

类似地，对于第 L 层隐藏层的输入 $\mathbf{z}_i^L$ 的标准化处理，是要针对一个 batch 的数据（$\{\mathbf{z}_i^L \mid i = 1 \leqslant i \leqslant m\}$）进行，也就是在前向传播的过程中（Forward Pass），先同步计算出该 batch 中所有样本数据（$\{\mathbf{x}_i^L \mid 1 \leqslant i \leqslant m\}$）对应的该隐藏层的净输入 $\{\mathbf{z}_i^L \mid 1 \leqslant i \leqslant m\}$，然后按照式（15-6）计算得到这一 batch 净输入 $\{\mathbf{z}_i^L \mid 1 \leqslant i \leqslant m\}$ 的均值向量 $\mu^L = \frac{1}{m} \sum_{i=1}^{m} \mathbf{z}_i^L$ 和标准差向量 $\sigma^L = \sqrt{\frac{1}{m} \sum_{i=1}^{m} (\mathbf{z}_i^L - \mu^L)^2}$，进而再计算得到标准化后的每个净输入 $\{\tilde{\mathbf{z}}_i^L = \frac{\mathbf{z}_i^L - \mu^L}{\sigma^L} \mid 1 \leqslant i \leqslant m\}$（见图 15-5）。这样，隐藏层 L 在这个 batch 训练数据下的净输入 $\{\mathbf{z}_i^L \mid 1 \leqslant i \leqslant m\}$ 分布满足均值为 0、方差为 1 的分布。而在每轮训练中，我们都进行这样的操作，该隐藏层的输入都将被强制拉回到均值为 0、方差为 1 的分布，这就解决了前面提到的 ICS 问题。注：严格来讲，进行了标准化（normalization）操作后，尽管均值为 0、方差为 1，但这并不意味着数据就服从标准正态分布。

在这里，还要介绍一下 BN 带来的一个额外的好处，那就是它将净输入向量 $\tilde{\mathbf{z}}_i^L$（注意，此时净输入还没有通过这一层的激活函数）标准化成均值为 0、方差为 1 的数据，使得，即便神经元采用的激活函数为 σ 或 tanh，该净输入也普遍不会落入饱和区，自然也就避免了梯度消失的问题。

当然，有时有的激活函数不大喜欢净输入的数据分布在均值为 0、方差为 1 的范围内，这就加入了另外两个可以随着网络一起被学习的标量参数 γ^L、β^L，从而实现净输入数据分布均值和方差的自适应调整，具体如下：

$$\hat{\mathbf{z}}_i^L = \gamma^L \tilde{\mathbf{z}}_i^L + \beta^L, \ 1 \leqslant i \leqslant m \tag{15-7}$$

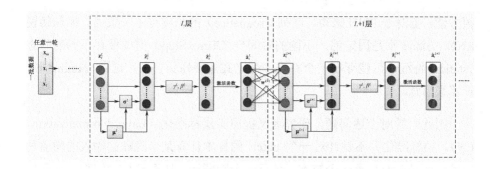

图 15-5　批标准化

最后，经过 BN 处理后得到的 $\hat{z}_i^L$ 通过这一层的激活函数，然后输出 a_i^L。

那么，引入 BN 之后，反向传播的过程如何操作呢？仍然是遵循基于链路求导法则的误差反向传播，只不过反向传播的路径变得更加复杂了，这里免去详细的推导过程。

最后一个问题是，训练好网络之后，在 testing 的时候，我们没有 batch，如何获得每层的 μ^L、σ^L？其中一个方法是：针对任意一个隐藏层，在 training 的时候计算每个 batch 的 μ^L，σ^L，给靠近 training 结束时的 μ^L，σ^L 一个大的 weight，离得远的给一个小的 μ^L，σ^L，再取加权平均。

15.2　层标准化[98]

15.1 节介绍的批标准化在全连接神经网络和卷积神经网络中使用效果非常好，但是却存在以下问题：

（1）对 Batch Size 的大小比较敏感，由于每次计算均值和方差是在一个 batch 上，所以如果 Batch Size 太小，则计算的均值和方差不足以代表整个数据分布。

（2）BN 实际使用时需要计算并且保存某一层神经网络 batch 的均值和方差等统计信息，对于对一个固定深度的前向神经网络（DNN，CNN）使用 BN，很方便；但对于 RNN 来说，序列（sequence）的长度是不一致的，换句话说 RNN 的深度不是固定的，不同的时间步（Time-Step）需要保存不同的静态（static）特征，可能存在一个特殊序列比其他序列长很多，这样 training 时，计算很麻烦。

因此，针对上述问题，研究者又提出了层标准化（Layer Normalization，LN）。层标准化并不是针对一个 batch 的样本计算某个隐藏层输入的均值和方差，而是针对任意一个样本，任意一个隐藏层，所有神经元的输入求取均值和标准差，然后对这一层的输入进行标准化。其计算公式如下：

该隐藏层输入均值：$\mu^{(L)} = \dfrac{1}{N_l} \displaystyle\sum_{j=1}^{N_l} \mathbf{z}_j$

该隐藏层输入标准差：$\sigma^{(l)} = \sqrt{\dfrac{1}{N_l} \displaystyle\sum_{i=1}^{N_l} \mathbf{z}_j (\mathbf{z}_j - \mu^{(l)})^2}$

式中，$\mu^{(l)}$、$\sigma^{(l)}$ 是指在任意输入样本下，第 l 层神经元输入的均值和标准差；$\mathbf{z}_j$ 为第 l 层第 j 个神经元的输入；N_l 为第 l 层神经元的个数。

15.3 本章小结

本章介绍了两种深度学习模型常用的标准化（Normalization）方法：批标准化（Batch Normalization）和层标准化（Layer Normalization）。BN 适用于训练样本的 Batch Size 具有一定规模的情况，同时 BN 对于全连接神经网络和卷积神经网络的效果优于 LN。LN 适用于循环神经网络的训练，在循环神经网络训练中效果优于 BN。

第 **16** 章

矩阵分解 [99]

严格来说，矩阵分解（Matrix Factorization）不是深度学习，而是属于机器学习的一种理论。但是，本书第 1 篇涉及了矩阵分解的方法，因此在这里做一个简单的原理性介绍。

16.1　理论介绍

介绍矩阵分解之前，先要说一说电子商务领域我们所熟知的一项技术，那就是推荐系统。一个好的推荐系统，能够根据用户的兴趣特点、购买行为、评分行为等，向用户推荐其感兴趣的信息和商品。

在推荐系统中，最重要的原始数据就是由 user 和 item 组成的 2D 矩阵，每项的值就代表着某个 user 对某个 item 的打分项，如表 16-1 所示。这往往是一个非常稀疏的矩阵，也就是某个 user 只对部分 item 进行打分，而对其余 item 的打分则是空白，为了向每个 user 推荐 item，需要先预测它对每个 item 的打分（也就是将表格中的空白处填充上相应的预测值），从而才能对其进行相应的 item 推荐（也就是选择预测得分高的 item 推荐给相应的 user）。

表 16-1　user/iterm 评分表

user/item	1	2	3	4	......
1	4				......
2				7	......
3		5			......
4			1		......
......	......	......	......	......	......

　　一个实际的例子是，2006 年，视频网站 Netflix 举办了一场机器学习和数据挖掘的比赛，比赛题目是关于电影评分的预测。主办方给定的数据集为：48 万名用户对 1.7 万部电影的评价数据，评价数超过 100 万条（每条评价为 5 分，也就是 0~5 的一个数值），并且用户信息已经经过脱敏处理。对于这个数据集我们应该有两点认识：①评价数目为 100 万条，也就是说在由用户和电影组成的评分矩阵中，有 100 万个格子是有值的，而全部的格子数是480000×17000=81.6 亿个，所以这个表格（矩阵）是非常稀疏的；②用户信息经过脱敏处理，也就是用户的特征我们完全不知道，仅知道一个抽象的用户编号，没有任何物理意义，只是一个唯一的标识符。在这种情况下，该如何预测空格处的评分呢？

　　一个常识性的思路是，如果我们能知道每个用户的特征（如年龄、性别、文化程度、性格偏好等），同时也能获取每部电影的关键特征（如其主题是喜剧还是爱情，是犯罪还是历史等），针对一个特定用户和一部特定电影，如果用户比较年轻，性别是男性，同时又喜爱运动，而这部电影又是很好的动作片，里面有年轻人喜爱的明星，那么该用户对这部电影的评分有可能会很高，而如果这是一部历史权谋电影，则我们有理由推断这部电影会获得一个相对较低的分数。但现在的问题是，正如我们前面分析的一样，用户信息是脱敏的，只有抽象的用户编号，根本无法获取其基本特征，更谈不上电影喜爱偏好，这种编号型的特征就是机器学习领域常说的抽象特征（Abstract Feature），它的特点是无法直接输入到我们之前所熟知的一系列模型当中（如线性回归、SVM 等）来做出预测。那该怎么办呢？这就引出了下面要说的矩阵分解（Matrix Factorization）。

问题描述：给定用户对电影的评分数据稀疏矩阵 $\mathbf{R}=\{r_{nm}\} \in \mathbb{R}^{N \times M}$（其中，$N$，$M$ 分别表示总用户数和总电影数，大部分 r_{nm} 等于 0，只有少部分取值在 $0 \sim 5$），预测其他没有给定评分值的空白元素。

矩阵分解的基本原理如下：依据上面的常识性分析思路，我们尝试把评分预测问题转化为用户特征矩阵 $\mathbf{V} \in \mathbb{R}^{N \times F}$（它的第 n 列 $\mathbf{V}_n \in \mathbb{R}^F$ 表示用户 n 的特征）和电影特征矩阵 $\mathbf{W} \in \mathbb{R}^{M \times F}$（它的第 m 列 $\mathbf{W}_m \in \mathbb{R}^F$ 表示电影 m 的特征）两个未知矩阵的估计问题。其中，F 为事先指定的一个参数，用于表示用户和电影的特征维度（这里描述用户和电影的特征使用相同的维度）。一旦我们估计出了 $\mathbf{V}$、$\mathbf{W}$ 这两个矩阵，如果我们想预测用户 n 对电影 m 的评分，只需看一看用户 n 的特征 $\mathbf{V}_n$ 与电影 m 的特征 $\mathbf{W}_m$ 的匹配（matching）程度。所谓匹配程度，如果用户喜欢喜剧，电影刚好是喜剧，那么就很匹配，评分自然会高；如果用户喜欢历史剧，电影却是爱情剧，则不匹配，评分自然要低。用数学方法描述这种匹配程度，会很自然地想到向量内积。也就是说，我们想看一下 $\mathbf{V}_n^T \mathbf{W}_m$ 的取值，如果取值大则表示较为匹配，否则就不太匹配。所以，干脆将 $\mathbf{V}_n^T \mathbf{W}_m$ 定义为用户 n 对电影 m 的评分，这个评分越高，表示用户和电影之间越匹配，反之则评分越低，就越不匹配。可能有的读者会问，$\mathbf{V}_n$、$\mathbf{W}_m$ 的每个维度到底代表什么物理意义呢？其实没有明确的物理意义，除非给它以人为的解释，否则特征的每个维度就代表了用户和电影某个方面的特性，而它们之间的乘积则代表了在这项特性上，用户和电影的匹配程度而已。现在我们可以假定用户是按照式（16-1）给予特定电影相应的评分的。

$$r_{nm}=\mathbf{V}_n^T \mathbf{W}_m, \; \forall n, \; m \tag{16-1}$$

现在的问题变成了已知稀疏矩阵 $\mathbf{R}=\{r_{nm}\}$，估计用户特征矩阵 $\mathbf{V}$ 和电影特征矩阵 $\mathbf{W}$，这也就是矩阵分解这个名字的由来 $\mathbf{R} \to \{\mathbf{V}, \mathbf{W}\}$。

那么，如何估计 $\mathbf{V}$ 和 $\mathbf{W}$ 呢？显然，我们希望对于已知的评分数据 $\mathbf{R} \to \{r_{nm}\}$：

$$\min E = \sum_n \sum_m (r_{nm} - \mathbf{V}_n^T \mathbf{W}_m)^2 \tag{16-2}$$

也就是，在已知评分的数据上，使得上述误差函数值最小化。这是一个有两组决策变量（$\mathbf{V}$ 和 $\mathbf{W}$）的无约束最优化问题，有较多方法可以进行求解，这里，我们介绍一种随机梯度下降的方法（见算法 16-1）。

算法 16-1　矩阵分解的随机梯度算法

输入：稀疏评分矩阵 $\mathbf{R}$，用户数 N，电影数 M，特征维度 F，最大迭代次数 T，学习率 η

输出：用户特征矩阵 $\mathbf{V}$，电影特征矩阵 $\mathbf{W}$

1：随机初始化 $\mathbf{V}^{(0)}$，$\mathbf{W}^{(0)}$

2：for $i{=}0$: T do

3：从所有已知 r_{nm} 中随机选择 (n, m)

4：随机梯度下降更新：

$$
\begin{cases}
\mathbf{V}_{ni}^{(t+1)} = \mathbf{V}_{ni}^{(t)} - \eta\,\dfrac{\partial E}{\partial \mathbf{V}_{ni}^{(t)}} = \mathbf{V}_{ni}^{(t)} - 2\eta(r_{nm} - \mathbf{V}_n^{(t)^T}\mathbf{W}_m^{(t)})\mathbf{W}_{mi}^{(t)} \\[2ex]
\mathbf{W}_{mi}^{(t+1)} = \mathbf{W}_{mi}^{(t)} - \eta\,\dfrac{\partial E}{\partial \mathbf{W}_{mi}^{(t)}} = \mathbf{W}_{mi}^{(t)} - 2\eta(r_{nm} - \mathbf{V}_n^{(t)^T}\mathbf{W}_m^{(t)})\mathbf{V}_{mi}^{(t)}
\end{cases},\ \forall i \in [1, F]
$$

5：end for

6：返回 $\mathbf{W}$，$\mathbf{V}$

16.2　本章小结

本章介绍了矩阵分解（Matrix Factorization）的基本原理和相关算法，由于深度神经网络模型的架构复杂、模型参数众多，所以容易导致计算效率低下和过拟合等情况的发生。为了降低模型参数量，有时可以采用矩阵分解理论，将一个多参数的 tensor 转化为几个较少参数的 tensor，从而加快深度神经网络的训练和推理。在矩阵分解的基础上，本书部分章节还用到了张量分解理论，其原理与矩阵分解类似，读者可以自行查阅资料学习。

后　记

　　尽管本书试图对当前基于深度学习进行短期交通状态预测的研究成果进行系统化的梳理和总结，但是基于深度学习前沿方法论的发展速度非常之快，深度学习方法论本身的灵活性非常之强（针对同一个预测问题，模型架构、设计思路灵活多变），加之目前计算机、电子信息、交通工程等领域的学者都在深度介入这一领域，因此很难做到完全覆盖所有的最新研究成果。截至本书撰写完成之时，仍有许多相关文章每天在陆续发表。这从另一方面也看到了短期交通状态预测是一类重要且具有挑战性、前沿性的时空预测问题，非常值得进一步深入探索和研究。在梳理和总结相关领域最新研究成果的基础上，本书形成了如下结论和对未来的展望。

　　（1）基于深度学习进行短期交通状态预测的研究思路符合当前时代发展的要求，将会成为未来主导的研究范式。当前和未来是大数据时代，随着物联网、5G 等信息基础设施的不断完善和发展，交通时空数据的感知手段越来越先进，感知范围越来越大，获取的数据量也越来越大，这为短期交通状态预测精度的进一步提升提供了良好的基础条件，而大数据的输入，自然需要高拟合能力的预测模型与之匹配，这无疑让深度学习取代时间序列、传统机器学习等方法成为必然。

　　（2）从当前学术文献公布的研究结果来看，在若干数据集上的预测结果对比中，基于深度学习的方法相对于 ARIMA、SVR 等方法具有质的提升，这充分说明了基于深度学习进行短期交通状态预测的巨大潜力。

　　（3）当前该领域的研究学者大部分具有计算机、电子电信工程等学科的专业背景，纯粹交通工程专业出身的学者相对较少，这应该是受限于深度学习方法论的原因。这种情况造成的一个问题是，当前该领域的研究中，主导思路是计算机科学的研究思路，如将交通状态数据转换为 image 或拓扑图，将观测指标转换为特征，接下来应用深度学习理论来预测，这完全忽略了交通领域知识，而交通领域知识的介入，相对于纯粹数据驱动的预测，有望进一步发现内部规律，提升预测准确性。交通领域知识缺失是该领域研究的一个巨大缺憾，有待未来进一步弥补。

（4）从方法论的角度来看，接下来第三代 AI 的发展将是基于数据与知识联合驱动的范式[100]。单纯基于深度学习的预测建模，其可解释性较差，在对未来预测过程中究竟什么因素起到了重要影响，很难采用有效、直觉的方式呈现出来，这就造成了模型可信性的问题。未来，将预测所涉及的外部因素、先验知识等抽象为知识图谱，然后将知识图谱与深度学习相结合进行预测是一个重要的发展趋势。

（5）深度学习建模过程中的艺术性较强，各种超参数的设置（如卷积核的大小）没有一个最优化的原则，只能靠大量调参来尝试解决，而将针对一个城市交通状态预测较好的深度学习模型迁移到其他城市时，不同城市交通连接程度不同（空间相关性尺度不同），相应的超参也应该随之改变，这种过度依赖专家经验的做法未来有待解决，更多关于深度学习模型架构、超参自动化学习的方法应该被引入。

（6）当前基于深度学习进行短期交通状态的研究主要还是在追求准确性的提升，而作为智能交通应用的核心基础科学问题，短期交通状态预测要支撑实践应用不能单一追求准确性维度，未来应该在可解释性、轻量化（深度模型压缩）、自动化等多个维度进行提升。

参考文献

[1] 刘大有, 陈慧灵, 齐红, 等. 时空数据挖掘研究进展[J]. 计算机研究与发展, 2013, 50(2): 225-239.

[2] DU W D, ZHANG Q Y, CHEN Y P, et al. An urban short-term traffic flow prediction model based on wavelet neural network with improved whale optimization algorithm[J]. Sustainable Cities and Society, 2021(69): 1-7.

[3] DONG C J, CUI A. Prediction Models of Short-Term Traffic Flow Based on Neural Network[J]. Advanced Materials Research, 2013(671): 2908-2911.

[4] 杨高飞, 徐睿, 秦鸣, 等. 基于 ARMA 和卡尔曼滤波的短时交通预测[J]. 郑州大学学报（工学版）, 2017, 38(2): 36-40.

[5] 刘学刚, 张腾飞, 韩印. 基于 ARIMA 模型的短时交通流预测研究[J]. 物流科技, 2019, 42(12): 91-94, 102.

[6] 韩超, 宋苏, 王成红. 基于 ARIMA 模型的短时交通流实时自适应预测[J]. 系统仿真学报, 2004(7): 1532, 1535.

[7] 石曼曼. 基于卡尔曼滤波的短时交通流预测方法研究[D]. 成都: 西南交通大学, 2012.

[8] 郭雪峰, 黄辉先, 汤红忠. 分步式滤波在短时交通流预测中的应用[J]. 计算机工程与应用, 2010, 46(27): 217-219.

[9] GUO J, HUANG W, WILLIAMS B M. Adaptive Kalman filter approach for stochastic short-term traffic flow rate prediction and uncertainty quantification[J]. Transportation Research Part C, 2014, 43(pt.2): 50-64.

[10] WILLIAMS B M, HOEL L A. Modeling and Forecasting Vehicular Traffic Flow as a Seasonal ARIMA Process: Theoretical Basis and Empirical Results[J]. Journal of Transportation Engineering, 2003, 129(6): 664-672.

[11] VOORT M, DOUGHERTY M, WATSON S. Combining Kohonen maps with ARIMA time series models to forecast traffic flow[J]. Transportation Research Part C Emerging Technologies, 1996, 4(5): 307-318.

[12] BABU C N, REDDY B E. Prediction of selected Indian stock using a partitioning-interpolation based ARIMA–GARCH model[J]. Applied Computing & Informatics, 2015, 11(2): 130-143.

[13] YAN X, YU L, MAO Z, et al. SVM-based Elevator Traffic Flow Prediction[C]// World Congress on Intelligent Control & Automation. IEEE, 2006.

[14] CASTRO-NETO M, JEONG Y S, JEONG M K, et al. Online-SVR for short-term traffic flow prediction under typical and atypical traffic conditions[J]. Expert Systems with Applications, 2009, 36(3-part-P2): 6164-6173.

[15] 张锐，张涛，高辉. RQEA-SVR 在交通流预测中的应用[J]. 计算机工程与应用，2010，46(9): 241-245.

[16] 雷世豪. 基于贝叶斯分类和 K 近邻法的城市道路短时交通流预测[D]. 兰州：兰州交通大学，2017.

[17] 刘钊，杜威，闫冬梅，等. 基于 K 近邻算法和支持向量回归组合的短时交通流预测[J]. 公路交通科技，2017，34(5): 122-128，158.

[18] 周子扬. 机器学习与深度学习的发展及应用[J]. 电子世界，2017(23): 72-73.

[19] SARIKAYA R, HINTON G E, DEORAS A. Application of Deep Belief Networks for Natural Language Understanding[J]. IEEE/ACM Transactions on Audio Speech and Language Processing, 2014, 22(4): 778-784.

[20] ZHANG J B, ZHENG Y, QI D K. Deep Spatio-Temporal Residual Networks for Citywide Crowd Flows Prediction[C]. Proceeding of the Thirty-First AAAI Conference on Artificial Intelligence (AAAI-17), 2017.

[21] ZHANG J, ZHENG Y, SUN J, et al. Flow Prediction in Spatio-Temporal Networks Based on Multitask Deep Learning[J]. IEEE Transactions on Knowledge and Data Engineering, 2019:1.

[22] PAN Z, WANG Z, WANG W, et al. Matrix Factorization for Spatio-Temporal Neural Networks with Applications to Urban Flow Prediction[C]// The 28th ACM International Conference on Information and Knowledge

Management (CIKM'19). ACM, 2019.

[23] LIANG Y, OUYANG K, WANG Y, et al. Revisiting Convolutional Neural Networks for Citywide Crowd Flow Analytics[C]//Joint European Conference on Machine Learning and Knowledge Discovery in Databases, 2021.

[24] LI T, ZHANG J B, BAO K N, et al. AutoST: Efficient Neural Architecture Search for Spatio-Temporal Prediction [J]. KDD' 20, August 23-27, 2020, Virtual Event, USA, 2020.

[25] YAO H, TANG X, WEI H, et al. Revisiting Spatial-Temporal Similarity: A Deep Learning Framework for Traffic Prediction[J]. Proceedings of the AAAI Conference on Artificial Intelligence, 2019, 33: 5668-5675.

[26] LIU L, ZHEN J, LI G, et al. Dynamic Spatial-Temporal Representation Learning for Traffic Flow Prediction[J]. IEEE Transactions on Intelligent Transportation Systems, 2020: 1-15.

[27] WANG Y, WU H, ZHANG J, et al. PredRNN: A Recurrent Neural Network for Spatiotemporal Predictive Learning[C]//Proceedings of the 31th International Conference on Neural Information Processing Systems, Long Beach, USA, 2017: 1-10.

[28] WANG Y, GAO Z, LONG M, et al. PredRNN++: Towards A Resolution of the Deep-in-Time Dilemma in Spatiotemporal Predictive Learning[J/OL]. 2018, arXiv:1804.06300. https://ui.adsabs.harvard.edu/abs/2018arXiv180406300W.

[29] WANG Y, ZHANG J, ZHU H, et al. Memory In Memory: A Predictive Neural Network for Learning Higher-Order Non-Stationarity from Spatiotemporal Dynamics[J/OL]. 2018, arXiv:1811.07490. https://ui.adsabs. harvard.edu/abs/2018arXiv181107490W.

[30] LIN Z, LI M, ZHENG Z, et al. Self-Attention ConvLSTM for Spatiotemporal Prediction[J]. Proceedings of the AAAI Conference on Artificial Intelligence, 2020, 34(7): 11531-11538.

[31] GUO S, LIN Y, LI S, et al. Deep Spatial-Temporal 3D Convolutional Neural Networks for Traffic Data Forecasting[J]. IEEE Transactions on Intelligent Transportation Systems, 2019, 20(10): 3913-3926.

[32] CHEN X, ZHANG Y, DU L, et al. TSSRGCN: Temporal Spectral Spatial Retrieval Graph Convolutional Network for Traffic Flow Forecasting[C]// Proceedings of AAAI 2018, Louisiana, USA, 2018: 103-109.

[33] WU Z, PAN S, LONG G, et al. Graph WaveNet for Deep Spatial-Temporal Graph Modeling[C]//Proceedings of Twenty-Eighth International Joint Conference on Artificial Intelligence IJCAI-19, Macao, China, 2019: 43-48.

[34] GUO S, LIN, FENG N, et al. Attention Based Spatial-Temporal Graph Convolutional Networks for Traffic Flow Forecasting[J]. Proceedings of the AAAI Conference on Artificial Intelligence, 2019(33): 922-929.

[35] ZHANG Z, LI M, LIN X, et al. Multistep speed prediction on traffic networks: A deep learning approach considering spatio-temporal dependencies[J]. Transportation Research Part C, 2019, (105): 297-322.

[36] LI Y, YU R, SHAHABI C, et al. Diffusion Convolutional Recurrent Neural Network: Data-Driven Traffic Forecasting[J/OL]. 2017, arXiv:1707.01926. https://ui.adsabs.harvard.edu/abs/2017arXiv170701926L.

[37] LÜ M, HONG Z, CHEN L, et al. Temporal Multi-Graph Convolutional Network for Traffic Flow Prediction[J]. IEEE Transactions on Intelligent Transportation Systems, 2020: 1-12.

[38] ZHANG J, SHI X, XIE J, et al. GaAN: Gated Attention Networks for Learning on Large and Spatiotemporal Graphs[J/OL]. 2018, arXiv:1803.07294. https://ui.adsabs.harvard.edu/abs/2018arXiv180307294Z.

[39] PAN Z, ZHANG W, LIANG Y, et al. Spatio-Temporal Meta Learning for Urban Traffic Prediction[J]. IEEE Transactions on Knowledge and Data Engineering, 2020, PP(99): 1.

[40] ZHENG C, FAN X, WANG C, et al. GMAN: A Graph Multi-Attention Network for Traffic Prediction[J]. Proceedings of the AAAI Conference on Artificial Intelligence, 2020, 34(1): 1234-1241.

[41] PARK C, LEE C, BAHNG H, et al. ST-GRAT: A Novel Spatio-temporal Graph Attention Networks for Accurately Forecasting Dynamically Changing Road Speed[C]//CIKM'20: The 29th ACM International Conference on

Information and Knowledge Management. ACM, 2020.

[42] XU M, DAI W, LIU C, et al. Spatial-Temporal Transformer Networks for Traffic Flow Forecasting [J/OL]. 2020, https://arxiv.org/abs/2001.02908.

[43] WANG XY, MA Y, WANG Y Q, et al. Traffic Flow Prediction via Spatial Temp oral Graph Neural Network[C]//WWW' 2020: The Web Conference 2020, 2020.

[44] SUN J, ZHANG J, LI Q, et al. Predicting Citywide Crowd Flows in Irregular Regions Using Multi-View Graph Convolutional Networks[J]. IEEE Transactions on Knowledge and Data Engineering, 2020: 1-10.

[45] SONG C, LIN Y, GUO S, et al. Spatial-Temporal Synchronous Graph Convolutional Networks: A New Framework for Spatial-Temporal Network Data Forecasting[J]. Proceedings of the AAAI Conference on Artificial Intelligence, 2020, 34(1): 914-921.

[46] RUMELHART D E, DURBIN R, GOLDEN R, et al. Backpropagation: the basic theory[J]. L. Erlbaum Associates Inc. 1995.

[47] YAN M, GUO Y, et al. Deep learning for visual understanding: A review[J]. Neurocomputing, 2016, 187(Apr.26): 27-48.

[48] QIAO Y, WANG Y, MA C, et al. Short-term traffic flow prediction based on 1DCNN-LSTM neural network structure[J]. Modern Physics Letters B, 2020(3): 2150042.

[49] ALAKWAA W, NASSEF M, BADR A. Lung Cancer Detection and Classification with 3D Convolutional Neural Network (3D-CNN)[J]. International Journal of Advanced Computer Science and Applications, 2017, 8(8).

[50] JIE H, LI S, GANG S, et al. Squeeze-and-Excitation Networks[J]. IEEE Transactions on Pattern Analysis and Machine Intelligence, 2017, PP(99).

[51] HE K, ZHANG X, REN S, et al. Deep residual learning for image recognition[C]. In CVPR, 2015.

[52] BAI S, KOLTER J Z, KOLTUN V. Trellis Networks for Sequence Modeling[J]. Arxiv. online, 2018.

[53] YU F, KOLTUN V. Multi-Scale Context Aggregation by Dilated

Convolutions[C]// ICLR, 2016.

[54] DAI J, QI H, XIONG Y, et al. Deformable Convolutional Networks[C]// ICCV, 2017.

[55] CHOLLET F. Xception: Deep Learning with Depthwise Separable Convolutions[C]// 2017 IEEE Conference on Computer Vision and Pattern Recognition (CVPR). IEEE, 2017.

[56] SHI W, CABALLERO J, HUSZÁR F, et al. Real-Time Single Image and Video Super-Resolution Using an Efficient Sub-Pixel Convolutional Neural Network[C]//2016 IEEE Conference on Computer Vision and Pattern Recognition (CVPR). IEEE, 2016.

[57] SOCHER R, LIN C Y, NG A Y, et al. Parsing Natural Scenes and Natural Language with Recursive Neural Networks[C]//Proceedings of the 28th International Conference on Machine Learning, ICML 2011, Bellevue, Washington, USA, June 28-July 2, 2011. Omnipress, 2011.

[58] GOODFELLOW I, BENGIO Y, COURVILLE A. Deep Learning[M]. Cambridge: The MIT Press, 2016.

[59] HOCHREITER S, SCHMIDHUBER J. Long Short-Term Memory[J]. Neural Computation, 1997, 9(8): 1735-1780.

[60] DEY R, SALEMT F M. Gate-variants of Gated Recurrent Unit (GRU) neural networks[J]. IEEE International Midwest Symposium on Circuits & Systems, 2017: 1597-1600.

[61] SHI X, CHEN Z, YEUNG D Y, et al. Convolutional LSTM Network: A Machine Learning Approach for Precipitation Nowcasting[J]. 2015. ArXiv: 1506.04214.

[62] WU Z, PAN S, CHEN F, et al. A Comprehensive Survey on Graph Neural Networks[J]. IEEE Transactions on Neural Networks and Learning Systems, 2019.

[63] JIE Z A, GC A, SH A, et al. Graph neural networks: A review of methods and applications[J]. AI Open, 2020, 1: 57-81.

[64] 徐冰冰，岑科廷，黄俊杰，等. 图卷积神经网络综述[J]. 计算机学报，

2020，43(5): 755-780.

[65] BRUNA J, ZAREMBA W, SZLAM A, et al. Spectral Networks and Locally Connected Networks on Graphs[J]. Computer Science, 2013.

[66] THANOU N. Graph Signal Processing[M]. Boca Raton: CRC Press, 2016.

[67] DEFFERRARD M, BRESSON X, VANDERGHEYNST P. Convolutional Neural Networks on Graphs with Fast Localized Spectral Filtering[J/OL]. 2016, arXiv:1606.09375. https://ui.adsabs.harvard.edu/abs/2016arXiv160609375D.

[68] KIPF T N, WELLING M. Semi-Supervised Classification with Graph Convolutional Networks[J/OL]. 2016, arXiv:1609.02907. https://ui.adsabs. harvard.edu/abs/2016arXiv160902907K.

[69] ATWOOD J, TOWSLEY D. Diffusion-Convolutional Neural Networks [J/OL]. 2015, arXiv:1511.02136. https://ui.adsabs.harvard.edu/abs/2015arXiv 151102136A.

[70] HAMILTON W, YING Z, LESKOVEC J. Inductive representation learning on large graphs[C]//Advances in Neural Information Processing Systems, 2017: 1024-1034.

[71] VELIČKOVIĆ P, CUCURULL G, CASANOVA A, et al. Graph Attention Networks[J/OL]. 2017, arXiv: 1710.10903. https://ui.adsabs.harvard.edu/abs/ 2017arXiv171010903V.

[72] BAHDANAU D, CHO K, BENGIO Y. Neural Machine Translation by Jointly Learning to Align and Translate[J/OL]. 2014, arXiv: 1409.0473. https://ui.adsabs.harvard.edu/abs/2014arXiv1409.0473B.

[73] VASWANI A, SHAZEER N, PARMAR N, et al. Attention is all you need[C]// Advances in neural information processing systems, 2017: 5998-6008.

[74] CHO K, MERRIENBOER B V, GULCEHRE C, et al. Learning Phrase Representations using RNN Encoder-Decoder for Statistical Machine Translation[J]. Computer Science, 2014.

[75] SUTSKEVER I, VINYALS O, LE Q V. Sequence to Sequence Learning with Neural Networks[J/OL]. 2014, arXiv: 1409.3215. https://ui.adsabs. harvard.edu/abs/2014arXiv1409.3215S.

[76] LUONG M T, LE Q V, SUTSKEVER I, et al. Multi-task Sequence to Sequence Learning[J]. Computer Science, 2015.

[77] KOU T, KAMEOKA H, KANEKO T, et al. ATTS2S-VC: Sequence-to-sequence Voice Conversion with Attention and Context Preservation Mechanisms[C]//ICASSP 2019-2019 IEEE International Conference on Acoustics, Speech and Signal Processing (ICASSP). IEEE, 2019.

[78] HUI Z, WEI H, BAO F, et al. Segmentation-Free Printed Traditional Mongolian OCR Using Sequence to Sequence with Attention Model[C]// 2017 14th IAPR International Conference on Document Analysis and Recognition (ICDAR). IEEE Computer Society, 2017.

[79] 马春鹏，赵铁军. 序列—序列模型注意力机制模块基本原理探究[J]. 智能计算机与应用，2020，10(1): 1-6.

[80] 石磊，王毅，成颖，等. 自然语言处理中的注意力机制研究综述[J]. 数据分析与知识发现，2020，4(5): 1-14.

[81] MUEED HAFIZ A, PARAH S A, ALAM BHAT R U. Attention mechanisms and deep learning for machine vision: A survey of the state of the art[J/OL]. 2021, arXiv:2106.07550. https://ui.adsabs.harvard.edu/abs/2021arXiv210607550M.

[82] RUAN L, JIN Q. Survey: Transformer based Video-Language Pre-training [J/OL]. 2021, arXiv:2109.09920. https://ui.adsabs.harvard.edu/abs/2021arXiv 210909920R.

[83] QIU H, FAN C, YAO J, et al. Chinese Microblog Sentiment Detection Based on CNN-BiGRU and Multihead Attention Mechanism[J]. Scientific Programming, 2020: 1-13.

[84] WANG H, XU J, YAN R, et al. Intelligent Bearing Fault Diagnosis Using Multi-Head Attention-Based CNN[J]. Procedia Manufacturing, 2020(49): 112-118.

[85] 胡艳霞，王成，李弼程，等. 基于多头注意力机制 Tree-LSTM 的句子语义相似度计算[J]. 中文信息学报，2020，34(3): 23-33.

[86] 张新生，高腾. 多头注意力记忆网络的对象级情感分类[J]. 模式识别与人工智能，2019，32(11): 997-1005.

[87] TAO S, ZHOU T, LONG G, et al. Reinforced Self-Attention Network: a Hybrid

of Hard and Soft Attention for Sequence Modeling[C]//Twenty-Seventh International Joint Conference on Artificial Intelligence IJCAI-18, 2018.

[88] 闫雄，段跃兴，张泽华. 采用自注意力机制和 CNN 融合的实体关系抽取[J]. 计算机工程与科学，2020，42(11): 2059-2066.

[89] BRADLEY D M, et al. Relevance, valence, and the self-attention network[J]. Cognitive Neuroscience, 2015(7): 1-4.

[90] 黄宏宇，谷子丰. 一种基于自注意力机制的文本图像生成对抗网络[J]. 重庆大学学报，2020，43(3): 55-61.

[91] TOOMARIAN N, BARHEN J. Fast temporal neural learning using teacher forcing[C]//Ijcnn-91-seattle International Joint Conference on Neural Networks. IEEE, 2002.

[92] ZHOU P, FAN R, CHEN W, et al. Improving Generalization of Transformer for Speech Recognition with Parallel Schedule Sampling and Relative Positional Embedding[J/OL]. 2019, arXiv:1911.00203. https://ui.adsabs.harvard.edu/abs/2019arXiv191100203Z.

[93] CHOI M, KIM H, HAN B, et al. Channel Attention Is All You Need for Video Frame Interpolation[J]. Proceedings of the AAAI Conference on Artificial Intelligence, 2020, 34(7): 10663-10671.

[94] ZANG D, CHAI Z, ZHANG J, et al. Vehicle license plate recognition using visual attention model and deep learning[J]. Journal of Electronic Imaging, 2015, 24(3): 033001.1-033001.10.

[95] LIN C H, LUCEY S. Inverse Compositional Spatial Transformer Networks[J]. IEEE Computer Society, 2017: 2252-2260.

[96] ZHU M, TANG Y, HAN K. Vision Transformer Pruning[J/OL]. 2021, arXiv:2104.08500. https://ui.adsabs.harvard.edu/abs/2021arXiv210408500Z.

[97] IOFFE S, SZEGEDY C. Batch Normalization: Accelerating Deep Network Training by Reducing Internal Covariate Shift[J/OL]. 2015, arXiv:1502.03167. https://ui.adsabs.harvard.edu/abs/2015arXiv150203167I.

[98] BA J L, KIROS J R, HINTON G E. Layer normalization[J]. arXiv preprint arXiv:1607.06450, 2016.

[99] KOREN, YEHUDA, BELL, et al. Matrix factorization techniques for recommender systems[J]. Computer, 2009, 42(8): 30-37.

[100] 张钹, 朱军, 苏航. 迈向第三代人工智能[J]. 中国科学: 信息科学, 2020, 50(9): 1281-1302.